臺灣歷史與文化 研究輯刊

二五編

第 **12** 冊

從臺灣到越南：文學的接受史及其意義

鄭垂莊 著

花木蘭文化事業有限公司

國家圖書館出版品預行編目資料

從臺灣到越南：文學的接受史及其意義／鄭垂莊 著 -- 初版
-- 新北市：花木蘭文化事業有限公司，2024〔民113〕
目 2+182 面；19×26 公分
（臺灣歷史與文化研究輯刊二五編；第 12 冊）
ISBN 978-626-344-702-8（精裝）
1.CST：臺灣文學 2.CST：文化交流 3.CST：越南
733.08   112022564

ISBN-978-626-344-702-8

臺灣歷史與文化研究輯刊
二五編　第十二冊   ISBN：978-626-344-702-8

從臺灣到越南：文學的接受史及其意義

作　　者　鄭垂莊
總 編 輯　杜潔祥
副總編輯　楊嘉樂
編輯主任　許郁翎
編　　輯　潘玟靜、蔡正宣　美術編輯　陳逸婷
出　　版　花木蘭文化事業有限公司
發 行 人　高小娟
聯絡地址　235 新北市中和區中安街七二號十三樓
　　　　　電話：02-2923-1455／傳真：02-2923-1452
網　　址　http://www.huamulan.tw 信箱 service@huamulans.com
印　　刷　普羅文化出版廣告事業
初　　版　2024 年 3 月
定　　價　二五編 12 冊（精裝）新台幣 36,000 元

從臺灣到越南：文學的接受史及其意義

鄭垂莊　著

作者簡介

鄭垂莊（Trịnh Thùy Trang），越南人。

學歷：
越南胡志明市國家大學下屬人文與社會科學大學東方學系學士
國立成功大學臺灣文學所碩士
國立成功大學中國文學所博士

研究專長：
越南的臺灣譯文學；當代越南譯文學在臺灣的歷史。其他研究興趣：越南明鄉人歷史，越南華人文化。越南法屬時期下的國語字推廣及轉變政策歷史，包括國語字傳播會，致知會。

經歷：
越南語教學，越南文化基礎課程
中越、越中翻譯

Email：trinhthuytrang47@gmail.com
Blog：writingtaiwanbychang

提　　要

　　從臺灣到越南，人們歷來所認識的大都是在越南投資的臺灣商人，嫁來臺灣的越南配偶，到臺灣來工作的越南工人，而也隨之有很多相關研究。那麼，在社會文化方面上，學術界幾乎疏忽了臺灣與越南之間的文學接受歷史與其所在的意義，未有一個具體而有系統性的認真研究。至今，越南學術界甚至將臺灣文學列為地方性文學卻未瞭解臺灣文學的主體性。因此，針對臺灣文學在越南的歷史與狀況，不僅能填補東亞區域研究的空白，增進對漢文化圈整體研究的理解，亦有助於知道臺灣與越南之間還缺少的歷史片刻，以及文化社會思潮等多方交會、互動的情形，實值得進行深入探討。

　　本論文定為「從臺灣到越南：文學的接受史及其意義」，藉由在越南的臺灣文學認識與研究的觀察，會發現越南歷來的資深學者的重心大致著重於翻譯與介紹，而未出現一個有系統性的研究著作，也未瞭解臺灣歷史與臺灣文學的歷史。然而，在文學交流方面，臺灣和越南仍在不同的階段中顯現可觀的結果。因此，本論文以臺灣翻譯文學在越南的存在歷史作為框架，論述從 1955 至 1975 年這階段越南學界與讀者是如何接受

　　臺灣翻譯文學，而其中最受歡迎的是通俗文學。當進入 21 世紀以來，臺灣文學又是怎麼樣的形態出現於越南社會。最後，論文的每一章的後面部分以具體的作家及其作品來進行研究比較，試圖跨空間地拉近臺、越之間的文化合作與互相理解。

誌　謝

我的第一本書終於問世了！

2012 年 2 月 15 日，自從我踏第一腳步來到臺灣至今已經 12 年。這十二年一路走來，不時叮嚀自己的是感恩之心。身為一個外國人努力在臺生活與學習，要感謝的人實在是非常多。

首先，感謝國立成功大學提供優秀獎助學金，讓我能有機會到臺灣來先就讀碩士學位，然後繼續進讀博士學位的美好時光，能夠度過那些花樣年華，如今回過頭來看，一切仍然充滿感動、熱淚盈眶！

在成大攻讀博士班時，如果沒有許多人的支持與鼓勵，這本書應該不能順利地完成。我要特別感謝我非常敬愛的兩位指導教授陳益源老師、蘇敏逸老師。敏逸老師不管是在上課還是在跟我單獨討論的時候都保持她那份熱烈赤誠的心、孜孜不倦地教導我。我希望老師永遠快樂與幸福！

我終生感謝陳益源老師，跟著老師學習不僅是學術研究方面，而更重要的是學會做人的美德。老師使我對學術研究工作更加熱愛與珍惜。老師，您永遠是我們越南學生的最大偶像！我願老師一直健康與快樂！

我非常感謝我的四位口試委員，蘇偉貞老師的寶貴意見，讓我重新思考論文的不足。感謝黃美娥老師的盡情指引，並且提出許多寶貴的建議，使我對臺灣文學知識更加理解。感謝洪淑苓老師給予的問題與指教，後來在 2023 年 4 月有機會陪同淑苓老師，以及臺灣中文學會的各位教授赴河內首都一起參加國際學術研討會，聆聽各專家學者的學術論文，使我大開眼界，獲益良多。我非常感謝浦忠成（巴蘇亞・博伊哲努）老師在繁忙之中仍擔任我的口委老師，

回憶舊日在成大臺文所修過老師的課，老師還帶著我們班上同學去認識臺灣原住民的生活，充滿歡笑的回憶依然還在。我敬祝各位老師身體健康、平安喜樂！

　　除此之外，還要感謝中國文學系的所有老師們，系辦公室的邱文彬助教和史欣儀小姐的提醒與協助。感謝研究室的廖凱蘋學姐、莊秋君學姐、陳佳杰、阮清風學長、裴光雄學長、何庭毅、黃琇慈、黃鈴雅、陳靈心、陳家盈、潘佳雯、林安萱、羅英倫、梁氏菊、黃皇南、阮長生，以及其他的學弟妹。很高興這些年有緣認識大家又有機會能跟這個充滿歡笑、能幹優秀的團隊同甘共苦，研究室相當於我們在校的第二個宿舍。特別感謝陳佳杰，又是我的好學弟又是我們越南的好朋友，謝謝你這些年的無私協助與鼓勵，將來不管我在哪兒，記得你一直都是我的好朋友哦！謝謝何庭毅，是我的好學弟，也是同時跟我進研究室當「丫鬟、長工」的人。感謝臺疆祖廟大觀音亭暨祀典興濟宮侯明福會長很擔心與關心我博士畢業後留臺的工作機會，願侯會長身體健康、福澤滿滿。感謝雲科大的柯榮三學長，當我需要幫忙的時候都很熱誠地伸以援手，學長還推薦我參加一些學術活動，使我有更多機會鍛鍊與切磋。感謝國立中山大學的羅景文學長，很真誠地贈送我其大著，是與越南有關的研究。各位學長姐都是我在臺的小確幸，以及值得作為我繼續努力的借鏡。

　　我還要特別感謝我大學同學林氏翠賢，無數次辛苦地幫我從越南寄[帶]書到臺灣來，讓我可以來得及補充資料。真心感謝潘氏秋賢姐姐，不僅一次次地幫我詢問寶貴資料，還很關心我日常生活中的各種不順利之事，並且像及時雨一般來協助我。感謝我的博士班同學陳郁梅、邱冠儒、劉吉純，這些年在成大能跟你們當朋友，熬夜寫期末報告時還在我們群組互相問起在喝什麼提神飲料，以及我們一起聚餐喝啤酒的時候都很開心。感謝我這一輩子感到非常愧疚的家人。謝謝媽媽不時求神拜佛，保佑我一個人在外的生活平安健康。

　　在學習與撰寫論文過程中，深刻感受到文學研究工作是很艱難的，特別的是雙重外語的文學研究，常常要付出的不僅是時間，而還有青春年華。在這裡，我要感謝自己，始終沒有放棄！

　　這些年在臺南成大的我，很幸運有機會親自認識臺灣文學，更榮幸能以臺灣文學作為自己的專長研究領域。回想當年我準備從越南來臺讀書之前，我的大學老師黎庭懇老師曾跟我說過的話：「妳應該往臺灣文學這個方面做研究。因為我們越南對中國文學是太熟悉了，然而臺灣文學纔真正是有潛能的一塊

新興土地。」現在，這本書能夠正式出版，一邊是我開始實現我起初的夢想，一邊可以在益源恩師的長期腹案中共襄盛舉，開啟臺、越文學互相認識的大門，這是我萬分感激與欣慰的。因此，我願將這本書獻給一切喜歡文學的讀者，尤其是臺、越讀者，讓臺灣文學的幼苗開始播種在越南土壤，散發其奧妙成為一棵長春榕樹。

　　最後，感謝花木蘭文化事業有限公司，以及編輯團隊細心編輯、費心校對。如果沒有那麼多師友、親人的鼓勵與協助，恐怕我這本書難以完成與問世。謹在此致上深深的謝意！

鄭垂莊
2023 年 秋初
謹誌於臺南府城

目

次

第一章 緒 論

　　從臺灣到越南，大家歷來所認識的大都是在越南投資的臺商，嫁來臺灣的越南配偶，到臺灣來工作的越南工人，而也隨之有很多相關研究。然而，在社會文化方面上，學術界幾乎疏忽了臺灣與越南之間的文學接受歷史與其所在的意義，未有一個具體而有系統性的認真研究。至今，越南學術界甚至將臺灣文學列為地方性文學卻未瞭解臺灣文學的主體性。因此，針對臺灣文學在越南的歷史與現狀，不僅能填補東亞區域研究的空白，增進對漢文化圈整體研究的理解，亦有助於知道臺灣與越南之間還缺少的歷史片刻，以及文化社會思潮等多方交會、互動的情形，實值得進行深入探討。

第一節　研究動機與問題意識

　　本論文定為「從臺灣到越南：文學的接受史及其意義」，藉由在越南的臺灣文學認識與研究的觀察，筆者發現越南歷來的資深學者的重心大致著重於翻譯與介紹，而未能全面瞭解臺灣歷史與臺灣文學的歷史。因為這樣的狀況便造成越南學界對臺灣文學或在臺灣的文學仍有限制的資料與認識，所以無意中將臺灣文學排列在中國文學史著作裡面，從此造成後者的困擾，而未能指出臺灣的歷史對於研究臺灣文學所扮演很重要的角色。相較之下，1960 年代在越南南方興起閱讀臺灣通俗文學如瓊瑤、古龍、羅蘭等；然後到了 1990 年代是有三毛、凌煙等作品也被翻譯即仍是屬於大眾文化類型，而出版機構就依照這讀者嗜好僅翻譯他們的小說卻略過其他當時的作品，使得越南學界與讀者主要以通俗文學作品此唯一類型作為認識臺灣文學的主軸。要一直到 2010 年

後纔開始有其他文學作品被翻譯成越南文如九把刀、幾米、左萱、葉石濤、吳晟、白先勇、陳長慶、吳明益、王定國、邱妙津、陳思宏等這些較多樣化的文學作品。因此，從上面所列的被翻譯的臺灣作者情況，以及目前在越南的臺灣文學研究現狀來回顧可知尚有許多待解決的問題，此亦是本論文深入探討此課題的問題意識：

第一，越南學界對 20 世紀初以來的臺灣文學與越南文學之相關歷史仍待進行比較研究。從 19 世紀末到 20 世紀初是越南和臺灣在文學方面上都具有走向現代化的特徵，詳細比較起來，我們會發現這階段的越南文學與臺灣文學都有很多相同之處，而也有不少相異之點，相同於殖民地處境（外力因素）、於同根源的文學是中國文學（內力因素）的、於對文學的改進觀點是走向文學現代化過程等；而相異之點在於東方與西方的殖民者之間也產生不同的反抗方式、於語言運動改革、群眾的意識形態等等。這比較研究隨之也說明臺灣的形成歷史與其文學之脈絡，臺灣經過三百多年的歷史至今仍不停的尋找與確立臺灣文學的主體性。此即為本文欲解決的問題之一。

第二，提到越南最早對臺灣文學的認識必然要先提到瓊瑤小說在越南的接受現象。依據前者的研究，除了陶長福學者的《瓊瑤現象》專著之外，至今仍未有任何一部詳細而認真地研究越南的瓊瑤小說狀況。瓊瑤在東南亞是非常有名的小說家，而瓊瑤小說在越南的地位比其他國家更為特別，因為她的翻譯小說數量甚多，導致「假」瓊瑤的翻譯小說出現或者連翻譯者也仿效其小說而寫出自己的作品。甚至，越南學界現在難以認定瓊瑤到底有若干部作品真正被翻譯並在越南當地出版。誠如上述的陶長福學者的研究，雖為最早與較具體，不過其研究之時間與範圍只限於從 1960 年至 1973 年初而已，而自 1980年代起至今仍然待進行具體統計與認真研究。此即為本文欲處理問題之二。

第三，接著以上所述的問題，越南在 1954～1975 年這階段是屬於分割時期，並被簡稱為北圻、中圻、南圻三大部分。南圻（西貢與其他所謂南圻六省即今越南的西南部地區）在 1975 年前的女性文學風潮發展甚為熱絡，只不過是時代歷史與國內環境的各種問題，造成這些關於南圻文學的一些資料部分不曾公佈過或多寡失散，造成後人研究的困難。最近幾年來，由於學界的研究需求與急迫問題，而越南重新回溯越南 1975 年前曾是讀者群的風靡閱讀潮流，再版了黎氏白雲（Lê Thị Bạch Vân，1915～2006）、阮氏黃（Nguyễn Thị Hoàng，1939～）等女作家的系列作品。特別關注的是，作家阮氏黃的處女作品 *Vòng*

Tay Học Trò（中文：《花樣之戀》）出版於 1966 年的內容、人物等不約而同與瓊瑤的處女作《窗外》（越文：*Song Ngoại*）卻在當時受到不同的批評與反應。如此說來，越南最近重新出版這些作品的用意何在？而在臺灣，瓊瑤最近也配合重新印刷其作品系列的意義又是什麼？是否，學界想要回饋越南當時的南方文學的面貌只不過如此「輕浮」？1975 年前，越南南方文學作品容易被默認為有輕佻浮誇的言行與內容，特別是女作家文學。此等問題對於文學觀察與研究者乃必要探查之事。此在筆者論文中會進行具體地詮釋與說明。

　　第四，通過以上所述的三個欲處理問題之後，本文會讓越南讀者放大眼界、體驗更豐富的臺灣文學作品類型，向學術界與讀者群介紹目前在越南的臺灣文學全貌。為了處理此問題，藉由「文學地理／文學空間，文學外的文學」這些概念來展演現在越南的臺灣翻譯文學的位置與影響。

　　在臺灣通俗文學之外，至今越南讀者更能認識的是臺灣純文學的翻譯版本。代表者為葉石濤、陳長慶、吳晟、白先勇、吳明益、王定國等作家。其中，筆者企圖兼談吳明益小說中的生態環境擔憂的寄託書寫與越南阮玉思所寫於越南的環境思慮，以及對於南方人的生活習俗、人類命運等等。此部分兼談會帶給臺灣與越南的學界與讀者之間認識到前所未有的現當代書寫風格特徵。

　　在學術研究中，文學比較是文學的一個很重要的部分，從新視角來進行對臺灣與越南之間的作家比較不只廣闊文學界的作家交流切磋，而更深入細緻的探討、理解兩者之間的文化習俗與其生活意義。這互動歷程即為本論文欲探討的問題之四。過去由於資料的限制，或者資料的未被發現、研究者的習慣，以及未明確地認真處理，使得臺灣文學概念在越南一直不明顯，或還被誤會，加上語言限制的隔閡，造成研究的疏忽成果，因此，的確與急迫的是要深入探討此議題的必要性。

第二節　文獻回顧

　　越南學界對臺灣文學研究與批評是還沒形成一個專業與有系統性的研究成果，文章發表相當「薄弱」，「各自為政」。雖然如此，筆者在相關文獻的回顧上，依據不同學術社群，分別評述越南研究臺灣文學的相關文獻資料的成果與特色，進而縱觀從 20 世紀初至 21 世紀越南學界對臺灣文學是如何的看法，並且在文獻回顧的基礎上，從自身的研究關懷出發，以臺灣文學所在越南譯介

的作者及其作品情況，進一步呈現本文的文獻回顧部分。〔註1〕

一、越南學者的研究

　　越南在 1954～1975 年這階段是屬於暫被分割的時期，〔註2〕整個國家的政治變換影響到社會全部各方面。因此，早期北方的文學界較少關注到外來的武俠小說與言情小說的現象，甚至北方學界較偏於批判此稱大眾文化類型。那個時代的文學主要集中在思想、意識體系的鬥爭、遵從抗美文學，以統一國家為首要目標。顯然，他們將瓊瑤和金庸這二位外來文學作家視為文化宣傳教育方面上的「擾亂現象」。相反的是在南方，瓊瑤和金庸大受公眾歡迎，甚至單舉金庸小說在報刊上每日都發行。如翻譯家兼學者阮麗芝〔註3〕認定：「一九七五年以前在越南南方，金庸先生刊登在《明報》上的每一篇文章都受到越南西貢懂中文人士的熱愛，他們把金庸作品翻譯成越南文，以致金庸作品在越南家喻戶曉。許多越南粉絲還用金庸作品裡的人物名字來給自己的孩子取名。他作品裡的許多語言已經自然地融入到越南南方人民的生活中，如同孩童的童謠一樣耳熟能詳，如『一陽指、二天堂、三松廟、四導牆、五喂香、六豆沙……』。」〔註4〕或者，一談到瓊瑤作品，學者武藩（Võ Phiến）表示：「（國內作者）寫出來的不夠閱讀，便抓了四方言情小說來讀，從瓊瑤、郭良蕙、羅蘭、依達，到佛蘭西絲‧莎崗、艾瑞克‧席格爾等等。被翻譯最多的是瓊瑤言情小說，前

〔註1〕〔說明〕：筆者在文獻回顧部分所使用的文獻資料，除了華僑報刊資料是在 2020 年初開始進行搜集處理之外，所有其他文獻資料皆為筆者自 2017 年開始搜集並分類處理，後在 2018 年 12 月曾按國立成功大學「學生跨國雙向研修獎助學金補助要點」補助標準榮譽申請到「高教深耕計劃——世界校園（文學院統籌款）」項下補助（會計編號 D107-B2101），研究計劃名稱為《帶「臺灣文學」到越南之路——現況與展望》，赴越南河內進行短期研究，時間自 2018 年 11 月 30 日至 2018 年 12 月 23 日。於此給予說明，以免得在後續文章發生文獻重複或其他誤解。

〔註2〕在 1954 年，法國遠征力量大敗於奠邊府戰役，日內瓦協定簽訂，目的在於恢復中南半島的和平，越南暫被分割成兩個部分，以廣治省的北緯十七度線為界線，從北緯十七往上是屬於越南民主共和政府的；從北緯十七往下是南部的地分即包括中部與南部。參見鵬江：《南圻的國語文學（1865～1930）》（胡志明市：年輕出版社，1992 年），頁 14～15。

〔註3〕阮麗芝（Nguyễn Lệ Chi）是越南當代著名譯者。她於 2004 年在北京電影學院碩士畢業，後返國從事小說翻譯、電影翻譯等工作。之後，她成立麗芝文化與媒體公司（Chibooks），是中國莫言、邱華棟、衛慧、劉震雲等著名作家的授權代理公司。

〔註4〕阮麗芝：〈越南讀者哀悼金庸盟主〉《明報》，1 月號第 1 期，2019 年，頁 45。

後數十部（十六部長篇、二部短篇，甚至《文》雜誌還特別兩次刊登瓊瑤）。」
〔註5〕從這兩位學者的言語，我們可知這樣的現象必然會引起當時學界的關注。

　　1968年，越南著名學者阮獻黎〔註6〕在《百科》月刊第265號，發表一篇文章〈臺灣文學情形：從1949年至1958年〉。〔註7〕在這篇文章的開頭，阮獻黎說明：「關於1949年後的臺灣文學，我們除了夏志清的 *A History of Modern Chinese Fiction* 書中的附錄部分的十幾頁由夏濟安寫的之外並沒有任何其他資料。濟安是志清的哥哥（或弟弟〔註8〕），在臺北當《文學》期刊的主編，一個有價值的期刊，創立於1956年。」〔註9〕當閱讀夏志清著作裡所寫的內容之後，學者阮獻黎大約有了一些感想，就是從1949年到1958這將近十年在臺灣的文學情形幾乎被形容的很寂寞。倘若在「那邊」（華陸〔註10〕）文藝多麼發展，然而在「這邊」（臺灣）是相當安靜，掌權者猶豫，對文藝知識漠不關心卻仍然呼籲反共，而且他們〔文藝知識〕有沒有反共的打算也不管之卻就不讓他們自由，仍檢閱其作品但幾乎沒有條例。

　　接著，阮氏略譯夏濟安所寫的幾個關鍵問題：關於詩，一小群作者寫詩而不管輿論與讀者的反應；關於小說，這十年來他（濟安）不曾見過在臺灣有任何小說認真地寫實臺灣農民或工人的生活，只有幾個言情故事而其人物少有靈動性；

〔註5〕武藩（Võ Phiến）：《越南南部文學縱觀》（美國：越人書籍出版社，2014年），頁278。

〔註6〕阮獻黎（Nguyễn Hiến Lê, 1912～1984），越南山西省人（今歸屬於河內），是越南著名的作者、翻譯家、語言學家、教育家與文化獨立活動者。阮獻黎一生的著作包括創作、評論、翻譯、劇本達到一百二十多部，包含各種各樣的研究領域。在中國文學翻譯與研究領域中，阮獻黎是非常重要的專家，他所編輯與翻譯的包括中國文學與詩歌的人生觀、中國思想、哲學歷史、唐詩等等各種著作。而涉及到本論文有其著作《中國現代文學（1898～1960）》，此書分成兩冊，到了1993年合併成為一冊（西貢：阮獻黎出版社）。

〔註7〕阮獻黎：《百科》月刊〈臺灣文學情形：從1949年至1958年〉265～266號（西貢：1968年1月），頁51。此篇文章後在1969年收入於阮獻黎著《中國現代文學（1898～1960）》。

〔註8〕阮獻黎看的是夏志清的英文書，書中只寫「brother」，因此阮氏不知誰是哥哥、誰是弟弟。

〔註9〕阮獻黎：《百科》月刊〈臺灣文學情形：從1949年至1958年〉265～266號（西貢：1968年1月），頁51。〔原文為越南文，以上由筆者翻譯成中文〕。

〔註10〕意指中國大陸。在越南的越南文表達裡面，常用「中華」（Trung Hoa）二字來稱中國人與中國文化。

連對中國古典小說與西方文學的批評、研究也很少人注意到等等。〔註11〕這些認定是夏濟安的意見，阮獻黎表示他未曾讀過那些著作品，因此他不敢多談。

看到這裡，我們會容易產生一種想法，那便是夏濟安是否把臺灣文學這時期形容得有點悲哀？其時並不是這樣，而阮獻黎在上述的這篇文章裡面所寫的此番言語即表示在他的那個時代對於臺灣文學的資料，除了《中國現代小說史》這一本書裡面的一小部分之外，他是完全沒有什麼其他資料的，於是乎臺灣文學被〔當時越南文壇〕形容為很寂寞。

承上，葉石濤在《臺灣文學史綱》曾多少指出：「從1950年代到1960年代的十年間，臺灣文學完全由來臺大陸作家所控制，……所以整個五〇年代文學就反映出他們的心態。〔註12〕」於此，筆者也請學者們回顧，自1949至1958年是中國國民黨撤退到臺灣，並在此逐漸設立軍事根據地，等待反共大陸的時機。我們再詳看葉老寫的：「一九四九年冬天，國民政府逐漸從大陸撤退，覓取一塊新天地供重整旗鼓，打回大陸去。這是臺灣歷史第二次大的民族移動，臺灣容納了大約一百五十萬到二百萬的新移民。其中八十萬人大約是軍人。〔註13〕」在這樣動盪的社會情況下，臺灣這十年間的文學成就若被形容的很寂寞那也是不足為奇的。這麼看來，我們發現越南一直以來對臺灣文學史的認識顯然多麼缺少的一個有系統性的管道。

同在1968年也在《百科》月刊，阮獻黎刊登另一篇〈介紹姜貴的小說《旋風》〉，但是僅介紹內容而不是翻譯全部作品。關於此篇文章，阮獻黎並沒有太多的著墨，而只不過略述一下《旋風》作品的內容，以主人公方祥千來暗指封建制度與共產的批判。在文章的結尾，阮獻黎表示，小說《旋風》幾乎相似一齣喜劇，有時不真實也有時很諷刺。所以，也許姜貴將小說改名為《旋風》的含義是有樂觀之意，默許中華社會僅暫時被大風旋轉起來而已，待這陣旋轉風浪平靜了下來，社會就返回其秩序。因為阮獻黎僅簡單的介紹小說內容，所以對於全文五百多頁的篇幅來說，越南讀者還沒有機會直接閱讀並更瞭解作品的全部價值。〔註14〕

〔註11〕阮獻黎：《百科》月刊〈臺灣文學情形：從1949年至1958年〉265～266號（西貢：1968年1月），頁51。〔原文為越南文，以上由筆者翻譯成中文〕。
〔註12〕葉石濤：《臺灣文學史綱》（高雄：春暉出版社，1987年），頁86～88。
〔註13〕葉石濤：《臺灣文學史綱》（高雄：春暉出版社，1987），頁83。
〔註14〕阮獻黎：《百科》月刊〈介紹姜貴的小說《旋風》〉267號（西貢：1968年），頁28～30。

　　阮獻黎上面的這兩篇文章可說是因為不夠的資料或其他原因而造成太過於簡單的介紹而已，不過在當時的情形而言此二條資料是代表臺灣文學向越南文壇介紹的起始點。

　　1973 年，越南學者陶長福首次出版《瓊瑤現象》（越文：*Hiện Tượng Quỳnh Dao*）專著，共計 164 頁，並由西貢開化出版社（越文：Khai Hoá）出版。此專著大綱分為：〈序文〉、〈瓊瑤是誰？〉、〈瓊瑤小說的氣氛〉、〈瓊瑤的人物世界〉、〈瓊瑤「現象」〉，以及〈結論〉。這可說是第一本在越南進行瓊瑤研究的完整專著，綜合分析瓊瑤自 1960 年代初至 1973 年在越南南方出現的十年間。陶長福在「序文」意識到一個雖簡單卻關鍵的問題：為什麼如此年輕的瓊瑤在創作藝術沒有很獨特，寫作題材也不是很新奇，而為何能如此成功？接下來，陶氏在正文進行解答初提的問題。總體來講，陶長福的專著的貢獻在於：第一、解答瓊瑤作品在越南是很受到喜愛的；第二、瓊瑤果真的是一個現象，那麼會產生兩個可能性：積極與消極，積極的話會把瓊瑤視為傑出作家、消極的會把瓊瑤的作品視為市場銷售事件而已；第三、導向讀者群分辨瓊瑤作品的真偽。〔註 15〕

　　1996 年，越南著名文學批評家芳榴〔註 16〕曾發表一篇〈在臺灣的文學批評理論的幾個觀點〉，文章分成「理論」與「批評」二方面來介紹臺灣自 1950 年以後的文學理論著作。當五四文化運動發生之前，臺灣成為日本殖民地已達 24 年，雖然如此「五四」的聲望仍然影響臺灣知識分子，逐漸形成反封建文學之基礎，以及充滿民主自由的精神。學者芳榴也列出一些當時受人矚目的書籍，如：東海大學教授徐復觀的《中國藝術精神》（臺灣學生書局，臺北：1966 年），黃維樑撰《中國詩學縱橫論》（臺灣，香港書店優先公司，1978 年），劉若愚撰《中國人的文學觀念》（臺北：1975 年）等等。再說，臺灣知識分子在 1960 年代起也開始紛紛到國外留學，推動並翻譯很多歐美藝術與文學著作，

〔註 15〕陶長福（Đào Trường Phúc）：《瓊瑤現象》（西貢：開化出版社，1973），頁 5～169。

〔註 16〕芳榴（Phương Lựu, 1936～），越南廣艾省人，芳榴是筆名，原名裴文波（Bùi Văn Ba），越南二十世紀著名文學批評理論專家，曾留學中國北京大學，後於河內師範大學擔任中國文學組組長，專長中國文學、越南文學、文學批評與比較文學，自 1977 年至 2005 出版 20 多部批評與理論專著等等。芳榴為越南學界中罕見於 2012 年同時榮獲*胡志明科學獎與政府獎項（文學藝術獎）*。筆名芳榴來自他岳母名叫「芳」與其親母「榴」而成，表示他對二位母親的敬愛與尊重。

促使文壇上並存中國對文學的觀點與西方同行的方法來整理對文學的審美觀。另外，芳氏提出 1970 年代末，臺灣和香港都發生爭論武俠小說是否屬於真正的文學？儘管這股爭論的箇中作家、學者意見不同如東瑞（1945～）、梁羽生等連續在《開卷》月刊上登載批評與爭論，但佳作仍受臺灣學界的好評。最後，芳氏也表示此批評理論餘地（臺灣）依然陌生，待去延伸研究作為其文章的結語。〔註17〕

2006 年，學者黎輝蕭發表一篇〈臺灣的「鄉愁」文學〉的文章。〔註18〕通過黎氏的介紹，越南閱讀群多認識了臺灣的另類文學——「鄉愁文學」。黎輝蕭在自己的文章內表示，雖然臺灣社會主要是從福建與廣東移民而來，特別自 1949 年後從中國紛紛來臺，兩岸分割造成無窮嚮往家鄉的思念即是體現在鄉愁文學。黎輝蕭提出臺灣最早的鄉愁文學在從漢民族移居到臺灣的知識分子的筆墨下，首先是歌詠風景的詩，而後還有書寫思念家鄉的小說。黎氏這所謂「鄉愁文學」乃為在臺灣的大陸移民來臺的鄉愁寫作，並不是與臺灣文學史上的鄉土文學論爭有關。

另外，黎輝蕭認為從 1949 年後這時期的臺灣鄉愁文學反映了這些聲音：絕望、心酸、孤單、憂愁、興奮（意指自 1980 年代末之後，蔣經國政權有改變，允許曾移居到臺灣的移民可以返回故鄉探望祖先，使得人心振奮，為了能與家人團聚，離別現在已經屬於以往的事。）總之，雖然兩岸曾因戰爭而分割，離別—新家鄉—陌生—歸來之環繞，而最終鄉愁文學的特徵仍然表示民族的自豪性、仁愛性，儘管與東方、西方文化交織或融合一些外來因素，可是鄉愁文學還能維持在形式與內容的民族特色。

2010 年，學者潘秋賢（Phan Thu Hiền）在《文藝》雜誌上發表一篇有關於三毛作家的文章，名為〈現代臺灣奇女〉。〔註19〕通過此篇文章，潘學者首先概略三毛人生的故事，所以三毛的作品很受歡迎的其中一個原因正是三毛自己人生的傳奇性；接著，潘學者摘錄三毛的一些作品如《撒哈拉的故事》、《萬水千山走遍》、《雨季不再來》、《秋戀》、《月河》等等。通過學者潘秋賢的

〔註17〕芳榴（Phương Lựu）：《中國文化、文學與越南的幾個聯繫》〈在臺灣的文學批評理論的幾個觀點〉（河內：河內出版社，1996），頁 230～237。

〔註18〕黎輝蕭（Lê Huy Tiêu）:〈臺灣的「鄉愁」文學〉《中國研究》雜誌，第一號（65）（河內：2006 年），頁 70～73。

〔註19〕潘秋賢（Phan Thu Hiền）:〈現代臺灣奇女〉《文藝》雜誌，第 17 號（胡志明市：2010 年），頁 13。

介紹，越南讀者知道三毛在中國、臺灣學界中的位置與評價，譬如她引出：學者沈謙以「讀萬卷書不如走萬里路」來評三毛，詩人瘂弦認為三毛是穿上裙子的遊行者。閱讀學者潘秋賢的文章促使讀者，特別是年輕人忍不住想要站起來去旅行，因為三毛的奇特人生引起讀者的好奇心。對於當時越南國內旅行文學的限制狀況而言，學者潘秋賢將三毛向越南年輕讀者介紹的確是一個新鮮的認識。最近可喜的是，三毛著《撒哈拉歲月》（三毛典藏新版，皇冠出版社，2010 年）於 2023 年已授權越南雅南媒體與文化公司翻譯，並且將近不久會正式在越南出版此書的越南文版本。

　　2011 年，登載在《東北亞研究》雜誌上的〈越南對臺灣文學接受的幾個問題〉〔註 20〕，是學者何文儷〔註 21〕之單篇論文。何氏的文章包括三個主要部分：概括臺灣文學面貌，臺灣文學在越南的譯介，以及臺灣文學在越南的研究現況。在概括臺灣文學面貌，何氏提出臺灣曾受荷蘭（1624～1661 年）、清朝（1661～1895 年）、日本（1895～1945 年）的統治，所以臺灣早就接受與容納這三大文化的特色。臺灣的民間文學很早就開始萌芽，其中的神話、故事、傳說、歌謠、俗語是臺灣文學發展最有貢獻的部分。由於臺灣地理位置的特殊性，而使得口傳文學也有別其他地區，但主要是漢人與日本人搜集、編寫而成。縱觀臺灣民間文學，主要是以漢字記錄（或結合日語的）並由於此長久居住的漢人創作，因此不包含在中國民間故事與區域內。關於臺灣古代文學，何氏認為自從 17 世紀起同時使用文言文與白話文創作。而臺灣近現代自 20 世紀初受日本明治革命之下與西方的「啟蒙文學」運動的影響，臺灣出現多位著名作家如賴和、張我軍；而現代作家有林語堂、鄭清文、古龍和瓊瑤。

　　然而，此文在臺灣文學在越南的譯介中的部分，學者何文儷介紹三位作家：瓊瑤——臺灣當代文學的一個現象，古龍和金庸（中國）是兩位世界與國內著名作家之一，林語堂是中國與臺灣的一個大作家，他是中國大陸與臺灣的驕傲。對臺灣文學在越南的研究現況，學者何文儷指出目前在越南與其他世界文學的研究狀況而言，越南學界對臺灣文學研究與批評仍然很少，甚至受到限制。何文儷提及到一些在臺灣與越南之間舉辦的研討會，其中包括的不只是關於文學而已，還有文化、歷史、藝術、社會現象、語言等綜合性的初步研究。

〔註20〕何文儷（Hà Văn Lưỡng）：〈越南對臺灣文學接受的幾個問題〉《東北亞研究》雜誌，第 6（124）號，2011 年。
〔註21〕何文儷（Hà Văn Lưỡng），生於 1954 年，於越南順化大學下屬科學大學語文系教授，研究專業為日本文學。

　　2014 年，越南學者黎庭墾發表一篇文章〈臺灣文學與越南讀者〉。〔註22〕在這篇文章裡，黎氏告訴我們臺灣文學在越南首先是在越南南方普遍流傳，後來纔慢慢廣泛傳播到越南北方。但是，從 1975 年往後很多臺灣作品譯介到越南仍然只有瓊瑤和金庸（香港）。總之，黎氏表示越南讀者對於臺灣文學的瞭解還是極少。瓊瑤並不是臺灣全有的一切。除了她，（臺灣）還有很多其他著名作家如柏楊（本名郭定生）、三毛、龍應台等等。黎氏最後結論與建議的是在越南各大學校需要有一部完整的臺灣文學著作或「具有文、史學性」越南文的臺灣著作；另外展開在越南的「臺灣學」研究部門是將來切要的工作。

　　2016 年，在越南作家協會的官方網站上，有登載越南著名學者范秀珠教授〔註23〕的〈臺灣文學五十年的概況〉一篇文章。〔註24〕在這篇文章中，范教授從葉石濤的《臺灣文學史綱》向越南讀者概略介紹〔其實是概括翻譯〕臺灣自 1940 至 1980 年代末的文學狀況與寫作主題。范教授在文章最後部分有提給越南學界和讀者一個值得注意的重點：「到了 1980 年代，臺灣作家到最後已成功正名臺灣文學，公開提倡臺灣的『臺灣文學』。」這論點可說是給越南學界出個提醒，導向臺灣文學的研究意義。臺灣，雖然地理位置、政治體系與自然條件與中國不同，但是因臺灣的歷史狀況而不得不與中國有一些相關並論的問題。然而，臺灣文學仍然具有其創作使命與其特徵。

　　另外，更受人矚目的就是最近幾年臺灣與越南的交流快速發展。藉由臺灣政府的「新南向」政策，促進臺灣與東南亞各國家進行多方面、多樣化之交流合作，以及臺灣文化部的計畫，補助與協助很多臺灣好作品在越南譯介與出版，讓越南讀者在認識臺灣文學方面上有了更多豐富多彩的閱讀經驗。從 2017 年至今，越南讀者有機會閱讀臺灣純文學作品，例如由河內文學出版社出版的吳晟《甜蜜的負荷》（2018 年）、葉石濤《葫蘆巷春夢》（2017 年）和《臺灣文

〔註22〕　黎庭墾（Lê Đình Khẩn）：〈臺灣文學與越南讀者〉《東方學系建立與發展之十年（1994～2004）》（胡志明市：綜合出版社，2004），頁 75～85。

〔註23〕　范秀珠（Phạm Tú Châu，1935～2017），是越南的重要專家與華文文學翻譯家。曾經在越南文學研究院工作，專長研究越南古代文學和中越古代文學之比較。另外，她主要翻譯很多中國現當代作家如馮驥才、賈平凹、王朔、沈從文、巴金、劉震雲等等。范秀珠教授是越南讀者與華文文學世界的一個重要使者。

〔註24〕　詳看越南作家協會言論機關的官網：*http://vanvn.net/chan-dung-van/van-nuoc-ngoaidoi-net-ve-50-nam-van-hoc-hien-dai-dai-loantrung-quoc-/910*，搜尋日期：2017 年 10 月 27 日。

學史綱》（2019 年），胡志明市文化——文藝出版社出版金門作家陳長慶的《陳
長慶短篇小說集》（2019 年）等等。而更令人驚喜的是詩人陳建成的《臺灣英
雄傳之決戰西拉雅》（2018 年）由越南世界出版社發行越文翻譯版本。所謂「驚
訝」的是因為越南讀者至今已知道原來臺灣是這麼豐富多語言的一個島國，能
使用華語、臺語、客家語等種語言來創作文學，而「喜歡」的是因為該作品的
內容充滿詩意與劇台穿插對話，臺灣布袋戲與越南水上木偶戲又有這麼多相
同有趣之處。這些「新南向」政策在推動中的要點已帶來新鮮涼風之波，促使
臺灣與越南在文化交流上更是親切、友誼的。

　　為此，2020 年，越南學者阮秋賢發表〈臺灣文學在越南的譯介：從地方
性文學到本土性文學〉。〔註 25〕此篇文章是阮秋賢學者曾在 2019 年的學術會
議發表過，〔註 26〕篇幅分成三個部分其中正文部分集中在前兩個論點：一、臺
灣文學研究觀念的變化：從地方性文學到獨立性文學；二、臺灣文學作品翻譯
的趨向：從大眾化文學到菁英文學；三、結語。阮氏向臺灣學界介紹越南的外
國文學教材裡面是否曾經出現「臺灣文學」這個概念，以及這些越南資深學者
是怎麼樣去觀看臺灣文學的。另外，論文裡面的第二部分講述到越南的《外國
文學》雜誌而其中主要翻譯的臺灣文學是以三毛作品和一系列臺灣作家的微
型小說為主軸翻譯。阮氏在文中提及到瓊瑤在越南的翻譯作品卻是她摘錄從
何文俪文章的內容，而並不是她進行搜集與綜合的。後面，阮氏列出一些最近
2017、2019 年於越南翻譯與出版的臺灣作家如吳晟、陳建成、陳長慶，並且
綜述越南當代文壇上的一些評論意見。總體上來講，這篇論文是向臺灣學界提
供越南的臺灣文學的一個綜合觀念，有助於臺灣朋友想要大概瞭解臺灣文學
在越南的狀況。

　　筆者在臺學習與研究過程中，認為臺灣文學對越南學界而言，沒有什麼所
謂從「地方性文學」到「獨立性文學」或者「本土性文學」這個看法。臺灣的
地理位置與形成歷史必使得臺灣在每個階段存在著不同的文學面相。若是要
說明一點，依筆者的淺見臺灣文壇是有自己的一個「主流」（*Mainstream*）的文

〔註 25〕阮秋賢：〈臺灣文學在越南的譯介：從地方性文學到本土性文學〉《臺灣東亞文
　　　　明研究學刊》第 17 卷第 2 期（總第 34 期），2020 年 12 月，頁 183～201。
〔註 26〕第三屆臺灣文學外譯國際學術研討會暨臺灣文學譯者論壇（2019 International
　　　　Conference On Taiwanese Literature Translation），會議主題：臺灣文學的全球
　　　　移動於 2019 年由臺灣文化部指導，國立臺灣文學館主辦。以上阮氏的論文摘
　　　　要在會議手冊頁 45～46。

學創作體系。這「主流」二字呈現在臺灣的豐富多樣的文學類型，以及文學作品的多姿多彩的內容，如是抒情、武俠、歷史、自然、同志、兒童、漫畫等書寫體裁。而且在每個文學類型裡都出現優秀作家，甚至這些書寫類型的分類還比越南的更為明顯與特色。

　　近來，在越南首次出版臺灣文學研究的一系列文章，而更值得注意的是這幾篇論文的內容都向越南學界與越南讀者帶來嶄新的臺灣文學面貌。2022 年1 月，越南文學界中最權威研究期刊《文學研究》〔註27〕出版第一號文學專題稱為「臺灣文學的幾個問題」，此專題搜集五篇評論、研究與比較臺灣文學，依次為阮秋賢〈臺灣本土文學在建造文學史的多樣化視覺下〉、武氏青簪〈二十世紀 80 年代以來「臺灣文學」爭論〉、黎氏陽〈越南的臺灣譯文學──二十一世紀初的二十年〉、范芳芝〈娼寮作為殖民權力之交錯──以施叔青的 *City of the Queen* 小說為例〉、鄭垂莊〈臺灣吳明益與越南阮玉思作品裡面的自然隱喻書寫探討〉。〔註28〕這臺灣文學專題組合依時間順序排列，展現臺灣文學自從有了臺灣文學歷史的史綱到 1980 年代的文壇上的爭論，以及現當代臺灣翻譯文學在越南所被閱讀與關注的議題。這些學者的議論與各前輩學者的不同點在於她們直接與臺灣文學接觸，加上語言的優點、多樣化視野之下對臺灣文學提出嶄新的看法。

〔註27〕越南《文學研究》期刊，英文：*Vietnam Journal of Literature Studies*，越文：*Tạp chí nghiên cứu Văn học*，是越南核心期刊，成立於 1960 年代至今曾屢次改名：1960～1962《文學研究》月刊，1963～2003《文學》期刊，2004 至今《文學研究》期刊，刊載越南國內文學研究論文以及越南與世界各國文學比較研究論文等核心期刊。

〔註28〕以上五篇論文用越南文發表，依次如下：Nguyễn Thu Hiền（阮秋賢副教授，現任於河內國家大學所屬人文與社會科學大學文學系系副主任），*Văn học bản địa Đài Loan dưới góc nhìn đa chiều của các kiến tạo văn học sử*; Vũ Thị Thanh Trâm（武氏青簪博士，現任於胡志明市國家大學所屬人文與社會科學大學文學系助理教授），*Tranh luận 'Văn học Đài Loan' từ những năm 80 của thế kỷ XX đến nay*; Lê Thị Dương（黎氏陽博士，越南文學研究院研究員），*Văn học dịch Đài loan ở Việt Nam (hai mươi năm đầu thế kỷ XXI)*; Phạm Phương Chi（范芳芝博士，越南文學研究院研究員，目前人在德國當博士後研究員），*Nhà thổ như là vùng giao thoa của các quyền lực thực dân trong tiểu thuyết City of the Queen của Shih Shu-Ching*; Trịnh Thuỳ Trang（鄭垂莊，國立成功大學中國文學系博士候選人），*Phác thảo một vài ẩn dụ thiên nhiên trong sáng tác của Ngô Minh Ích và Nguyễn Ngọc Tư qua góc nhìn phê bình sinh thái*。越南《文學研究》期刊，2022 年 1 月，第 1（599）號，頁 58～101，ISSN: 0494-6928。

二、國外學者的相關研究

　　這部分筆者依據世界學界所使用的其他語言來進行資料分類與處理。雖然，越南的臺灣文學研究纔處於剛起步的時期，甚至使用華語的中國、香港、臺灣與其他國外的華文學者的研究成果中，極少有提及到臺灣文學在越南的研究狀況。然而，筆者針對其他外國學者所研究的論文，仍發現一些學者關注到臺灣作家與作品在越南的廣泛度與流行度，因此並列於此論文研究回顧作為多樣化與多面化的資料參考。另外，觀察臺灣文學在世界其他國家的翻譯與研究現狀，有助於筆者借鑒他國學者的研究方法，更能讓筆者掌握目前越南的臺灣文學研究的確切情況，以及將來的加深發展。

　　首先，韓國學者金惠俊（Kim Hye Joon）對韓國的臺灣文學翻譯與研究有較為細膩的觀察。在他的研究指出，自 1950 年代至 2009 年後，臺灣文學（用華文創作的）在韓國所翻譯的有 180 種，其中最多被翻譯的是瓊瑤（佔了 75 種），自從 2010 年後，被翻譯的臺灣文學作品佔 29 種包括詩、小說、散文等等。可見，臺灣文學在韓國從開始至今已經設立具體的方向性與體系性。〔註 29〕

　　接著，日本學者澤井律之（Noriyuki Sawai）在他的最近發表與其統計指出，日本早期主要翻譯的是吳濁流（1956 年譯）、陳紀瀅（1974 年譯）、張文環（1975 年譯）、黃春明（1979 年譯）等臺灣作家。然後，到了 1991 年翻譯三毛，1993 年是翻譯瓊瑤而數量極少。〔註 30〕此外，依據學者倉本知明（Tomoaki Kuramoto）的統計，日本出版的臺灣文學作品自 2000 年後纔開始翻譯古龍，而從 2000 年至 2008 年也只有翻譯古龍的 12 本武俠小說並沒有再版。〔註 31〕

　　其次，法國學者關首奇（Gwennaël Gaffric）的研究表示臺灣文學在法國的

〔註 29〕金惠俊、文晛禎：〈韓國的臺灣文學作品翻譯情況──以 2000 年之後為中心〉《東華漢學》第 20 期，2014 年 12 月，頁 373～406。

〔註 30〕依日本學者澤井律之：〈戰後日本出版的臺灣文學書目〉，即列出瓊瑤的日文翻譯作品只有三部：《寒玉樓》（1993）、《我的故事》（1993）、《戀戀神話》（1996），前二者是近藤直子譯、後一者由長谷川幸生譯，文章發表於「譯者駐村計劃」（*Resident Translators Program 2020*）由指導單位臺灣文化部和主辦單位國立臺灣文學館舉辦，臺北：2020 年 3 月（未定稿資料）。

〔註 31〕依日本學者倉本知明：〈日本書市的翻譯文學──以 2000 年以降的臺、韓文學為例〉，發表於 2019 年第三屆臺灣文學外譯國際學術研討會暨臺灣文學譯者論壇，臺北：2019 年 11 月 15、16 日。筆者於此致謝兩位前輩學者提供詳細資料。

翻譯與研究現況，他指出法國學界早期比較集中在討論該如何研究臺灣，以及該如何在法國定型臺灣文學。依據關氏的觀察，以 1990 年代為時間點，法國最早是翻譯黃春明的短篇小說（1979 年），然後是陳若曦（1980 年）、陳紀瀅（1984 年）、李昂（1993 年）、白先勇（1998 年）、王文興（1999 年）等等；然後從 2000 年開始繼續翻譯其他臺灣作家作品為法文如：朱西寧、朱天文、朱天心、古龍、張大春等，但是並沒有提到瓊瑤、三毛或一些屬於大眾性的女作家。〔註32〕

最後，是用英文發表的學者，雖然這些論文裡面所提及到的也不是研究越南的臺灣文學狀況，但是文內提及到臺灣著名作家與其作品出現並怎麼在越南受到歡迎。但也不可否認的是，目前這些研究主要只談論到臺灣大眾文學如瓊瑤、三毛、古龍的作品而已，不過這現象仍然代表臺灣這些大眾作家在越南某一個時段深受喜悅的理由，而引起各學界的關注。

2000 年，美國學者英格・尼爾森（Inge Nielsen）指出，瓊瑤小說在越南、韓國、日本和印度尼西亞特別受到歡迎，其中依其研究統計：瓊瑤的越文翻譯超越 50 部、印度尼西亞 22 部、韓文超過 10 部、日本 7 部，到了 1998 年有一部被翻譯成英文。〔註33〕尼爾森學者的統計數字讓我們知道在東南亞區域中越南是翻譯瓊瑤小說最多的國家。

2017 年，新加坡學者 Mok, Mei Feng 在她的研究中已告訴我們自從 19 世紀末在西貢堤岸地區的武俠小說和言情小說的現象。而這些小說早期主要是刊載在中文日報，例如在《論壇晚報》（1965～1975 年）上每日第三頁輪流登載金庸的《射雕英雄傳》和古龍的《絕代雙驕》，或者是在《遠東日報》（1940～1975 年）上刊登金庸和瓊瑤的小說。當時越南華僑地區各日報刊登來自港臺的文化書籍現象，更特別的是金庸或瓊瑤相當於聯結讀者（越南華僑）對家鄉（中國、香港、臺灣）的想象界限。〔註34〕

〔註32〕關首奇（Gwennaël Gaffric）：〈臺灣文學在法國的現狀〉《文史臺灣學報》第三期，2011 年 12 月，頁 131～163。

〔註33〕資料來源於英文版：Inge Nielsen (Princeton University, USA), *Caught in the web of love: Intercepting the young adult reception of Qiong Yao's Romances on-line*, Acta Orientalia Academiae Scientiarum Hungaricae, 2000, Vol.53, No.3/4(2000), pp.235～253. 此文以上引用的是在此英文原文頁 235～236。

〔註34〕資料來源於英文版：Mok, Mei Feng (National University of Singapore, Singapore), *Chinese Newspapers in Chợ Lớn, 1930～1975*, Journal of Social Issues in Southeast Asia, 2017, Vol.32, No.3 (November), pp.766～782. 此文以上引用的是在此引文原文頁 779～780。

　　當回顧越南學界與其他學術社群對越南的臺灣文學研究之後，我們可以發現越南學界的研究各有不同之處與研究的關注點。越南學界較注重在向越南介紹臺灣文學的概論面貌、臺灣的作家與作品名字、越南的臺灣作品名單。而越南學界從北、中、南方的觀點也都各自不同，都以從自身出發，「各自為政」，思考自身對臺灣文學的認識與詮釋。越南資深學者如阮獻黎、黎輝蕭、范秀珠、黎庭墾從自身原有的中國文學的瞭解與語言能力而總是以已深根蒂固在越南社會中的中國文化與中國文學的影響而從這個視角來觀看臺灣文學。正因為如此，儘管他們雖然意識到臺灣文學完全能夠擔當世界文學中的一個獨立部分，但仍然把臺灣文學看成中國文學被分割的一部分。

　　此外，其他幾位學者如何文儷、潘秋賢、陶長福，是因為不能免除資料的限制與語言的隔閡而取經其他前者的研究文獻。何文儷是專研日本文學的教授，在他上面所述的文章裡的使用越南文或翻譯參考資料來源並沒有一項與臺灣文學或華文文學有關；潘秋賢的研究專業是韓國文學與韓國文化；陶長福是越南 1975 年代的作者與自由研究者。雖然如此，但當今是世界跨地區／跨領域／跨科學的研究，即能吸收他人的優勢，而有較多豐富的新議題，此亦值得當做參考資料。

第三節　研究方法與章節架構

一、研究方法

　　本文以「臺灣與越南之間的文學接受史及其意義」為研究問題的主軸，而從上述問題意識的說明可知，本文試圖透過臺灣文學與越南文學之比較，呈現兩者之間的文學發展脈絡，從臺灣與越南之間的文學特徵在空間與時間的分析，並將其具體指定的作家與作品置多種場域之中，進一步探討其歷史、文化、文學之間的互動聯繫與對話交流，以呈現 20 世紀間至 21 世紀初以來臺灣文學與越南文學之間的文化姿態與社會意義。為了能有效開展此論題，本文綜合運用「文學比較研究」、「文本細讀分析」，以及「文學社會學」等研究方法。

　　首先，是「文學比較研究」。以臺灣文學和越南文學為對象，以 20 世紀間至 21 世紀初以來作為時間主軸，進行文獻資料綜合、分析與對照，試圖顯現在同一個歷史發展脈絡下，針對臺灣文學與越南文學的剖析，選取其中兩者的相同與相異之處。然而，在文獻搜集與考訂並非僅限於前者的探究，而也在於

後者與近人的研究中進行理解與辯證，截取最真實與具有系統性的客觀意識。換言之，比較／對照研究仍有賴於多重資料的相互參證，纔能得到較為正確合理的內容與訊息。

其次，是「文本細讀分析」。對於臺灣文學與越南文學的發展歷史的整體脈絡已有了初步瞭解之後，筆者將進行作品摘取及其細讀分析。從前，越南的臺灣文學認識或研究多少都賴於前人的編輯或者翻譯文本的根基，而未有任何從原文的具體研究，造成越南學界中的模糊研究認識與主觀意識。因此，筆者試圖從具體的中文與越文小說原著版本整體細讀出發，在考察作品、細讀文本的過程中，掌握臺灣作家與越南作家的寫作風格與其特色，從其小說中的創作心態、時代意識、藝術思維、人物類型、人物心理，以及美學價值，進一步呈現雙方作家的對話交流及其意義。

再次，是「文學社會學」。〔註35〕文學社會學研究的範圍和課題涉獵頗廣，如文學潮流或運動與社會結構或型態的關係；在整個文學現象中，個人與社會團體、階級、制度及以個人意識和集體意識所扮演的角色；作家的寫作動機、對象、內容及傳播方法；讀者的背景、心理狀態與作品之間的互動關係；在作品傳播過程中，作者、發行者、出版社、書商、讀者的地位；作品傳遞給讀者的訊息，其接受概況、誤差、效果和影響等等……。〔註36〕

筆者雖進行比較研究，細讀文本分析，但並非各自孤立地使用這兩種研究方法，而是進一步將其與文學社會學研究連結，相互補充，不因埋頭於文獻資料、原著文本而忽略在時代歷史與小說文本背後的文化社會語境與接受態度。筆者也不是因為探討原著的文學社會空間，而無視於文獻資料比較與文本的對照細讀。實際上，文學比較研究、文本解讀與文學社會學研究這三種研究方法各有其洞見與不見，因此更需要緊密聯繫，以彼此觀照、互相融

〔註35〕「『文學社會學』，是一門與文學、社會學皆有相關的學科，是採取社會學的角度，運用社會學的方法來研究、探討、考察整體的文學現象的文學、美學批評理論和方法論。」依據何金蘭：《文學社會學》（臺北：桂冠出版社，1989），頁1。

〔註36〕何金蘭：《文學社會學》（臺北：桂冠出版社，1989），頁4。也在何金蘭《文學社會學》，頁5與頁56提出：「第一位將文學——社會關係視為一嚴肅課題並應用有系統的方法加以研究的是十八世紀末十九世紀初的法國女作家斯達勒夫人（Mme de Staël）。而後在1950年代末，埃斯卡皮（Robert Escarpit）的《文學社會學》（Sociologie de la Littérature）於法國出版，這類的文學批評研究纔被稱為「文學社會學」。」

合，缺少其中一二者，論證的內容更有可能顯得薄弱狹隘。因此，本文的研究以在越南對臺灣文學的接受現象與接受態度，呈現臺灣文學在越南社會、越南閱讀市場、越南讀者群、越南媒體、越南學術界等這些方面的地位與意識。

總而言之，筆者試圖在臺、越文本的基礎上，借鑒越南前人的研究成果，突破過去的研究思路與研究認識，進行從臺灣到越南的文學互動的接受歷史這脈絡下，進而觀察現當代越南學界的研究新觀點，闡明 20 世紀間到 21 世紀初以來在越南文學與臺灣文學之間的對話意義。

二、章節架構說明

本文的研究擬分為五章。第一章為緒論，先說明論文整體研究之思考和研究動機，並從文獻資料回顧形成研究方法和章節架構與章節安排。第二章分為三節，最先簡略介紹越南在法屬時期下的語言政策與其影響，也是引起後來臺灣文學在越南譯介的開端，然後從臺灣與越南的文學發展歷史來歸納兩者之間的文學特徵與其相同與相異之處，試圖呈現有系統性的文學歷史全面貌，最終，以臺灣作家與越南作家的作品進行比較作為此章的具體論點。在第二章的部分裡面，法屬後於越南南方的華僑與華文作家不會列入討論，而僅研究於越南出版的臺灣文學的越文譯作。〔註 37〕第三章以臺灣文學在越南的開始：通俗小說的譯介為標題，並且分為三節，開始進行具體的探討，先呈現 20 世紀前半葉越南西貢華僑報刊的流行情況，該時期出現的臺港通俗文學華文版本，之後纔被翻譯與形成文學現象。第四章分為三節，更詳細地綜述目前臺灣翻譯文學在越南的全面貌，以及從臺灣通俗文學到純文學對越南讀者的認識與其意義。接著，以臺灣作家與越南作家來作為研究兼談的對象，試圖拉近與拉緊臺灣與越南現當代文學的隔空對話。每一章最後分別有小結作為每一章的小總結。最後，第五章為結論，總結臺灣文學在越南的接受歷史及其文學價值與文化社會意義，從而省思將來的發展方向。藉此，論文大綱如下所示：

〔註 37〕關於此問題研究可參考洪淑苓：〈越南、臺灣、法國──尹玲的人生旅行，文學創作與主體追尋〉《臺灣文學研究集刊》，8 期（2010/02/01），頁 153〜196；〈越華現代詩中的戰爭書寫與離散敘述〉《中國現代文學》，27 期（2015/06/20），頁 91〜131 等資料。

第一章：緒論

第一節：研究動機與問題意識

第二節：文獻回顧

第三節：研究方法與章節架構

第二章：臺灣與越南的文學現代化時期

第一節：法屬時期下越南的語言政策轉換

第二節：20 世紀初的臺灣與越南文學歷史概略：新文學誕生

第三節：賴和與阮仲管：新文學的實行先鋒者

第四節：小結

第三章：臺灣通俗文學在越南的譯介

第一節：華僑報刊在越南的流行情況

第二節：通俗文學的開始譯介

第三節：瓊瑤與阮氏黃之處女作比較

第四節：小結

第四章：臺灣文學在越南的再認識：純文學的譯介

第一節：臺灣與越南的文學互動譯介的類型轉變

第二節：臺灣文學譯介對越南讀者的意義

第三節：臺灣與越南的自然書寫：吳明益和阮玉思的作品比較

第四節：小結

第五章：結論

第二章　臺灣與越南的文學現代化時期

　　本文的內容談及臺灣文學在越南的翻譯與出版之過程即直接涉及到語言問題，而這些翻譯文學作品是用現在越南人所使用的官方語言即越南文（*Tiếng Việt*）。因為越南的每個歷史階段都展示不同的新演變，而語言也隨著之產生新變化與影響。為此，本章首先約略地介紹越南從法屬時期開始的語言政策轉換至今所使用的越南文，以便閱讀者大概地知道越南的語言政策與教育情況。然後，筆者通過臺灣與越南的各文學史專著，進行概略敘述 20 世紀初臺灣與越南文學的歷史，再討論臺、越在文學走向現代化進程的幾個問題，體現於相同與相異之處。最後，以阮仲管《拉扎羅煩先生傳》（1887）與賴和《無題》（1925）作為具體的比較研究對象。賴和與阮仲管使用白話文和國語字來創作視為臺灣文學和越南文學走向現代化過程當中的先鋒者。

第一節　法屬時期下越南的語言政策轉換

一、最初階段的國語字：法國殖民政府的推動

　　依據歷史資料記載，越南從很早已與西方有接觸過。最早，在 1523 年葡

萄牙人的船隊來到塘中〔註1〕卻沒久留。〔註2〕到 1612 年，日本頒布禁道令，原本在日本活動的傳教士們被遣送澳門。1615 年 1 月 6 日，L.m. Francesco Buzomi（意大利），Diego Carvalho（葡萄牙），Antonio Dias（葡萄牙）三位傳教士乘葡萄牙商船從澳門來到越南塘中，然後在同年 1 月 18 日停泊峴港。〔註3〕到了 1626 年，這些傳教士繼續往塘外並於此成立傳教團。〔註4〕他們最初的正要目的是探險、傳教與交商。〔註5〕顯然，國語字〔註6〕傳入越南的過程並不只是單一的活動，而這是當時從歐洲開始進行擴大傳教語學的潮流。譬如，傳教士芳濟·沙勿略（Francois Xavier，1506～1552）1542 年去過果阿邦（英文：Goa，即印度的一邦），1549 年到日本，以及 1552 年到中國。同時，在 1552 年，傳教士們先把日文拼音成拉丁字，然後再把中國漢字也開

〔註1〕越南屢次經過內、外戰爭，其中 17 世紀的南北兩方紛爭是越南史上最長的被分割的歷史階段，從 1627～1672 年，經過了 7 次大戰，最後到 1672 年兩方因無法互相消滅，便以靈江（Sông Gianh）劃界而治，分為安南與廣南兩國。全國雖然在表面上的一個統治者為黎朝，但實際上國內派系南北紛爭成兩個獨立國家，在北方是鄭主、在南方是阮主。所謂安南、廣南是中國史料的記載，越南當時史料仍以「大越」（Đại Việt）為國號，而阮氏勢力範圍為順化、廣南兩鎮。塘外（Đàng Ngoài）即北河（Bắc Hà）與塘中（Đàng Trong）即南河（Nam Hà）是後來的人以靈江界限作為鄭氏與阮氏勢力的區分，而在西方史料都以 Tunquin, Tonkin…與 Cochinchina, Cochinchine 等為名。法屬時期，越南的北、中、南三地又被分成北圻（Bắc Kỳ）、中圻（Trung kỳ）、南圻（Nam Kỳ）等名稱。

〔註2〕范氏橋離（Phạm Thị Kiều Ly）：〈國語字歷史 1615～1861：傳教語學潮流中的拉丁化越南語之過程〉（Lịch sử chữ Quốc ngữ, 1615～1861: Quá trình La-tinh hoá tiếng Việt trong trào lưu ngữ học truyền giáo），越南文引自：《光線》雜誌（Tạp chí Tia Sáng），官方網頁：https://tiasang.com.vn/khoa-hoc-cong-nghe/lich-su-chu-quoc-ngu-tu-1615-den-1861-qua-trinh-latinh-hoa-tieng-viet-trong-trao-luu-ngu-hoc-truyen-giao-20834/，查看日期：2019 年 12 月 30 日。

〔註3〕杜光正（Đỗ Quang Chính）：《國語字歷史（1620～1659）》（Lịch sử chữ Quốc ngữ, 1620～1659）（河內：宗教出版社，2008 年），頁 24。

〔註4〕Charles B. Maybon：《在安南國的歐洲人》（Những người châu Âu ở nước An Nam）（河內：世界出版社，2006 年），頁 16。

〔註5〕在大航海時代 1494 年，西班牙和葡萄牙簽完《托德西利亞斯條約》（英文：Treaty of Tordesillas）之後，西班牙往西邊探險（即美洲），而葡萄牙乃前行東邊。越南屬於當時葡萄牙國王允許與保護傳教的領土。在 1612 年，由於日本實行禁道令，因此很多日本的教徒離國來到越南廣南會安。在這裡，這些來自葡萄牙的傳教士協助日本人與當地越南人翻譯與溝通。

〔註6〕依據越南學界，至今還不知道為何稱「國語字」（chữ Quốc Ngữ），也未知是什麼人發明出這個名稱。20 世紀初仍然稱國語字，到了 1945 年後纔改叫越南文（tiếng Việt）。

始拼音成拉丁字，到了 1591 年在日本已經有 16 冊是用拉丁字編寫日本的傳教書。〔註7〕很有可能，這時候的基督教的書籍與《日語—葡萄牙語詞典》對於越南的傳教士已深有影響。

　　越南今日使用的越南語（*Tiếng Việt*）是以拉丁字母（也稱：羅馬字母）、葡萄牙字的一部分，以及希臘字體的聲調結合起來而成。換言之，越南語的誕生是由耶穌會裡面的傳教士們和一些越南當地的越南人教徒在 17 世紀時創造而成，然後經過數次修改、補充纔能完整成為今日的越南語。〔註8〕依據杜光正（Đỗ Quang Chính, SJ.）與一些學者的研究資料〔註9〕，越南國語字的形成歷史可分成兩個階段：第一階段自 1620 年至 1626 年，第二階段是從 1631 年至 1648 年。其中，最初而最有貢獻的是三位傳教士弗朗·西斯科·德·皮納（Francisco de Pina，1585～1625），亞歷山·德羅（Alexandre de Rhodes，1593～1660），安東尼奧·德爾·安德拉德（António de Fontes，1580～1634）。1617 年，皮納來到越南塘中，他就是第一個歐洲人會說流利的越南話。〔註10〕這裡要說明的是，從 1650 年起，德羅與安德拉德成為越南拉丁字的重要推動者，但是皮納纔是第一個人把拉丁字體（即 abc 字母）傳入越南語。1651 年，德羅在羅馬編撰與出版兩本國語字書，一是《越南—葡萄牙—拉丁詞典》（*Từ điển Việt-Bồ-La*），另一本是《八日的講法》（*Phép giảng Tám ngày*）。這兩本書的出版標記了越南國語字的重要發展階段，也說明了亞歷山·德羅對越南國語字的貢獻，是帶有非常重大的意義。因為《越南—葡萄牙—拉丁詞典》的出版對越南語的語法、字體逐漸走向統一性。此書對傳教士們在傳教的過程當中不僅成

〔註7〕 清浪（Thanh Lãng）:〈國語字的若干路徑〉（Những chặng đường của chữ Quốc ngữ）《大學報》（Đại Học）第 1 號「紀念傳教士德羅」專刊，1961 年 2 月，頁 6。

〔註8〕 說明：越南的語言形成與發展歷史是經過很長的時間，包括從唯一使用漢字作為官方語言，後又有一段時間是被規定只用法文、法文和國語字同時使用，最後又改成國語字即現在的越南語。這個過程演變十分複雜而與政治、社會歷史密切相關，也涉及到語言學的問題，因此在本論文的範圍內，筆者僅選擇對本文的直接關聯事件來作為探討論點，助於本論文的內容與架構，於此說明。盼望在將來的相關研究，筆者更有機會細節討論。

〔註9〕 關於越南國語字的研究歷史，筆者參考的資料來源來自學者清浪、學者杜光正、學者高輝純（Cao Huy Thuần），以及語言學博士范氏橋離等資料。

〔註10〕 亞歷山·德羅是皮納的學生。德羅在 1624 年來到越南之後就跟皮納學說越南話，同時也跟一個當地的小孩練習發音。六個月後，德羅就能用簡單的越南話講道。

為有效的學習工具而也是當時瞭解安南人的風俗習慣的一本詞典。

1663 年，巴黎外方傳教會（Société des Missions étrangères de Paris）成立，然後他們派遣傳教士去亞東地區傳教。這時期在越南，漢字（當時越南稱「儒字」）和喃字同時使用。漢字仍是政府的正式語言，而喃字主要流行在民間，不受重用。喃字（chữ Nôm）是越南的國音，雖然是越南人在 11、12 世紀左右所創作的本土文字，以漢字與越南話結合而成的文字。但是，喃字一直不受到當時越南皇族的重用。這個問題只能解釋為越南的地理環境與歷史背景，自古以來與中國相鄰，所以越南當時的一切政治文件、交商活動、學習來往等都得用漢字來與中國溝通。這是為何喃字雖然是越南人創造出來的語言，但是難能成為越南的官方文字。喃字到 15 世紀時已經完整的發展，但主要是用來記錄越南民間口傳文學（也稱「喃傳」），而在 18 世紀時用喃字創作的喃傳是特別發展的，一直到 19 世紀末 20 世紀初喃傳幾乎都被翻譯成越南國語字。那麼，這一段講述指出，越南在法屬時期之前已經與法國有認識，但是最開始的目的只是傳教活動而已。這時期的傳教過程，德羅還是扮演很重要的角色，因為雖然他這時候早已離開越南但他就是在法國繼續推動法國外方傳教會往亞東各國進行傳教活動。

在認識西方文明之前，越南唯一的教育制度就是學漢字，而目的是為了科舉取士、出仕，因此上學是給貴族的或是傳統的書香世家的子孫，平民百姓不識字。1858 年 9 月 1 日，法國和西班牙聯合艦隊襲擊峴港港口，用大炮轟開了越南最後封建王朝阮氏閉關鎖國的大門。1884 年，清廷與法國簽訂喪權辱國的「天津條約」（全稱：「中法會訂越南條約」），宣告中國封建王朝與越南之間的「藩屬關係」自此結束。同年 6 月 6 日順化阮朝和法國簽訂了「甲申和約」（全稱：「第二次順化條約」﹝註11﹞）之後，越南成為法國的殖民地。﹝註12﹞從此，越南的政治制度與語言政策也跟著之而改變。

1861 年，西貢伯多祿學校（Adran Saigon Collège）已成立，1864 年，法文和國語字同時在學校教授。到了 1882 年，法國人規定凡一切越南文的文件

﹝註11﹞ 此前，1883 年阮朝和法國簽訂了「第一次順化條約」（法文：Traité de Hué），共 19 款，使越南淪為法國的保護國。

﹝註12﹞ 越南法屬時期的歷史參考資料：黎成奎（Lê Thành Khôi）：《越南歷史──從啟蒙至二十世紀間》（Lịch sử Việt Nam: từ nguồn gốc đến giữa thế kỷ XX），原文法文，阮毅（Nguyễn Nghị）譯、阮丞喜（Nguyễn Thừa Hỷ）校對（胡志明市：世界出版社，2014 年），頁 466～467。

都要用國語字來寫。從 1886 年起，越南知識若要成為法屬下的行政機關裡的人員一律要會使用國語字纔能應選。如此，學習國語字的潮流很快就在全越南擴張包括北圻與中圻，在 1887 年有教國語字的學校已達 117 所。〔註13〕跟著這個學習國語字潮流，有教漢字的學校漸減少，而學習漢字的人也少了很多。〔註14〕在 1897 年，當時法屬印度支那〔註15〕的長官保羅‧杜美（Paul Doumer，1857～1932）建立遠東學院（École française d'Extrême-Orient），是研究文學與藝術的機關。接著，杜美允許建設順化的國學學校，教學章程是以越、漢、法的三種語言與文化輔導為主。〔註16〕1907 年開始成立女生學校，教常識與女紅。〔註17〕這也是越南教育的重大事件，因為以前上學、考試只是男生的正事，在傳統社會與家庭教育格式裡面都不注重受教女生。

那麼，從 1906 年開始越南的教育制度被法國人維持與規定成兩種形式：法─越學校，漢字學校。在法─越學校裡面會分成初學、小學與中學，用法文和國語字來教學，其中法文教學比國語字教學的時間多，分為文學班與科學班。而在漢字學校裡面就有大改變。如果，漢字學校以前都設在鄉村，教學的人是村裡的夫子或者是考取後出來教學等，而來學習的人是主要想將來會參加科舉，那現在還要添加學習法文和國語字。古代儒家經典的內容與章程是比較重的而漢字是較難學，不像法文和國語字都同有拉丁字的根源。是以，上學的時間要減少成每週學法文 12 個小時、國語字 16 個小時、漢字 7 個小時，而上課的內容以社會科學為主導。〔註18〕法國人開始在學校進行減少學習漢字

〔註13〕段維瀅（Đoàn Duy Oánh）：《教育歷史概略》（Sơ lược lịch sử giáo dục）（國家大學出版社：2004 年），頁 443。

〔註14〕依范氏橋離（Phạm Thị Kiều Ly）的資料，引自：https://tiasang.com.vn/van-hoa/chu-quoc-ngu-thuo-giao-thoi-giua-nhung-bien-co-chinh-tri-22959/，搜尋日期：2020 年 11 月 5 日。（此研究為語言學家范氏橋離 2018 年在法國巴黎完成的博士論文，並即將出版。）

〔註15〕印度支那半島也稱「中南半島」或「印度支那半島」指的是：越南、老撾、柬埔寨，以及中國的廣東省湛江市（廣州灣）。「印度支那」（法文：Indochine）早於「中南半島」出現，而在地理概念上指涉的區域相同，因此在越南語也稱「半島東洋」或「聯邦東洋」（喃字），是與東南亞島嶼地區相對的。

〔註16〕段維瀅（Đoàn Duy Oánh）：《教育歷史概略》（Sơ lược lịch sử giáo dục），頁 443。

〔註17〕阮瑞芳（Nguyễn Thuy Phương）：《殖民地時期的越南教育：紅與黑的傳奇》（Giáo dục Việt Nam dưới thời thuộc địa: huyền thoại đỏ và huyền thoại đen）（河內：河內出版社，2020 年），頁 58。

〔註18〕段維瀅（Đoàn Duy Oánh）：《教育歷史概略》（Sơ lược lịch sử giáo dục），頁 444。

的政策這可見是第一步的要逐漸滅除在越南的中華文化的影響，之後便是完全廢除越南的科舉製度。

　　法文和國語字雖然如此甚早被採用在當時的越南學校，但是實際上而言要在一個社會施行這樣的一個完全新的語言系統並不是一蹴而就的計畫。越南社會與政治體制已有長期與漢字接納並造成一個堅固聯結，如今突然被改成新來的一種西方文化那就會碰到反對與反抗之意見。對於中南半島的統治策略，法國人是有經驗的，不過他們也瞭解若緊接著壓制民眾學法文是很難實現的，想要鉗制、好管本地人那要昌明教育、開啟民智。話雖如此，可是法國人仍猶豫在於同化政策，先完全同化還是仍維持漢學。古代漢字和法國文字的結構並不相同，甚至對法國人而言漢字是太難學的，而要花較多時間纔能學會漢字。相反，國語字的學習時間較快，因為當初的國語字的構造還是較簡單，所以一個人通常只要花三個月就能簡單地學會說與寫了。當初在殖民者的眼裡，國語字只是一種平民的語言，並不是屬於文化的語種，而僅有法文、漢文纔是有文化的語言。然而，國語字乃普通、便利、易學之語言所以得需要調整使得它合理的發揮作用。〔註19〕最後，他們想要利用國語字作為中間工具使安南民較快學會法文。剛開始，法國人並不想要用武力而是選取「以文學對立文學；以拉丁字對立漢字；以思想對立思想，以形式對立形式。〔註20〕」的措施。首先，法國人在 1862 年在西貢開始成立通言學校即是安南學校（法文：Collège Annamite），然後 1866 年也在河內成立通言學校。最開始，學生只是軍隊裡面的軍人，他們要同時會法文和國語字，目的是在法國軍隊中當通譯員（即翻譯員）。在 1873 年，法國人建立習事學校（法文：Collègedes Stagiaites），並委派張永記（Trương Vĩnh Ký，1837～1898）當校長。這學校開來的目的是培養於南圻的行政人員。〔註21〕這時候的國語字又陷入支持與反對二潮之間。支持者

〔註19〕詳看阮文忠（Nguyễn Văn Trung）：《法屬初期的國語文字》（Chữ văn Quốc ngữ thời kỳ đầu Pháp thuộc）（西貢：南山印刷廠，1975 年），頁 59～60。

〔註20〕潘仲實（Phan Trọng Báu）：《近代時期的越南教育》（Giáo dục Việt Nam thời cận đại）（河內：教育出版社，2006 年），頁 42。文中上面引文是引自《新紀元》（Kỷ nguyên mới）報紙上的法文原文，出版於西貢，1879 年 9 月，頁 2。

〔註21〕阮毅（Nguyễn Nghị）編撰：《嘉定─西貢的歷史：1862～1945》（Lịch sử Gia Định-Sài Gòn thời kỳ 1862～1945）（胡志明市：綜合出版社，2007 年），頁 133～135；又依據學者越英（Việt Anh）：〈19 世紀末 20 世紀初越─法文化交流中的漢─喃字〉（Chữ Hán-Nôm trong giao lưu văn hoá Việt-Pháp cuối thế kỷ 19 đầu thế kỷ 20）《漢喃》雜誌（河內：漢喃研究院），1(86)號，2008 年，頁 55。

乃是新西學知識分子如張永記、張明記（Trương Minh Ký，1855～1900）、黃靜果（Huỳnh Tịnh Của，1830～1908），而反對者就是傳統儒家的舊知識分子如阮廷炤（Nguyễn Đình Chiểu，1822～1888）、裴友義（Bùi Hữu Nghĩa，1807～1872）、潘文值（Phan Văn Trị，1830～1910）等等。這裡的對峙並不只是語言的問題而還是不同的宗教信仰與對政治的態度，是在孔教和天主教之間的關係，以及與其他本土宗教信仰已在老百姓心中長久以來生根地固的存在。然而，在西方襲來的宣揚文化、提升素質的口號下，那些傳統知識分子難以抵抗時代的趨勢。此時，新的知識分子日益覺醒並認為只有國語字纔能夠有力量擴散新知識及愛國思想，也就是說對於當時越南處境而言並不是漢字〔中國〕更不是法文〔殖民統治者〕而是國語字〔最初最友善的目的來到越南的〕纔能作為相當適合的選擇。於是乎，1904 年，潘佩珠（Phan Bội Châu，1867～1940）發動東遊運動，向日本學習文明與進步，但到 1908 年 2 月東遊運動受法國人壓迫就被解散。1905 年，陳季恰（Trần Quý Cáp，1870～1908）、潘周禎（Phan Châu Chinh，1872～1926）與黃叔沆（Huỳnh Thúc Kháng，1876～1947）在廣南省發動維新運動。維新運動的主張是教全民學國語字、法文，而更關鍵的是要習文化、普及知識。1907 年，東京義塾運動於河內誕生，創立者為梁文玕（Lương Văn Can，1854～1927）、阮權（Nguyễn Quyền，1869～1941）。東京義塾運動以「義塾」作為宗旨，主張尋讀中國與日本的《新書》〔註22〕，用國語字開啟民智、免費教學。不過，在 20 世紀初的那時候，越南的人口仍然主要是農民與平民，民智還沒開啟，識字的人甚少。為此，後來在 1938 年出現「國語字傳播會」，領導者阮文素（Nguyễn Văn Tố，1889～1947）。這傳播會的宗旨是廣闊全國從農村到都市的密集教學。國語字傳播會在 1938～1940 年，1940～1944 年，1944～1945 年是活動最強烈的階段。〔註23〕雖然以上敘述的這些維新思潮的壽命不是很長久卻在當時越南社會啟發影響力，以及成為法國人對於越南新知識分子心生恐懼。當初，法國人想要借用國語字作為工具使

〔註22〕《新書》是一個具有綜合性的說法，意指那些來自西方的新科學見識等等。在 19 世紀後半葉被翻譯成日文和漢文。中國當時的新改革家如康有為（1858～1927）、梁啟超（1873～1929）、譚嗣同（1869～1898）等人最先使用與廣傳。越南當時的舊儒學知識分子也透過來自中國的新書而學習新知識。

〔註23〕段維瀅（Đoàn Duy Oánh）：《教育歷史概略》（Sơ lược lịch sử giáo dục）（國家大學出版社：2004 年），頁 452；潘仲寶（Phan Trọng Báu）：《近代時期的越南教育》（Giáo dục Việt Nam thời cận đại）（河內：教育出版社，2006 年），頁 196～199。

安南民較快學會法文卻沒想到這個推動企圖變成了雙面刀片，給越南的新知識分子打開新局面，向「新學」尋「思路」救國。

二、殖民後期的轉變：1954～1975年的越南學校制度

1939年9月1日，德國攻打波蘭。1939年9月3日，英國、法國向德國宣戰。第二次世界大戰開始。1940年初，巴黎失守，法國軍隊投降。日本利用在亞洲殖民帝國的情形趕緊大踏步前進佔據殖民地。趁法國軍隊在越南的失勢，日本軍隊通過中國與越南之間的邊界從梁山襲擊越南，正式邁進大步侵略中南半島。〔註24〕1945年3月9日，日本掌控東洋區域大局，並且控制越南當局政府。這時候，越南雖不再是法國的殖民地，但是獨立只是暫時的情勢，因為基本上日本人掌權法律、財政、資訊等事件。〔註25〕

越南剛脫離60年在法國殖民地制度之下〔註26〕，今又變成日本的腳踏板為服務日軍在亞洲的戰爭。可是，隨後就是美—英聯軍連續在亞洲和蘇聯的勝勢致使1945年8月14號日本宣佈投降，同盟各國勝利。越南八月革命勝利同時越南民主共和國出生標誌越南在新時代的獨立與自主權。在文化與教育方面上，1945年就有舉行小學級的越南語考試，而中學校的越語化章程逐漸改變。〔註27〕初期國語字的報紙漸漸代替越南的法—越教育制度。〔註28〕關於政治方面，1954年5月奠邊府戰役結束後，同年在瑞士召開日內瓦會議，重建印度支那和朝鮮的和平問題，法國軍隊必要撤退越南南方。1955年底，最後法國人人數留在西貢只剩兩萬七千人〔註29〕，可是在越南文化、經濟上仍受法國的影響。譬如，這階段雖然越南語已經是越南的正式使用語言，法文是外國語。然而，在西貢和大叻的一些學校如西貢羅巴中學（Chasseloup-Laubat

---

〔註24〕阮光玉（Nguyễn Quang Ngọc）主編：《越南歷史進程》（*Tiến trình lịch sử Việt Nam*）（河內：教育出版社，2009年），頁284。

〔註25〕阮瑞芳（Nguyễn Thuy Phương）：《越南的法國學校：1954～1975》（*Trường Pháp ở Việt Nam: 1954～1975*）（河內：河內出版社，2022年），頁38。

〔註26〕實際上，越南全受法國殖民與保護之下將近80年，因為後來在1945年9月23日，法國軍隊第二次返回進行侵略越南。

〔註27〕阮瑞芳（Nguyễn Thuy Phương）：《越南的法國學校：1954～1975》（*Trường Pháp ở Việt Nam: 1954～1975*），頁39。

〔註28〕這時期，越南報紙上仍同時使用法文和越文，但此時的越南文已經完整並成為越南人正式使用的語言。

〔註29〕阮瑞芳（Nguyễn Thuy Phương）：《越南的法國學校：1954～1975》（*Trường Pháp ở Việt Nam: 1954～1975*），頁88。

School)、瑪麗‧居禮中學（Marie-Curie School），以及大叻的葉爾森中學（Yersin School）與一些其他私塾中學持續用法文上課。雖然如此，這些學校的法文課只是因為這幾地區居住的法國人的孩子是比較多。在 1965 年，《百科》月刊上有一篇文章，文中有一段說明：「關於物質，學生不用擠在狹窄教室上課。若是小學就不用在中午很熱的時候上課。關於精神，教職員有夠能力與足夠良心使得學生很快能前進。學校與家長之間的聯絡緊密因此可以及時監督學生。最後，學生一定會精通法文，因為精通一個外語是考上大學的必要條件，申請獎學金或出社會找工作。〔註30〕」這段文章的含義說明從 1960 年代，法文已成為一種實用的外語，而社會上從小康到富裕家庭兒女都可以求學。

　　越南民主共和國成立後雖已有自己的獨立權卻此政權還是太過軟弱。世界大戰之後，法國和日本統治期間所留下來的後果導致越南的經濟陷入恐慌，與此同時是饑荒、盲文之賊連續蠻橫。同在 1945 年，蔣介石的二十萬軍兵由盧漢帶領沿著陸路進入越南，並分成四個軍團先在中—越邊界駐紮軍隊，後來進入河內。依當時的情勢，蔣介石政權謀劃「滅共擒胡」之計，即滅除共產黨、捕捉胡志明，企圖推翻當時越南民主共和國，鞏固在越南的中華民國勢力。〔註31〕1945 年 9 月 23 日，在英國軍隊協助下，法國遠征軍隊返回攻入西貢，推倒日本，開始第二次侵略越南。也在 1945 年 9 月 28 日，日本宣佈投降。此時，法國和中華民國（蔣介石）同時進行談判，並於中國重慶簽訂「法華條約〔註32〕」，其中內容大概是中華民國政權同意法國軍隊進入越南，法國有責任趕走日軍，以及法國要歸還在中國的租借等條款；相反，蔣介石軍隊是要撤離越南。如此，到了 1946 年 6 月 15 日，蔣介石軍隊完全撤退河內。〔註33〕從此，在胡志明主

〔註30〕杜仲和（Đỗ Trọng Huề）：〈法文章程還是越文章程〉（Chương trình Pháp hay chương trình Việt）《百科》月刊，1965 年 214 號，頁 39～40。

〔註31〕黎戊汗（Lê Mậu Hãn）主編：《越南歷史大綱（III）》（Đại cương lịch sử Việt Nam-Tập III）（河內：教育出版社，2009 年），頁：10～11；Archimedes L. A. Patti: *Why Vietnam?*《為什麼是越南？》), University of California, 1980, p.218～219。

〔註32〕詳看：https://web.archive.org/web/20150103123624/http://daitudien.net/quan-su/quan-su-ve-hiep-uoc-phap--hoa-1946.html（軍事：法華條約），搜尋日期：2021 年 11 月 20 日。

〔註33〕Vietnam Task Force, *United States – Vietnam Relations 1945～1967*, （美—越關係 1945～1967）"Part I: Vietnam and the United States 1940～1950"（越南和美國 1940～1950）, p.b-47（依據英文資料：https://nara-media-001.s3.amazonaws.com/arcmedia/research/pentagon-papers/Pentagon-Papers-Part-I.pdf，搜尋日期：2020 年 11 月 12 日）。

席與共產黨領導之下，全民共襄抗法救國，史稱「九年抗戰」（1945～1954）。同時期，從 1950 年起，美國日益深入干涉中南半島之國群。到了 1954 年，美國軍事援助法國在中南半島上的戰爭已佔 73%。〔註34〕

1954 年 7 月後，越南暫被分割。北越前往建設社會主義之路，而南越繼續抗美國與其於 1955 年建立的傀儡政權──吳廷琰政權。美國企圖利用吳廷琰政府代替在南越的法國位置。自從 1954 年至 1975 年越南全國統一之前，南越的社會、經濟、文化各方面又發生了甚大轉變。與此同行，從北越遷移南越的若干文人、藝人也使在南越的文壇上變得更熱鬧與發展。大體上而言，這時候的儒家思想與道理雖則仍在家庭裡面發揮其作用卻在社會生活上已經沒有正面影響。教育逐漸改變，報紙的豐富發展，民主運動新潮，美國嬉皮士文化運動，反戰與婦女解放運動等影響南越社會生活面貌，學會越南文、法文、英文成為將來的工作與生活奮鬥。更要強調的是，法國殖民時代所留下來最大的教育貢獻就是開設女生學校，這也在某方面上幫助改變傳統社會中的女性位置。美風、美元的出現操縱都市生活與市場經濟，大部分報社與電影工廠都歸屬個人的所有與發行。在文化與文學方面上，這也是臺灣、香港的各類文化印品包括文學作品，以及卡式錄影帶形式傳入南越的開始階段。關於這部分的具體請詳看此論文的後面第三章。

在越南抗法、抗美之過程當中，一部分華僑來到了越南而主要集中在越南南方的西貢。在這裡，華僑居住成群，安居樂業，也協助越南經濟、社會前進發展。眾所周知，在中國與越南之間的關係，從前史時代就發生過很多居民遷移活動。在中國長期督護越南的時期（公元前 111 年～公元 938 年），大量居民陸續從北方移動到紅河一帶。〔註35〕在 17 世紀初，中國明清鼎革之際，一群逃難者來到越南塘中投靠阮主。〔註36〕這階段到越南來的中國人主要是為了交商活動與政治避難的原因。在塘中的阮主封他們為明鄉人。後來到了法屬

〔註34〕阮光玉（Nguyễn Quang Ngọc）主編：《越南歷史進程》（Tiến trình lịch sử Việt Nam）（河內：教育出版社，2009 年），頁 316。

〔註35〕關於古代時期的中國與越南之間的遷移史已有前者詳細研究如：基思·韋勒·泰勒（Keith W. Taylor）The Birth of Vietnam（中文：《越南之誕生》）University of California Press，1983 年；周氏海（Châu Thị Hải）Các nhóm cộng đồng người Hoa ở Việt Nam（中文：《越南的華人共同》）（河內：社會科學出版社，1992 年）等其他資料。

〔註36〕關於此階段的華人遷移史請詳看鄭垂莊撰：《越南明鄉人陳上川及新鄰亭之研究》（國立成功大學臺灣文學系碩士論文）(臺南：2015 年)，共 162 頁。

時期，當初法國人仍繼續維持明鄉人在阮主政權所受到的待遇即他們仍能有與越南人一般的權利。但是，1955 年後，當時南越的吳廷琰共和制度不再承認明鄉人在法屬時期下的所有特權。這時候，居住在越南南方的華人，以及來自中國的華人一律改稱為華僑。〔註 37〕華僑藉由在法屬時期下早已建立經濟的強大勢力，他們在越南貿易市場上掌握了中間〔中介〕角色，連開立華僑學校之事都由華僑各幫會自行管理。自 1955 至 1963 年，華僑可以在越南南方開立學校，教材是從臺灣寄過來的，學習的章程與時間依照臺灣一般所規定的。〔註 38〕相反的，這時期在越南北方的華人學校由河內政權及中國共產黨同時管理，中國也提供補助、教材與教學資源，以儒家經典作為教材。〔註 39〕越南南方共和制度為了要漸減低華僑在南方的勢力所以從 1956 至 1958 年先在華僑中學校裡面增加學習越南語的時數，然後將華僑學校改名為越南私塾學校。繼續，從 1959 年至 1960 年啟，在華僑小學校開始教越南語。如此一來，1955 年至 1963 年這階段是吳廷琰政權對華僑進行越化政策。〔註 40〕可是，從 1963 年至 1975 年，越南各政府不再注意到華僑的教育政策。〔註 41〕箇中原因被認為是報紙、電影、話語及華僑的認同意識。在 1955～1963 階段，越南南方共

〔註 37〕在越南語裡，「華人」稱為 người Hoa，「華僑」稱為 Hoa kiều，當代「中國人」稱為 người Trung Quốc，較早之前也用 người Trung Hoa（中華人）稱中國人。

〔註 38〕鄭氏梅玲（Trịnh Thị Mai Linh）：《西貢政權對南越華人的政策：1955～1975》（Chính sách của chính quyền Sài Gòn đối với người Hoa ở miền Nam Việt Nam: Giai đoạn 1955～1975）（胡志明市師範大學越南歷史專業的博士論文，2014 年），頁 125～126。

〔註 39〕Xiaorong Han: Spoiled guests or dedicated patriots? The Chinese in North Vietnam, 1954～1978, *International Journal of Asian Studies*, Cambridge University Press, 6,1(2009), p.17.

〔註 40〕依據二位學者 Fitzgerald, Stephen（1972）和 Xiaorong, Han（2009）的研究與統計指出從 1956 年越南語成為華僑學校裡面的正式上學語言，並且華僑學校的校長是越南人而不是華僑。1954 年後，北越政權對華人的教育與入籍問題表示寬容態度。具體，此時中國綜理周恩來與越南簽約允許華人可以擁有雙重身份，可是後來因為中—越邊疆的政治問題所以又有改變。因此，北越也開始啟動教育普及政策，勸導華人學習越南語。雖然如此，此論文提過，北越這時候前進社會主義之路，所有相關事件都在共產黨領導下管制，因此從外來的新文化會先進入南越。

〔註 41〕鄭氏梅玲（Trịnh Thị Mai Linh）：《西貢政權對南越華僑的政策：1955～1975》（Chính sách của chính quyền Sài Gòn đối với người Hoa ở miền Nam Việt Nam: Giai đoạn 1955～1975）（胡志明市師範大學越南歷史專業的博士論文，2014 年），頁 135～143。

和政權主要對華僑各幫會的校長施行管制，而並沒有徹底的貫穿民間社會中的活動。華僑在各地方雖有落地生根的觀念，可他們從不放棄中華文化的孕育與推廣，而此中華精神總會聯結他們在一起。這階段就是從香港和臺灣傳入西貢最多的文化書籍，服務當地華僑共同的需求。他們開始閱讀金庸的武俠小說，瓊瑤的愛情小說。〔註42〕有可能，他們在金庸和瓊瑤的作品裡面能找到自由自在、不受拘束的精神，熟悉的家庭環境等景象。後來，一如必要而自然而然的趨向致使金庸和瓊瑤的作品陸續被翻譯成越南文的開端。

越南從 1986 年後開始進行改革開放政策以來，接受外商投資前進發展。在文化與教育方面，學外語（英文、法文、中文、日文、韓文等外語）的需求相當成為走出世界的一扇新門。特別是對年輕人而言，學習一個新外語是一個必要的能力與實力。然而，難以否認的是不管在古代還是在現當代，中國與越南之間的關系仍然十分緊密。為此，中國文學最先是在越南出版越南文版本，而且與其他國家的翻譯文學相比，中國文學作品乃佔越南外文作品出版數量最多。然後是其他國家的文學作品，如來自美國、俄國、法國、日本的，以及最近是來自韓國、泰國、臺灣的文學作品也陸續在越南出版。依據越南政府的檢閱各條例規定，全世界的好文學作品都可以在越南出版與正式發行。這也是越南在今日世界全球化展開全面性的交流與發展方向。

第二節 20 世紀初的臺灣與越南文學歷史概略：新文學誕生

19 世紀中葉至 20 世紀初，人類見證了世界的巨大變化，1866～1869 年間日本明治維新改革、1910 年俄羅斯革命勝利、1911 年中國辛亥革命發生，馬克思主義繼續發展，以及帝國主義開始進行侵略亞洲與非洲之遠征等事件，導致全盤局面更變，形成殖民者與被殖民者之間勢不兩立，史無前例的新世界秩序。

相當於這個時期，臺灣文學與越南文學都顯現走向現代化的進程。換句話說，此現代化進程體現於文學各種方面上的精神改變即走向文學現代化與社

〔註42〕這時期，從香港和臺灣來的文化包括書本與電影各物品同時進入南越社會，所以該論文裡面難免有時同提及到香港（金庸）與臺灣（瓊瑤）來作為本文的問題討論，於此說明。

會改革之路。如此一來，文學現代化意指脫離舊者、建立新者，適合世界西方文學的模型，進行革新與改造社會。而此現代化過程的意識形態是具有民主化意識，以及社會化意識。雖然臺灣與越南在進行文學現代化過程當中各都遇到很多困難與阻礙，但是進入 20 世紀初已形成了文學新奠基，成為史上不可忽略的重要階段，那是臺灣在 1920 年代發生新舊文學論爭；而越南在同時期開始形成了新文學。為此，筆者在文章裡面使用「文學現代化」詞組來界定要討論的問題。所謂「工業化」或者「現代化」原產生自英國在 18 世紀末所發生的工業革命，人類生產與製造方式逐漸轉為機械化，以機器取代人力，漸引發了科技革命。牛津英語詞典對「現代化」的說明是：「（動詞）*modernize* 或　（名詞）*modernization*：開始使用現代設備或想法、觀念……」〔註43〕換言之，「工業」代表了「現代」，而「農業」代表了「傳統」，後引起其他領域如：工業現代化、社會現代化、都市現代化、文學現代化等趨勢。在社會學方面，社會學學界認為：「『現代化』一詞，意指廣泛的變遷過程，涉及社會各層面，包含：技術、生活型態、社會組織、生產模式，思維方式等的改變，這些『變革的總體』就是現代化。〔註44〕」文學乃社會的一個呈現方面，當工業革命如火如荼地發展時，文學也跟著社會發展受到影響，其變化與影響是全面性的而不是侷限於單一體系。

　　承上，本論文企圖從全面性的現代化指出在臺灣文學與越南文學的發展進程當中對於文學書寫語言、文學創作形式的現代觀念。顯然，這兩者的文學現代化進程並非一蹴而就，而是從開始接受、啟蒙、運用，以及改革等是整個漫長的過程。同時，現代化過程建立起落後／進步、野蠻／文明、庸俗／高雅等對立的價值系統，也就是說現代化是與「進步」劃上等號，當我們談及現代化文化、政府、組織或國家，其意義是正面的，代表著進步、文明的象徵。〔註45〕筆者乃透過文學歷史文獻，以及社會學研究角度下於此先介紹臺灣與越南走向文學現代化進程，再呈現其異、同之處，後以具體作品來體現文學現代化過程的初步典範。

〔註43〕〔英〕牛津英語詞典（Oxford Advanced Learner's Dictionary）第七版（7th Edition）（牛津大學出版社，2005）（Oxford University Press，2005），原文：「*modernize (v) also -ise: to start using modern equipment, ideas,etc, modernization, -isation (n)*」頁 946。
〔註44〕吳逸驊：《圖解社會學》（二版）（臺北：城邦文化出版公司：2011 年），頁 194。
〔註45〕吳逸驊：《圖解社會學》（二版），頁 195。

一、臺灣文學：新文學運動的誕生

臺灣新舊文學論爭，實際上是受到中國五四新文化運動的影響。臺灣新知識分子主張提倡「白話文運動」，改變中國傳統的「古文」、「六藝之書」的思想，開始啟發文學界裡面的文人寫作詩歌、小說、散文等，使得傳統文學、古典文學能脫胎換骨，接近於群眾生活。依據葉石濤〔註46〕（1925～2008）的分類，臺灣新文學分成三個階段：搖籃期（1920～1925 年）、成熟期（1926～1937年）、戰爭期（1938～1945 年）。〔註47〕

19 世紀末，臺灣在清廷管轄之下（1683～1895 年），臺灣舊文學到了清朝末年開始啟蒙民族意識與本地特色。這時期的文人力量主要有李望洋、丘逢甲、施士洁等等。然而，在日本統治初期（自 1895 年至 1920 年），臺灣文學的發展速度比較緩慢，而主要的原因是很多知識分子跑回大陸躲避日本人，或若留下來的文人在創作思想上又分成積極與消極兩個趨向。這時期的主要文人如許南英、胡殿鵬、連雅堂、洪棄生、吳德功。因此可以理解臺灣文壇的力量這時期是比較薄弱的。

20 世紀初，日本已統治臺灣將二十年之後更增強鎮壓，臺灣社會基本上在日本殖民時期下是走進「穩定」的階段。這時期的舊文學與舊文人仍然是臺灣文學的主流。特別，舊文人「他們感受到外在局勢的變化，早已在尋思舊文學在新時代當如何發揮作用，對於舊有的典律產生一定的反省實踐。〔註48〕」

〔註46〕葉石濤（1925～2008）：臺灣臺南人。臺灣當代文學作家，創作以小說與評論為主，散文及翻譯為輔。葉石濤曾為日本作家西川滿主持的《文藝臺灣》當助理編輯。葉石濤的寫作主要以臺灣人民生活而特別是臺南人、臺灣原住民等為主要對象，曾出版很多作品如《媽祖祭》（1940 年）、《殖民地的人們》（1947 年）、《西拉雅族的末裔》（1990 年）、《臺灣男子簡阿濤》（1990 年，1996 再版）、《紅鞋子》（2000 年）等等，其中葉石濤於 1987 年完成的著作《臺灣文學史綱》是臺灣人自己選寫的第一部臺灣文學史，意義重大，以及先為臺灣各院校臺灣文學系所的必讀教程。葉石濤是臺灣向越南讀者譯介的被選作家，特別是他的《臺灣文學史綱》於 2019 年已出版越南文版本，並受到學界與讀者的積極反映。

〔註47〕關於臺灣新文學的分期，依據陳芳明：《臺灣新文學史》（上冊）將臺灣新文學史分為三個時期：一、啟蒙實驗期（1921～1931），二、聯合陣線期（1931～1937），三、皇民運動期（1937～1945）（新北：聯經出版公司，2011），頁 30～34。由此研究的其中對象直接切入到越南，因此先以葉石濤《臺灣文學史綱》中文與越南文翻譯版本裡面的分期內容為主軸，其他作者如陳芳明再進行加為參考資料，於此說明。

〔註48〕黃美娥：《重層現代性鏡像：日治時代臺灣傳統文人的文化視域與文學想象》（臺北：麥田出版社，2004 年，初版），頁 93。

雖然文壇上有各詩社活動發展，但仍有臺灣的舊仕紳所寫作而大多屬於大地主階層存在。是以，創作的內容仍然維持以古漢文為主題，而題材脫離社會現實、遠離庶民生活，保持傳統而較寂寞的狀態。如此可知，在臺灣新文學尚未興起，白話文未開始獲得全面肯定之前，舊文學仍以舊文人及其創作作為主要文藝活動空間。也許，這時期的臺灣舊文人堅持相信舊文學的穩固性質能夠改變現實。〔註49〕另外，仍能看到一些作家以抗日為創作題材如林獻堂、林幼春等，因為臺灣新文學運動的興起本來就是文化抗日運動的一環，因此舊文學依然堅持影響與其角色。

　　自從 1920 年代起，臺灣社會在戊戌變法（1898 年）、辛亥革命（1911 年），以及五四文化運動（1919 年）的影響之下，就一步一步地前進現代化之路，而臺灣文學也隨之在內容與形式上開始革新與改變。邁入 1920 年後，舊文學的一面衰弱，凸顯了新文學運動的必要，就並不是文學使用的語言，而是文學的功能與任務及其價值。誠如臺灣學者彭瑞金〔註50〕所認定：「就文學的質變而言，新文學運動的意義並不等於是白話文運動，新文學運動的成因，及其受到的影響，可以說是繁多而瑣雜，然而，來自文學本身自覺引發的文學體質變化，應是首要的，它落實了臺灣新文學現實的、思想的性格。〔註51〕」

　　臺灣新文學（1920～1945 年）是在日本殖民時期下提倡使用白話文來創作文學的。這階段在臺灣文壇上發生幾個最受矚目的文藝活動：新舊文學論爭、鄉土文學、建立臺灣白話文文學。這時期的代表者乃黃呈聰、張我軍、賴和，爾後張我軍和賴和成為臺灣新文學的骨幹貢獻者。依據葉石濤所寫：「如

〔註49〕關於臺灣新舊文學論戰可詳看黃美娥《重層現代性鏡像：日治時代臺灣傳統文人的文化視域與文學想象》（臺北：麥田出版社，初版，2004 年），頁81～133 有所詳細論述；翁聖峯《日據時期臺灣新舊文學論爭新探》（臺北：五南圖書出版公司印行，2006 年）等著。筆者於此列出作為參考及思考的重要資料之一，但由於此論文的比較對象為越南文學的新文學時期，因此在此僅全面性展開論點。盼望在將來的相關研究會詳細地展開更具體而有效的研究成果，於此說明。

〔註50〕彭瑞金（1947～），臺灣新竹人，研究專長：臺灣文學、臺灣文學史、臺灣客家文學、臺灣原住民文學。彭瑞金的文學史觀繼承了葉石濤的本土寫實的立場，認為文學不是脫離社會、土地、人民的獨立存在，而唯有真誠反映臺灣社會和人民生活的真實處境，方屬於純正的文學作品。彭瑞金曾當《文學臺灣》主編，並獲得多文學獎項如中國語文獎章、巫永福評論獎、賴和文學獎等等。彭瑞金是臺灣現當代文學的重要學者之一。

〔註51〕彭瑞金：《臺灣新文學運動 40 年》（高雄：春暉出版社，1997 年），頁 2～3。

果說，賴和是『臺灣新文學之父』，那麼張我軍應該是『臺灣新文學之奠基者』。」
〔註52〕；或一如陳芳明〔註53〕指出：「在啟蒙實驗時期，如果張我軍所負責的
任務是在於破除舊文學，則賴和所承擔的工作應該在於建設新文學。」〔註54〕
也就是說，在新舊文學論爭時期，張我軍有貢獻於連續發表很多文章，其文章
的內容主要是呼籲臺灣作家與臺灣青年應該以白話文作為標準的創作語言；
而賴和是直接用白話文來寫作的。賴和在1925年所發表在《臺灣民報》上的
第一篇散文《無題》〔註55〕，雖然該散文的結構簡單卻全使用白話文來寫作。
依據葉石濤：「臺灣新文學『搖籃期』以賴和的處女作散文『無題』的出現而
告結束，而這篇散文『無題』也預告了臺灣新文學的開花結果的日子將會到來。
在『無題』這一篇作品裡，賴和以一半散文一半新詩，來表現年輕時所受到的
挫折和寬容的人道精神。儘管年輕的賴和還沒有學會以社會性觀點來凝視臺
灣殖民社會現實的手法，但散文裡卻有濃厚的現代人意識的陰翳，顯示這臺灣
新文學之父在年輕世代所吸收的西方文學的影響。」〔註56〕

　　到了1930年代左右，日本統治臺灣已超過三十多年，臺灣人知識分子中，
在臺或者赴日學習並受過完整的日本教育的人已經不少，代表作家如楊雲萍、

〔註52〕葉石濤：《臺灣文學入門》（高雄：春暉出版社，1997年），頁17。
〔註53〕陳芳明（1947～），臺灣高雄人。陳芳明從事歷史研究，並致力於文學批評與
　　　　文學創作的領域，以及已出版多種文學創作、文學史與文學評論著作，如《鏡
　　　　子和影子》（1974年）、《楊逵的文學生涯》（1986年）、《左翼臺灣：殖民地文
　　　　學運動史論》（1988年）、《後殖民臺灣：文學史論及其周邊》（2002年）、《臺
　　　　灣新文學史》（二冊，2011年）、《我的家國閱讀‧當代臺灣人文精神》（2017
　　　　年）等等。陳芳明從事研究與創作逾三十載，為臺灣文學批評學者的研究典
　　　　範。在越南，陳芳明的著作《臺灣新文學史》（二冊）有受到越南學界的注意，
　　　　不過目前此書只能為讀懂中文的人所關注到，希望在不遠的未來此書會有越
　　　　南翻譯版本，如此纔能為越南讀者與其他關心臺灣文學歷史的學者打開新的
　　　　臺灣文學閱讀視野。
〔註54〕陳芳明：《臺灣新文學史》（上）（新北：聯經初版公司，2011年），頁77。
〔註55〕懶雲（賴和的筆名）：〈無題〉原文參考在《臺灣民報》第六十七號，大正十四
　　　　年八月廿六如，頁（50）。關於〈無題〉的文體，臺灣學界有不同的意見，葉
　　　　石濤認為該作品為一半散文一半新詩的，而依據筆者在臺學習與經驗得知國
　　　　立成功大學臺灣文學系（所）教授認為〈無題〉應該是小說。此意見來自於他
　　　　們認為臺灣早期的散文、隨筆沒有很豐碩，甚至臺灣也無盛行隨筆等見解。然
　　　　而，藉由國立成功大學臺灣文學系副教授蔡明諺主編的「新編賴和全集編印
　　　　計劃」，2021年初版《新編賴和全集》，肆〈散文卷〉將〈無題〉列為散文，
　　　　（臺北：前衛出版社，2021年），頁94～97。因此，筆者為了以便此研究的成
　　　　果會將〈無題〉視為散文來談論，於此說明。
〔註56〕葉石濤：《臺灣文學史綱》（高雄：春暉出版社，1987年），頁34。

張文環、楊逵等等。這些作家雖曾受過短暫的中國古文教育，能夠閱讀漢文，但顯然弱於漢文寫作。另外，1937 年日本人廢除漢文欄後，在日人的鉗製下，臺灣作家幾乎都要使用日文創作，少數作家能使用漢文來創作卻仍維持臺灣人所要表達的文學寫作。雖然楊雲萍、張文環、龍瑛宗等所使用日文作為創作工具，不過反映在他們的作品裡面仍然是臺灣民眾的現實生活，以及當時的社會現實。

　　總之，觀看臺灣 19 世紀末至 20 世紀初的新文學啟發與發展脈絡，可以看得出來臺灣文學的發展速度是比較快的，促使新文學直接影響群眾的意識形態、改變群眾的思想。但是，也就是因為新文學的興起使得新、舊文學論戰彼此對立，新文學運動的發生是文化抗日運動的一環，想要速度地改變，而舊文學的舊文人仍堅決相信傳統文學也能夠改革。是以，臺灣新文學運動發生之後雖有多元性的發展方向，然而新、舊文學的主張不同一，因此缺少一慣性精神。另外，儘管舊文人的穩固力量，則時代背景的複雜性與文化多樣性使舊文人必要適應於新文學運動的變化，這也說明了臺灣從 1920 年後至 1945 年這階段的文學運動顯現箇中不同而複雜的本質與情形。

二、越南文學：新文學誕生

　　越南是一個崛起中的新興民族國家，也是在 20 世紀裡少數能夠在帝國縫隙中求生存，力抗法國、美國、俄羅斯等帝國主義的民族。

　　從 19 世紀末至 20 世紀初，這時期的文學背景是特別蓬勃發展。法國殖民帝國號稱世界來保護越南，其實是在越南領土上進行軍事侵略與佔據。但從另個角度來看，西方人的到來使得越南舊社會改變、新都市發展、城市生活，以及新的市民出現包括資產階級、小資產、手工業者、自由職業者、城市貧民、新學知識分子等等。這些新崛起的階級雖在生活條件與意識形態上有所不同，但當其面對當時社會難免存在著一般嗜好：崇洋媚外、安享樂趣的心態，導致文學創作上的一個必要傾向。

　　在這樣動盪時代下，出現了很多新問題、新人物和新潮流。以往的吟風弄月的文學體格已遠離群眾的現實生活，而如今的文學必須要反映社會變動。在這樣的文化背景下，越南新文學逐漸形成。從二十世紀初 1920 至 1930 年代是越南新文學萌芽、形成的時期。如越南學者潘巨棣所認定：「新文學反映越南文學根基的與越南社會的需求：在城市，資產化生活已獲得勝利、穩定；文學

需要滿足於城市居民的精神需求。」〔註57〕從傳統走向現代化是世界上每個國家的文學發展的必然。越南文學也不例外，歐雨西風的新浪潮開始進入越南社會，報刊與報社的連續發行，出版社的成立，促成文學也要革新、改變跟隨社會各方面上的價值。各種新體裁文學如翻譯文學、新小說、散文、隨筆、記事、劇本、詩歌等開始出現，添上拉丁化國語字〔註58〕的普及代替漢字與喃字，創作的力量更為專業。這時期的越南文學在資產階級與無產階級中雖然發生分別與衝突之處，不過在不同的意識體系下無形中產生互相影響力，使得越南文學局面更為多樣化。

　　新小說最先在越南南方出現。在 19 世紀以前，越南封建社會的文人以詩、詞、賦為心血而寄託其志向，到 19 世紀末 20 世紀初出現了新體裁作品，有了張永記（Trương Vĩnh Ký）〔註59〕的《古代故事》、《詼諧故事》，黃靜果〔註60〕的《解悶故事》、《解悶故事後傳》等散文新作品。值得注意的是阮仲管（Nguyễn Trọng Quản）乃新文學創作短篇小說的第一人，其作品《拉扎羅煩先生傳》1887 年在西貢（Sài Gòn）出版，是第一本模仿西方文學形式的小說，使用第一人稱敘述，描寫人物的心理情節及其對話的穿插段落，顯然模仿法國小說模式。另外，1910 年有陳政照（Trần Chánh Chiếu）的《黃素英含冤》、張維瓚（Trương Duy Toản）的《潘安外史》、黎弘謀（Lê Hoằng Mưu）的《蘇惠兒外史》、《怨紅群》、《馮金花外史》等新小說出現。此外，關於詩歌，有阮勸（Nguyễn Khuyến）與秀昌（Tú Xương）的諷刺詩，潘佩珠（Phan Bội Châu）的愛國詩等等。

　　早在 20 世紀初，法國人在越南建設劇院。這時期在殖民地半封建社會中的城市生活，嘲劇與改良劇成為社會上的盛行趨勢，結合傳統與現代的元

〔註57〕潘巨棣（Phan Cự Đệ）主編：《越南文學（1900～1945）》（*Văn học Việt Nam - 1900～1945*）（河內：教育出版社，2010 年），頁：210。

〔註58〕「拉丁化國語字」也稱「拉丁字體」、「國語字」，而俗稱「越南字」，（越南文：「chữ Quốc ngữ」、「chữ La Tinh」）。

〔註59〕張永記（Trương Vĩnh Ký, 1837～1898）：出生於越南南部的永隆省，越南 19 世紀的傑出文化考究、語言、教育與翻譯家。他精通與可以使用的共二十七種外文，留給後世的一百多部關於歷史、文化、語言與翻譯的作品。

〔註60〕黃靜果（Huỳnh Tịnh Của, 1830～1908）：別名 Paulus Của 保羅・果（「保羅」是他被取的聖名），是越南 19 世紀末 20 世紀初的重要作家與研究者。他對於越南早期的拉丁化國語字的發展顯現大影響，以早期創作國語字小說與散文為主要貢獻。

素，吸收新崛起的都市市民的愛好。著名劇本作者有阮廷義（Nguyễn Đình Nghĩa）、韋玄德（Vi Huyền Đắc）、武廷龍（Vũ Đình Long）等等。劇本的創作內容都反映當時社會問題如流浪女子、錯誤、愛情、詐騙、生活日常等題材。

　　當出版社的成立纔剛開始，報刊的發行成為當時唯一發表新作品的途徑。此乃成為越南新文學的另外面貌：翻譯國外文學作品。最初，當然是刊載拉丁化國語字的法國經典文學；之後是翻譯中國古典文學。這兩種翻譯形式均淵源於越南與中國和法國的歷史關係。在社會教育運行中，法人一方面想要在越南「開導」、「播種」法國文明，因此先鼓勵民眾學習法文；一方面也意識到越南與中國悠久的關係，所以允許將中國歷史小說翻譯成國語字並分期在報紙上刊登。在 1881 年，越南第一份國語字報紙《嘉定報》（越文：Gia Định Báo，1865～1909 年）已刊載法國拉‧封丹寓言故事與寓言詩、維克多‧雨果的作品等等。1886 年《嘉定報》也第一次刊登英國魯濱遜故事。拉丁化國語字的易學易記，激發人們的更多需求。以往若文學只屬於貴族階層，而如今文學成為群眾的精神實質，人們放眼世界、重新認識自我、反省自我，以及觀看周圍的生活。在 1905 年，《農賈茗談》（越文：Nông Cổ Mín Đàm）首次刊登中國章回小說（後稱中國古典小說）《三國志》越南文翻譯，分期刊登；爾後陸續是《征東征西》、《東周列國》、《岳飛傳》等中國歷史小說。依筆者的觀察，法國人在越南的施行政策包括越南社會的改變，越南新文學的形成等都跟「中華因素」〔註61〕（*Chinese Factor*）有所相關，用中華因素使越南脫離中國的影響乃是法國殖民帝國的聰慧做法。

　　在殖民時期下，報社與出版社的興起，越南的新文學公開出版，雖然新文學無支配越南民族的整個文學面貌，也無代替越南文學的代表性，然而新文學開始在越南社會中扮演著非常重要的角色，以及逐建立其在世的展望。

三、文學現代化在異同之間的幾個問題

　　本文是通過前面的內容論述臺灣文學與越南文學在走向現代化進程所呈現的相同與相異之處。相同在於原來的文化多少都受中國文化的影響，在 19 世紀末都屬於殖民地統治下的領土，以及都實行文學現代化改革；相異的是當臺灣在 1920 年代發生白話文運動的時候，以語言改革為改革社會，越南並沒

〔註61〕關於「中華」之稱，請詳看本論文第一章第二節的註10。

有發生過語言改革運動而逐漸接受法國文化並進行維新。

（一）相同之處

　　第一、同受中國文學的影響。誠如上述所言，臺灣基本上是一個移民的社會，頗受外來的影響，臺灣文學的發展也相當具有類似的移民性。明清鼎革前後時期，臺灣曾多次接納來自中國大陸的移民，其中最有名的文人是沈光文（1612～1688 年），他在 1652 年漂流到臺灣來播種舊文學。〔註62〕這是臺灣社會結構使然，曾經收納漢人、西歐人（葡萄牙、荷蘭）、日本人等的到來，致使產生其多種文學創作類型包括臺灣舊文學乃用漢文創作、日本時期文學乃主要用日文來創作，另外還有本島原住民的口傳文學等等。顯然的兩百年間的舊文學仍然生根蒂固於臺灣影響與發展。

　　在越南史上，吳朝前吳王吳權（Ngô Quyền）在 939 年於白藤江之戰打敗南漢軍之後，並且正式宣稱越南的獨立自主權〔註63〕。不過，越南受中國文化與中國文學的影響歷來長久而難於解釋。再說，越南封建時期曾模仿中國科舉制度來當作選賢的工具等這些根基穩固的根源至今仍然在越南社會文化中或多或少的散發其影響力。越南人喜愛中國文學，也喜歡臺灣文學，從中國古典詩歌、古典小說，以及近現代的武俠小說和言情小說等都受到越南讀者群的歡迎，從喜愛而摹擬、仿效是古代文人對那個作家與其著作的一種表現。例如，世界馳名的越南詩人阮攸（Nguyễn Du，1766～1820 年）曾通過中國明朝青心才人的《金雲翹傳》改寫成《斷腸新聲》（簡稱《翹傳》）是一個典範等。邁進 20 世紀初，在法國政權的推動下，國語字在越南社會中漸普遍，此時中國古典小說也開始被翻譯成國語字〔即現代越南文的前身〕；隨時間而社會需求變化，20 世紀間的 1950 年代金庸武俠小說，以及 1960 年代瓊瑤言情小說也首次在越南的譯介。

　　第二、19 世紀末 20 世紀初，臺灣與越南都屬於殖民地之下的領土，臺灣受日本殖民時期的五十年間，越南受法國殖民的八十多年間，使得臺灣與越南的文學都產生民族現代性，以及殖民地現代性的特點。在殖民地統治與影響之

〔註62〕葉石濤：《臺灣文學史綱》（高雄：春暉出版社，1987 年），頁 11。

〔註63〕張友瓊（Trương Hữu Quỳnh）主編《越南歷史大綱》（*Đại cương lịch sử Việt Nam*）（河內：教育出版社，2008 年）；黎成瓌（Lê Thành Khôi）：《越南歷史：從起源至二十世紀間》（*Lịch sử Việt Nam: Từ nguồn gốc đến giữa thế kỷ XX*）（河內：世界出版社：2014 年）等資料。

下，臺灣與越南的民族性已不再是純粹傳統的民族性，而形成了本土文化的綜合性。中國傳統文化根深蒂固，到了 19 世紀末以後已經有了改變，從外來的新文化思潮、新西學知識份子直接出現並且改變其思想化，法國文化與文學影響到社會生活與群眾思想，因而新知識分子更能夠選擇在新／舊、傳統／現代之間的改變；而在臺灣，日本人對於本島仕紳階層不停地強迫同時企圖實施皇民化運動等等。從這時代的歷史實踐看來，越南與臺灣顯然產生出兩種態度：自願（接受）與被強迫（接受）。

　　第三、以語言改革作為改革社會、革新文學的主要工具。若 19 世紀末之前，越南社會只使用漢字作為正式書寫與創作的語言，而漢字原本是從中國借來使用的文字。到了 1919 年法國人廢除越南原有的科舉制度，漸把拉丁化國語字設為越南的正式文字。如此看來，越南在使用文字方面上的過程是一個被動的過程，早期受漢字與儒家思想的影響，之後西方人來傳授拉丁字體而廣泛使用。臺灣，受到中國五四文化運動的影響而進行白話文運動。在 1921 年，臺灣文化協會成立，宗旨為國民改造，主張培養民眾的民族精神，打破舊俗，啟蒙與建立全民的新知識。因此，首先要進行語言改革，提倡全民使用日常易懂易寫的中國白話文（北京話），只有通過語言改造纔能接受外來的新思想，提高群眾的認識，脫離日本人的殖民統治。這時期，張我軍、黃呈聰、黃朝琴等新知識分子正是臺灣白話文運動的啟蒙者。雖然他們對白話文改革運動有活動章程，陸續發表文章，然而這些文章所反映的內容即使是新的，但在表現的形式上仍然以不完整的白話文來體現。再說，雖然臺灣和越南是同時採用新語言作為改革工具，但是拉丁字體和中國白話文的語言系統本來是有不一樣的根源，以及學習方式也不同，是以臺灣的革新之路會表現地較緩慢一點。而越南在初期使用的拉丁字體是較簡單易學，因此這個革新過程會演進的較快。

（二）相異之處

　　臺灣學界可能對越南文學歷史有不太認識的即是越南新文學時期的語言使用。然而，從這一點談起，大致上來說臺灣文學與越南文學走向現代化進程的最明顯區別是越南沒有發生語言改革運動，而在臺灣曾發生的白話文改革運動就成為臺灣史上的關鍵問題之一。

　　首先，漢字是一股「死語」。〔註64〕換個說法，在越南社會中，漢字曾經是古代貴族文人的主要創作與正式考試工具，但是誠如前文所言，漢字是從外面借來使用的，漢字不是越南民族的母語。因此，漢字在越南是一股死語。越南除了漢字使用以外，還有喃字〔註65〕與越南話，不過喃字一開始就被認定是平民的一種文字，因而未受當時政權的重用，導致後來漸被磨滅，不再使用。自 16、17 世紀時，從西歐來的傳教士們已用不完整的拉丁化字體來記錄越南話的聲音，爾後要經過多次改造與試用，拉丁化國語字纔變成為方便而容易學習的語言。〔註66〕於是越南長期使用漢字與新來的拉丁化國語字共生存在發展，一直到了 1919 年當法國人廢除越南全領土上的漢字科舉制度，此時拉丁化國語字在越南實施一個新使命的開端。

　　臺灣白話文運動所發生的是受中國五四文化運動的影響。由於臺灣的地理位置致使臺灣迅速採納中國的新文化運動的思想，如胡適和陳獨秀所提倡的文學改良芻議。〔註67〕此新文化運動的目的之一為廢除文言文、建立白話文，普及民眾，建造國民文學。〔註68〕在這樣的文化槓桿下，在臺灣出現若干言論雜誌，如《臺灣青年》（1920 年，日本東京），1922 年改名成《臺灣》主

〔註64〕關於「死語」該詞：漢越詞讀音為 *Tử ngữ*，依據越南語詞典所解釋：「死語：（名詞）古語言，而今日少人用或不得使用，只存在於書本裡面，用來分別與「生語」。」詳看：〔越〕詞典學中心編：《越南語詞典》（*Từ điển tiếng Việt*）（河內：峴港出版社，2007 年），頁 1328；《越南語詞典》（*Từ điển tiếng Việt*）（河內：百科詞典出版社，2007 年），頁 912。此文裡面所使用的「死語」用意表示漢文在越南曾經是正式使用的語言，然後法國人也曾企圖將法文作為越南的正式使用語言，但法文也沒有成為越南民族的官方語言，爾後拉丁化國語字代替漢文與法文，成為越南人的越南文。此意思證明漢文原不是越南的母語，終究只能走到滅亡之路。文章中使用的說法乃助於學術理論的論述，而並沒有表示貶義或任何其他意思，於此說明。

〔註65〕喃字：越南文「chữ Nôm」，為越南人在 11、12 世紀左右所創作的本土文字，到了 15 世紀時喃字成為越南社會的完整創作文字。不過，由於時代與社會上的各種問題，喃字主要是用來記錄越南民間口傳故事或稱《喃傳》，而在 18 世紀時用喃字創作特別發展，一直到了 19 世紀末 20 世紀初拉丁化國語字的便利性已取代喃字。

〔註66〕關於拉丁化國語字的發展參考自〔越〕杜光正（Đỗ Quang Chính）：《國語字歷史：1620～1659》（*Lịch sử chữ Quốc ngữ 1620～1659*）（河內：宗教出版社，2007 年）；南川（Nam Xuyên）：《現代國語：語音與字母縱觀》（*Quốc ngữ hiện đại: Tổng quan cơ bản về ngữ âm và chữ viết*）（胡志明市：文藝出版社，2009 年）等資料。

〔註67〕胡適：《胡適作品集 3・文學改良芻議》全文（臺北：遠流出版公司，1986 年）。

〔註68〕葉石濤：《臺灣文學史綱》（高雄：春暉出版社，1987 年），頁 19。

要在臺灣發行,《臺灣民報》(1923 年)等,這些雜誌同時使用文言文與日文來刊行。這時期的先鋒者與其陸續發表文章有陳炘〈文學與職務〉(1920 年)、黃呈聰〈論普及白話文的新使命〉(1923 年)、黃朝琴〈漢文改革輪〉(1923 年)、張我軍〈致臺灣青年的一封信〉(1924 年)、〈新文學運動的意義〉(1925 年)等等。這些文章縱使啟發臺灣社會當時的大部分想要革新的想法。可惜的是,這些含有啟蒙性的文章雖然內容很有脈絡,以及臺灣的白話文運動啟蒙者也有其活動章程,但是他們所使用的是未完整的白話文,於是乎,最後的結果是未能達到如在中國大陸的新文化運動的效果。

其次,臺灣與越南同時受日本和法國的殖民統治,統治者的性質是都要統治、管轄、控制,但是統治者的形式又不一樣。有壓迫必有反抗,臺灣與越南早期也發生很多愛國的政治運動,在臺灣有苗栗事件(1913 年)、六甲事件(1914 年)、西來庵事件(1915 年);越南在 20 世紀初也崛起各維新抗法運動。自 1920 年至 1931 年,臺灣社會曾發生很多事件從新文化運動到白話文改革運動,新舊文學論爭到鄉土文學與臺灣話文論爭。在這樣短暫的十一年間,臺灣不僅受中國新文化運動的影響,而還得抵抗在日本殖民統治下的日語「同化」政策,又要否定以「中國白話文」作為文學創作的手段,同時發起使用臺灣話文書寫等事件。〔註69〕這些事件同時擠在美麗島上,使它承受過於沉重的責任。

雖然如此,由於殖民統治者的性質不一樣,導致臺灣社會與越南社會的發展脈絡有所不同,特別是從 20 世紀初,在法國人與法國文化的影響下,越南社會都市發展形成新西學知識分子,有新學問、新思想,而他們又想要脫離中國文化的長期影響,因此越南社會這時期開始接受與融合法國文化,從被強迫變成自覺接受。誠如上述,臺灣原本曾受外來殖民文化的影響如荷蘭、葡萄牙、日本,而歷史上的地理因素等使得臺灣容納很多來自大陸的移民。正因為如此,臺灣文學的革新現代化進程具有多元性,特別自光復(1945 年)之後,臺灣又接受來自歐美新文化的思潮,使得臺灣逐漸形成自己的自主性。

再者,在文學現代化進程中,越南早就出現新西學知識分子。越南的新文學時期沒有直接受中國五四文化運動的影響。1919 年之前,越南已出現很多抗法運動,如孫室說(Tôn Thất Thuyết,1839〜1913 年)發動的「勤王運動」,

---

〔註69〕葉石濤:《臺灣文學史綱》(高雄:春暉出版社,1987 年),頁 24〜25;黃美娥編:《世界中的臺灣文學》,此書屬於臺灣史論叢系列——文學篇(臺北:臺大出版中心,2020 年),頁 115。

或潘周禎（Phan Châu Trinh，1872～1926 年）提倡的「維新運動」，後來有越南的愛國者潘佩珠（Phan Bội Châu，1867～1940 年）在 1904 年成立「新黨」（後稱「維新會」），尊「畿外侯」強柢〔註 70〕為盟主，主要目的為到日本求援，抗法救國。1905 年，潘佩珠逃到日本，於日本發動抗法運動，寫抗法書等等。〔註 71〕邁進 20 世紀初，有傘沱（Tản Đà，1889～1939 年）、吳必素（Ngô Tất Tố，1892～1954 年）、阮功歡（Nguyễn Công Hoan，1903～1977 年）、武仲奉（Vũ Trọng Phụng，1912～1939 年）新知識分子，他們原為舊文人，精通漢字，用漢文創作與翻譯文章。然而，時代更迭，新時代的文章又不是用來寫給自己、寫給朋友，又不能以古詩來吟詠心緒，而此時的文章要適應社會生活、要為群眾而寫。作家成為一個職業，創作成為主要謀生的工作，作品可以以貨物職能來交易。另一方面，漢字、法文的「共生」存在，較早的文言文作品只有貴族和有學問的人能懂，至今將其翻譯成法文，使得越南民眾通過法文觀看世界文化與文學，激發人心對於新鮮事件的好奇心。這些舊文人為了符合時代的發展，以及救國的渴望，必要學習新外來的新知識，逐漸形成一股新西學知識分子，有先進學問，有明顯章程，他們以文學作為武器寫出殖民地民眾的痛苦與不幸，批判殖民制度壓迫越南等罪惡。自 1950 年代起從美國來的新潮流更能使越南社會吐故納新、融入生活，發展為當時最繁華的都市之一。

回過頭來看，臺灣社會的構成部分是非常複雜的，來自中國的移民儘管久居臺灣，於臺灣落地生根，然而這些移民乃永不忘記自己的根源。另外，臺灣本島原有原住民而他們各都有自己的本土語言，日治時期平民又主要使用日文等等。再說，雖然臺灣富豪或貴族階級早期有很多人去日本留學，吸收新見識，但是皇民化制度壓迫於臺灣文人過於沉重，加上臺灣的抗戰力量較薄弱、抗戰時間是較短暫等因素，因此臺灣社會難以形成新的西學份子來開創、解放民族。

總而言之，在殖民統治制度之下，臺灣與越南都各自意識到要反抗與解放之運動，只是兩者的歷史環境與地理位置等有所不同，社會文化與時代背景也

〔註 70〕畿外侯強柢（Kỳ Ngoại Hầu Cường Để，1882～1951 年），是越南阮朝阮福景太子的第四代孫子。強柢曾經參加抗法運動，他經過中國、香港、臺灣與日本等地方求援。後來他在日本過世。

〔註 71〕潘巨棣（Phan Cự Đệ）主編：《越南文學（1900～1945）》（Văn học Việt Nam - 1900-1945）（河內：教育出版社，2010 年），頁：90～91；或參見臺灣學者羅景文著《憂國之嘆與興國之想：越南近代知識人潘佩珠及其漢文小說研究》全文（臺北：新文豐出版公司，2020 年），文內引用細節在頁 56。

有差別。最終，兩者各走各現代化的進程，但都是想要脫離舊者、改變舊俗，迎接與吸收新外來的精英，新文學的誕生是歷史上的必然結果。因此，學界若對臺灣文學史與越南文學史擁有系統性的認識與概念去分析與研究臺灣文學與越南文學之間的歷史演進與現代化進程後所創作與創造的文學作品及文學，會發現甚多有趣的跨界問題。

第三節　賴和與阮仲管：新文學實行的先鋒者

　　賴和（1894～1943 年）人稱「臺灣新文學之父」、「臺灣的魯迅」，以及「彰化媽祖」。陳芳明說：「必須指出一個事實，便是在張我軍大力提倡白話文之後，作家才漸漸重視使用語言的問題。最顯著的證據，當以一九二五年在文壇登場的賴和為代表。」〔註72〕在 1925 年 8 月，賴和在《臺灣民報》67 號發表第一篇白話文作品《無題》，此可以說是賴和在白話文學生涯開始的一年。

　　阮仲管（1865～1911 年），法—越南文全名：「Pétrus Jean-Baptiste Nguyễn Trọng Quản」（簡稱：P.J.B Nguyễn Trọng Quản 阮仲管）。由於阮仲管屬於 19 世紀末 20 世紀初越南南方新文學作家，同於張永記（Trương Vĩnh Ký）、黃靜果（Huình Tịnh Của）、張明記（Trương Minh Ký）、陳正照（Trần Chánh Chiếu）、阮好詠（Nguyễn Hảo Vĩnh）等代表作家〔註73〕，而在這個世代交替之下較早與法國文化接軌，也較早學習法文，更受法國文學、文化的影響。依據學者裴德靜（Bùi Đức Tịnh）所編著：阮仲管前是張永記的門徒後為其女婿，1880 年阮仲管曾到北非（法國殖民地下的 Lycée d'Alger 學校）留學，深受西方文化的影響，回來之後自 1890 年至 1902 年曾任「西貢初學學校」的校長。〔註74〕阮仲管的小說《拉扎羅煩先生傳》（越文：*Truyện thầy Lazaro Phiền*）出版於 1887年，於西貢法籍出版社印行。〔註75〕

〔註72〕陳芳明：《臺灣新文學史》（上）（新北：聯經出版公司，2011 年），頁 79。

〔註73〕鵬江（Bằng Giang）：《南圻的國語文學 1865～1930》（*Văn học Quốc ngữ ở Nam Kỳ*）（胡志明市：年輕出版社，1992 年），頁 358。

〔註74〕裴德靜（Bùi Đức Tịnh）：《小說—期刊—新詩的初步》（*Những bước đầu của báo chí tiểu thuyết và thơ mới*）（胡志明市：胡志明市出版社，1992 年），頁 197；武文仁（Võ Văn Nhơn）：〈走向現代小說的南部二位先鋒作家之路〉《文學雜誌》，第 3 號，2000 年，頁 39。

〔註75〕法文：J. Linage, Librairie Éditeur, Rue Catinat, Sai Gon。（後來改名為「自由路」，越文：đường Tự Do，今日為越南胡志明市第一郡的「同啟路」，越文：đường Đồng Khởi）。

　　依據學者鵬江（Bằng Giang）所編的資料記錄，阮仲管於 1886 年 12 月 1 日在寫《拉扎羅煩先生傳》的序文中說明他創作該小說的用意：「我有一個用意的是以『人們常說的日用語』來做成傳給後人看著而可印出多少好傳；先給幼兒學習閱讀、後使各處各民得知：安南人比才比智，無輸於之。」〔註 76〕當閱讀此小說的短短內容，可以看得出來阮仲管始終一貫「人們常說的日用語」的用意，而這也是阮仲管敬受其恩師張永記的觀念影響，以「純安南語」而使用。〔註 77〕

　　賴和出生與成長在日據時期並受過總督府的教育制度，但他一生堅決與堅持用白話文來寫作，想要將白話文文學普及群眾，脫離日據時期下的皇民化政策。阮仲管也在殖民地社會下出生與成長，甚赴法屬領土留學，基督教信徒，顯然阮氏的啟蒙文學概念與其寫作風格深受法國小說的影響，使用初期國語字與法文文法來陳述故事。賴和的《無題》和阮仲管的《拉扎羅煩先生傳》在當時社會初次問世的時候可能沒有受到矚目也稀少有評論的意見。但是，此二作品有共同的特點是採用新的語言表示，白話文和拉丁文代替了舊的文言文。因此，作品內容雖沒有呈現藝術與技巧卻以展開的語言及題材作為改革的目的。

　　小說《拉扎羅煩先生傳》首先是一個陳述的故事，敘述第一人稱男主角的罪過與後悔莫及。男主角名稱拉扎羅煩〔註 78〕（法—越文：Lazaro Phiền），曾是法屬時期給基督教教堂作通言老師（即當翻譯者）。故事發生的十一年後，在一次搭火車返回巴地—頭頓省（越文：Bà Rịa-Vũng Tàu）時，跟他同搭一趟火車、同一車廂的陌生人吐露心聲，宣洩自己十一年前的罪過。十一年前，當他去巴地—頭頓任職通言老師時，在此地方遇見過一位嫁給法國官的越南婦女，此女人經過幾次與煩先生見面（是為了從事翻譯工作）就愛上了他，被煩先生拒絕其愛情，這個女人想個暗計、破壞煩先生的家庭幸福。她寫一封匿名信，然後找人寄給煩先生，信中訴說煩先生的妻子與煩先生的好友名叫阿柳（越文：Liễu）通姦。煩先生因此生氣，劃策殺害自己的好友阿柳，毒死自己的太太。煩先生以為這對狗男女死了，自己會很快樂，沒想到他太太臨死前跟他說：「我知道我為何要死（她知道他先生暗中毒死她），但我會禱告上帝饒恕你。」十一年後，煩先生返回巴地—頭頓纔收到當初寫匿名信的那個女人的贖罪信，事實如今昭

〔註 76〕鵬江（Bằng Giang）：《南圻的國語文學 1865～1930》（*Văn học Quốc ngữ ở Nam Kỳ*）（胡志明市：年輕出版社，1992 年），頁 334。
〔註 77〕鵬江（Bằng Giang）：《南圻的國語文學 1865～1930》（*Văn học Quốc ngữ ở Nam Kỳ*），頁 334。
〔註 78〕作者的用意：主人公的名字叫「煩」（越南文：Phiền），意指人生的煩惱。

雪卻已來不及。煩先生從此鬱鬱而終。即此故事在火車上被敘說時，也是拉扎羅煩先生臨死之前最後一次回到巴地－頭頓，後其墳墓於此安葬。

這個故事最吸引人之處是人物心理的描繪，此故事是通過跟煩先生同搭火車的一個陌生人的引入介紹後，都是煩先生第一人稱的敘述與獨白，有時會有他與那個陌生人對話的穿插，而沒有分成章回之類的。顯然，這小說的結構帶有現代性的特徵，煩先生自己認罪的過程，說出他當初怎麼謀策暗殺好友阿柳、怎麼暗中慢慢毒死自己的太太，而陌生人有時扮演在說故事的人的角色，描繪主角人物的心理敘述。這裡的具體內容是描寫人物的心理，而不是在演說那個殺妻行動或事件。這些情節只有在現代小說結構裡面纔有，特別的是受到法國小說特徵的影響，而以往的古典小說並沒有出現這樣的人物心理描述。此外，故事的結局如此悲慘，也跟傳統文學的結局為「遇見－離散－團圓」的熟悉母題（*motif*）顯然很不一樣。若是傳統小說裡的結局，好人經過千辛萬苦的折磨，到最後會得來平安喜悅、享得福報、苦盡甘來；而在這個故事裡的結局，煩先生的妻子與其好朋友阿柳明確是冤枉而最終含冤而死等情節。

關於創作的語言，依據越南學者武文仁（Võ Văn Nhơn）所認定，故事的使用語言確實選擇「純安南語」而寫成的。武氏認為於三十八年後黃玉珀（Hoàng Ngọc Phách）纔寫的《素心》（*Tố Tâm*）或四十年後一靈‧阮祥三（Nhất Linh-Nguyễn Tường Tam）寫的《儒風》（*Nho Phong*）來看，黃、阮二人所寫的故事內容多少仍然受駢體文的甚多影響。然而在阮仲管的《拉扎羅煩先生傳》裡面連一句駢體文也沒有讀到。〔註79〕這論點也說明，筆者在本文前面所述的內容，以新的語言形式作為文學改革的目的。關於語言改革的問題，中國的五四文化運動到了1919年纔發生（興許在此幾年前已經萌芽的），而五四文化運動其中的重要目的之一是想要廢除文言文〔古文〕，提倡使用日常白話文。然而，在越南從很早就已經出現現代文學的雛形了即1887年。臺灣在1920年纔發生新文學運動，顯然會比較晚的出現新文學作品。

誠上所言，臺灣新文學一開始有很多提倡者如黃呈聰、黃朝琴、陳炘、賴和、張我軍等，但可以說賴和是其中最堅持努力去學習、習作白話文使用的人，因此賴和的《無題》纔首先問世。不過依筆者的初探認為賴和當時的文學經驗受古漢文文學的影響過於深刻，加上賴和比較善於寫新詩，在日本時期出生與

〔註79〕武文仁（Võ Văn Nhơn）：〈走向現代小說的南部二位先鋒作家之路〉《文學雜誌》，第3號，2000年，頁39。

成長的賴和還缺少對於新小說的薰陶與經驗，致使他的處女作較為單純。閱讀《無題》，內容從頭到尾幾乎敘述男主角的心事或心理，描寫男主人公的愛人明日要嫁給人家了，他想要去祝福她卻怕她拒絕、怕她誤會、怕她難過等情緒，經過一整夜的多麼纏繞心頭的情緒，最終他還是沒去，而只希望她能幸福，自己的憂愁心海何必讓她煩惱。男主人公自述：「一縷縷的波絞、何用令她煩悶呢？不是誠意地祝福她快樂祝她幸福嗎？何必？」〔註80〕，又在《新編賴和全集》〈散文卷〉裡的句法較整齊：「漾起一縷縷的波絞。何必令她煩悶呢？不是誠意地祝她快樂，祝她幸福嗎？何必？」〔註81〕最後這一句「何必？」如此乾脆的心態意指這情場是英雄的悲哀、戀愛的失敗，但他是甘心情願的。

　　依據筆者的初探，賴和的《無題》和阮仲管的《拉扎羅煩先生傳》，在臺灣與越南從問世到現在較沒有受到學界與讀者的矚目是因為此二作品的名稱標題。越南讀者當時一看到阮氏的故事標題就會聯想這是屬於基督教的故事「拉扎羅」（Lazaro）乃煩先生被取的聖名；故事的內容也不符合當時的讀者嗜好。另外，學者武文仁還認為，南部讀者原大部分為平民階級，這樣極新文學類型難以立刻收到他們的接受。〔註82〕賴和以「懶雲」為筆名，首次在《臺灣民報》刊登此作品《無題》，顯然易讓世人以為像是一首詩一般，加上他在作品最後附上一段新詩，以致將之視為「散文」或「半新詩半散文」之類的。我們詳看《無題》裡面的男主人公的心事：「漾起一縷縷的波絞。何必令她煩悶呢？不是誠意地祝她快樂，祝她幸福嗎？何必？」，而在此小段中的「不是誠意地祝她快樂，……」，這裡的「地」字用法，是中國現代漢語的語法，其中「地」作為結構助詞，補給句中站在它前面的狀語和站在它後面的動詞，形成：「狀語（形容詞）＋『地』（助詞）＋動詞（語中心）」這樣的語法結構，相等於：「誠意地祝她快樂」。〔註83〕如此可見，當時賴和使用的白話文顯然繼

〔註80〕懶雲：《無題》原文參考在《臺灣民報》第六十七號，大正十四年八月廿六如，頁（50）。

〔註81〕蔡明諺主編：《新編賴和全集》肆〈散文卷〉〈無題〉（臺北：前衛出版社，2021年初版），頁94。

〔註82〕武文仁（Võ Văn Nhơn）：〈走向現代小說的南部二位先鋒作家之路〉《文學雜誌》，第3號，2000年，頁39～40。

〔註83〕說明：在越南的學漢文教學方法，關於漢文語法，比如「地」（拼音：de／di）字用法，從2000年前到現在仍然維持這個教學方法，是按照北京師範大學所編輯的漢文教材而使用。現在，在越南的各漢語中心，為了讓學員方便除了自己編撰教材之外也有新的教材等同時使用。

承五四白話文運動的影響。而且對於初期的白話文使用而言，賴和果然是非常努力地習用白話文來寫作。也要說明，雖然臺灣新文學的第一使用白話文寫成的作品當然是賴和的《無題》，它雖不是臺灣文學這時期的第一個小說卻是臺灣第一用白話文來寫的作品。之前已有謝春木（筆名「追風」）的《她往何處去》（1922 年），或是作者筆名「鷗」寫的《可怕的沉默》等小說，但是這些最早的作品都使用日文來創作。〔註 84〕不過，學者陳芳明在其著作《臺灣新文學史》中並沒有提及到賴和的《無題》，此會為當外國人想要參考關於臺灣文學的資料造成一點困擾與難解。

　　總而言之，臺灣新文學與越南新文學，從一開始的出發點是要反抗殖民制度的統治，脫離被拘束的處境，並走向現代化的傾向。因此，新文學的誕生、新作品的問世說明臺灣與越南必要走在世界共同的先進道路。臺灣和越南曾受過中國文化的深刻影響，後又受外來新文化的影響，越南自出現第一部現代小說到後來的文學是比較偏向於西方小說的模型，此現代化進程是比較一貫的。臺灣的社會演變雖較複雜，但主要仍然受日本的壓制與影響，所以文學的發展脈絡偏向日本風格，加上語言複雜的境況等，使得臺灣文學發展的脈絡有多元性卻較漫延地前進。筆者在本文上面舉例最早出現的兩部新文學作品，並且在每一部作品的結局有所呈現的已說明東方和西方的思維差別，東方文學是較善於體現「真誠」的情感，而西方文學有表現「真實」的特長。這也是筆者對臺灣與越南的新文學有初步觀察與研究，作為臺灣與越南之間的 19 世紀末 20 世紀初的新文學交流與存在的意義。

　　走向現代化是各國家想要前進發展的必要之路。然而，在現代化的進程中，必然會發生很多轉折與變換如社會的轉折、人們的思想、意識形態的改變等等。臺灣與越南都是屬於漢字文化圈的領土，原本以「道德」與「人情」作為社會禮教的宗旨，但當各地界遇見外來的新思潮、新思想，得要注重於「實踐」與「自我」之觀念，兩者需要時間來適應與運用。因此，為了補缺東南亞區域中的臺灣文學與越南文學的研究，探索臺灣與越南的文學現代化進程成為迫不及待的問題之一，而此研究問題需要受到兩國學界的相互關注，這樣纔能使得臺灣與越南的文化與文學研究日益獲得值得期待的豐碩成果。

〔註 84〕陳芳明：《臺灣新文學史》（上），頁 78。

第四節　小結

　　本章為了使得學界與讀者便以認識越南及越南語言的複雜演變情況，先在第一節陳述越南在法屬時期的語言政策演變與教育的轉變，介紹在越南的華僑學校部分的成立。隨後，筆者透過文學歷史文獻分析，以及社會學研究角度，於此呈現臺灣與越南走向文學現代化進程，再論述其中的異、同之處，最後以具體作品來詮釋文學現代化過程的初步典範。

　　第一，在 19 世紀中葉至 20 世紀初，臺灣和越南均逐漸形成了新文學時期，其中臺灣自 1920 年代起歷經臺灣新舊文學論爭、白話文改革運動之後，這時期出現了臺灣文學的先鋒代表者如張我軍、賴和等等。越南在法國人的法文與拉丁化國語字之實施政策下，報社與出版社的成立，漸漸開立了新文學時期並蓬勃發展，新文學與翻譯文學的出現，促使社會具有向都市化的發展方向。

　　第二，在分析臺、越的文學現代化進程之異、同點可發現，臺灣因為歷史與地理的特徵而直接受中國五四文化運動的影響，而越南並沒有這樣的影響。為此，臺灣曾發生白話文運動改革，以語言作為革新工具，而越南沒有發生文學改革運動，是因為歷經於越南的漢字與法文的悠久存在是國外語言，並不是越南民族的母語，因此難以成為同化越南的關鍵要點。

　　第三，通過分析與比較臺灣文學與越南文學的現代化進程，賴和與阮仲管在此時期中扮演重要角色，他們二人為第一次使用新的語文體（白話文、拉丁字）來從事寫作，以及堅持以之來創作。雖然二者使用的新語言的語係不同，白話文是現代漢文的文法，而拉丁字是用拉丁字母而寫的。但是這一點可證明，運用新的形式，走向現代化是每一個國家的必要之路。

第三章　臺灣通俗文學在越南的譯介

　　世界印刷業的出現之前，古人乃以各種筆記形式與口傳來作為保留文學作品的方式。譬如，史詩、章回小說等被廣泛各處流傳。在 19 世紀末，技術科學各方面的發明成就帶動社會進步與發展。這時期法國人的到來相當於帶給越南社會進步，改進於基礎建設與基礎科學，如印刷廠成立、報刊的發行等關鍵事件。當從國外來的文學作品被翻譯與出版之前，先為報紙上分期刊載；之後纔形成一整本的印刷。

　　本章以通俗文學在越南的開始譯介，首先介紹 20 世紀於越南南方所盛行的報紙，分別為法國人管轄之下的國語字報刊與越南西貢堤岸地區的華僑報紙；然後，論述臺灣通俗文學的譯介；最後，通過臺灣作家和越南作家的具體著作來介紹與分析、比較，呈現在臺、越當時社會的文藝風華之場景，於此文最後小結作為本章的綜合報告成果。

第一節　報刊在越南的流行情況

一、法國政府管轄之下的國語字報紙

　　在殖民時期下，法國殖民政府規定，發行報紙必須由法國人出名註冊，那時候的一切華僑報紙之法定發行人皆為法國人，包括華文報紙和國語字報紙。最早，在西貢由法人創刊的僑報有《南圻日報》（越文：Nam Kỳ Nhật Báo）、《華僑報》（越文：Hoa Kiều Báo）等等（此部分將於本節的下一段詳述）。本文篇幅想要說明的是，法人以「保護」名義作為跳板，開始先於越南南方設立

一個能普及法國文明的場所，如建立通言學校即教導越南人學法文來當通譯員（即翻譯員），目的是協助法人在此殖民地區順利進行統治與傳播活動。另外，法國政府為了企圖廢除中國文化和漢字對越南的根深影響，法人也盡力與允許在當地自由發行報刊，以早在越南受傳播的拉丁化字體作為主要工具，推廣與普及使全民皆認識的國語字（chữ Quốc ngữ）。

圖 1：《農賈茗談》刊載《三國志》俗譯

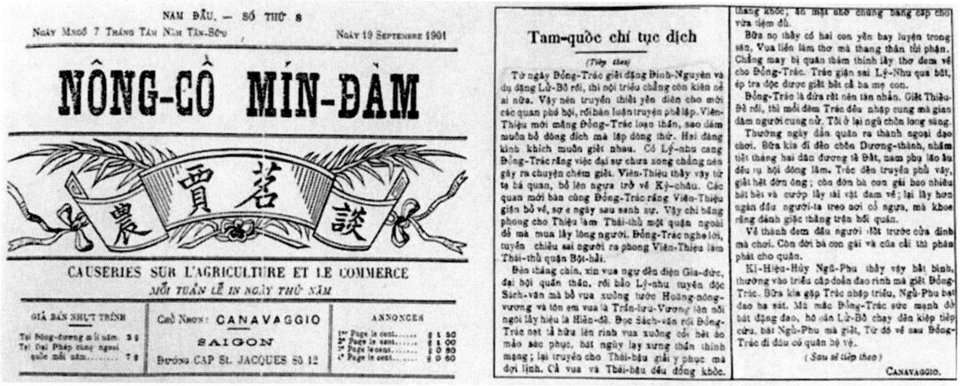

NAM ĐẦU. — SỐ THỨ 8
NGÀY MỒNG 7 THÁNG TÁM NĂM TÂN-SỬU
NGÀY 19 SEPTEMBRE 1901

NÔNG-CỔ MÍN-ĐÀM

農 賈 茗 談

CAUSERIES SUR L'AGRICULTURE ET LE COMMERCE
MỖI TUẦN LỄ IN NGÀY THỨ NĂM

GIÁ BÁN NHỰT TRÌNH
Tại Đông-dương mỗi năm. 5 $
Tại Đại Pháp cùng ngoại quốc mỗi năm........ 7 $

CHỦ NHƠN: CANAVAGGIO
SAIGON
ĐƯỜNG CAP St. JACQUES SỐ 12

ANNONCES
1re Page le cent........ $ 1 50
2e Page le cent........ $ 1 00
3e Page le cent........ $ 0 80
4e Page le cent........ $ 0 60

Tam-quốc chí tục dịch

(Tiếp theo)

Từ ngày Đổng-Trác giết đặng Đinh-Nguyên và dụ đặng Lữ-Bố rồi, thì nội triều chẳng còn kiên nể ai nữa. Vậy nên truyền thiết yến diên cho mời các quan phó hội, rồi bàn luận truyện phế lập. Viên-Thiệu mới mắng Đổng-Trác loạn thần, sao dám muốn bỏ dòng đích mà lập dòng thứ. Hai đàng kình khích muốn giết nhau. Có Lý-nhu can Đổng-Trác rằng việc đại sự chưa xong chẳng nên gây ra chuyện chém giết. Viên-Thiệu thấy vậy từ tạ bá quan, bỏ lên ngựa trở về Ký-châu. Các quan mới bàn cùng Đổng-Trác rằng Viên-Thiệu giận bỏ về, sợ e ngày sau sanh sự. Vậy chi bằng phong cho Thiệu làm Thái-thủ một quận ngoài để mà mua lấy lòng người. Đổng-Trác nghe lời, tuyên chiếu sai người ra phong Viên-Thiệu làm Thái-thủ quận Bột-hải.

Đến tháng chín, xin vua ngự đến điện Gia-đức, đại hội quần thần, rồi bảo Lý-nhu tuyên đọc Sách-văn mà bỏ vua xuống tước Hoằng-nông-vương và tôn em vua là Trần-lưu-Vương lên nối ngôi lấy hiệu là Hiến-đế. Đọc Sách-văn rồi Đổng-Trác nạt tả hữu lên rinh vua xuống cởi hết áo mão sắc phục, bắt ngửa lạy xưng thần thỉnh mạng; lại truyền cho Thái-hậu giải y phục mà đợi lịnh. Cả vua và Thái-hậu đều đồng khóc. thang khóc; ăn mặt khổ chẳng bằng cấp cho vừa tiệm đủ.

Bữa nọ thấy có hai con yến bay luyện trong sân, Vua liền làm thơ mà than thân tủi phận. Chẳng may bị quân thám thính lấy thơ đem về cho Đổng-Trác. Trác giận sai Lý-Nhu qua bắt, ép tra độc dược giết hết cả ba mẹ con.

Đổng-Trác là đứa rất nên tàn nhẫn. Giết Thiếu-Đế rồi, thì mỗi đêm Trác đều nhập cung mà gian dâm người cung nữ. Tối ở lại ngủ chốn long sàng.

Thường ngày dẫn quân ra thành ngoại dạo chơi. Bữa kia đi đến chốn Dương-thành, nhằm tiết tháng hai dân dương tế Đất, nam phụ lão ấu đều tụ hội đông lắm. Trác đến truyền phủ vây, giết hết đờn ông; còn đờn bà con gái bao nhiêu bắt hết và cướp lấy tài vật đem về; lại lấy hơn ngàn đầu người-ta treo nơi cổ ngựa, mà khoe rằng đánh giặc thắng trận hồi quân.

Về thành đem đầu người đốt trước cửa đình mà chơi. Còn đờn bà con gái và của cải thì phân phát cho quân.

Kị-Hiệu-Húy Ngũ-Phu thấy vậy bất bình, thường vào triều cặp đoản đao rình mà giết Đổng-Trác. Bữa kia gặp Trác nhập triều, Ngũ-Phu bắt dao ha sát. Mà mắc Đổng-Trác sức mạnh đỡ bắt đặng dao, hô kêu Lữ-Bố chạy đến kiếp tiếp cứu, bắt Ngũ-Phu mà giết. Từ đó về sau Đổng-Trác đi đâu có quân hộ vệ.

(Sau sẽ tiếp theo)

CANAVAGGIO.

圖片來源：舊書庫 Kho sách xưa。

當出版社的成立開始之前，報刊是唯一發表文藝作品的媒介。初期最受矚目的是兩份報紙的發行《嘉定報》和《農賈茗談》。首先，《嘉定報》是最早的一份國語字報紙，主刊公務與雜務兩部分，公務是登載法政府的事務與宣傳，雜務是刊登初期國語文的文章與鼓勵學習國語字的運動；而《農賈茗談》〔註 1〕乃第一份主刊經濟通訊的報紙，報名意指「喫茶漫談農業和經商業之事」，其內容主要刊登農商業情形與章回小說的翻譯。在 1881 年，《嘉定報》已刊載法國拉．封丹寓言故事與寓言詩、維克多．雨果等作品，1886 年該報也第一次刊登英國魯賓遜漂流記等等。在 1905 年，《農賈茗談》首次刊登中國章回小說《三國志》越南文俗譯，分期刊登，爾後陸續是《征東征西》、《東周列國》、《岳飛傳》等中國歷史小說也都被翻譯成國語字。同這個時期，其他報紙如《中北新聞》（越文：Trung Bắc Tân Văn，1915～1945 年）、《印度支那》（越文：Indochina，1913～1919 年）、《南風》（越文：Nam Phong，1917～1934 年）、《東法時報》（越文：Đông Pháp Thời Báo，1923～1928 年）、

〔註 1〕雜誌《農賈茗談》（越文：*Nông Cổ Mín Đàm*；法文：*Causeries sur L'agriculture et le Commerce*）自 1921 年至 1924 年改名為《新時時報》（法文：*Journal des jeunes générations*）一直到了 1924 年 11 月纔停刊。

《安南》（越文：An Nam，1926～？）、《婦女新聞》（越文：Phụ Nữ Tân Văn，1929～1935 年）等報刊雜誌也出現，為越南文學的發展提供了廣泛的餘地。這些報刊在法國人管轄之下同時使用法文、拉丁字體，以及一些漢文來刊載。在 19 世紀末，越南社會首次有報刊以這種文字交換工具，帶給人們豐富的閱讀語言與內容，促使法國人強迫越南社會完全脫離中國文化的影響與漢字科舉制度的政策。

二、越南南方西貢堤岸地區的華僑報紙

　　越南華人大部分聚居越南南方，而南方華僑大多數都集中於西貢—堤岸地區（簡稱：西堤），因此越南華僑報則以西堤為中心。1918 年，《南圻日報》（越文：Nhật Báo Nam Kỳ）為最早創刊的一份日報。1920 年，《華僑報》（越文：Hoa Kiều Báo）問世。〔註2〕這兩份報紙均由一位長期住在越南的法國天主教牧師安德烈（André）創辦，後來轉由越籍華人岑琦波、余群超（奮公）、陳肇基（祺）三人接班，報名依舊，只多加了個「日」字，就是《華僑日報》（越文：Hoa Kiều Nhật Báo）。當時，這份《華僑日報》發行的目的只限於宣傳天主教教義和法國殖民政府對華人的政策，而談不上弘揚與傳播中華文化的。〔註3〕

　　邁進 20 世紀，由於各種原因而到越南來的中國人頗多，依據殖民時期下的越南華人人口統計指出，居於越南的華人每年增加，至 1953 年，在越南的華人總人數已達六十萬多人，其中最多居住於越南南方（即西堤地區）。〔註4〕這群外來人雖定居於越南卻仍以「離散」身份來仰望故國的國事情形與社會文化的變換，為因應此情勢，自 1930 至 1975 年這階段，西堤地區僑報的出版如雨後春筍，依次為《全民日報》（越文：Nhật Báo Toàn Dân，1938～？）《遠東日報》（越文：Nhật Báo Viễn Đông，1940～1975 年）、《世界報》（越文：Báo Thế Giới，1946～1975 年）、《新論壇報》（越文：Báo Diễn Đàn Mới，1954～1975 年）、《論壇晚報》（越文：Báo Diễn Đàn Buổi Chiều，1965～1975 年）、

〔註2〕馮愛群：《華僑報業史》（臺灣：學生書局出版公司，1967 年）頁 80；漫漫：《西貢僑報的滄桑劫難》（臺北：新銳文創出版社，2012 年）頁 32～33。

〔註3〕彭偉步：《東南亞華文報紙研究》（北京：社會科學文獻出版社，2005 年，第一版），頁 259；漫漫：《西貢僑報的滄桑劫難》（臺北：新銳文創出版社，2012 年）頁 33。

〔註4〕Ramses Amer, "French Policies towards the Chinese in Vietnam-A Study of Migration and Colonial Responses", *Social Science Research on Southeast Asia,* Moussons [En ligne], 16|2010,pp.57～80 (URL: https://journals.openedition.org/moussons/76).

《新越報》(越文：Báo Tân Việt，1960～？)、《亞洲日報》(越文：Nhật Báo Á Châu，1955～？)、《成功日報》(越文：Nhật Báo Thành Công，1961～？)、《光華日報》(越文：Nhật Báo Quang Hoa，1971～？) 等等。〔註5〕當談起這時期華僑報的數量與水準，記者漫漫指出：「六、七十年代臺港報業年鑑的統計資料更明確顯示：『越南堤岸（按：即西貢堤岸區）出版之華文報刊，數量之多、水準之高，為臺灣、香港外的第三位。』〔註6〕依前面所述，《南圻日報》雖是越南的第一家僑報，但並不是第一家華文報。而第一家附有華文的報紙是法籍越南人創辦、以越南人為主要讀者對象，並於 1905 年在河內創刊的華、越文週報──《大越新報》(越文：Đại Việt Tân Báo)。〔註7〕更特別的是，該報既由法籍越南人創辦的第一份附有繁體中文的紙印報紙，這可說在臺越文化交流史上是很有意義的記錄。

依據前者統計，1974 年越南南方西堤地區共有 10 家華僑報，平均每 17 個華人就讀一份報紙，密集相當大，可視當時華文報紙的興盛景象。〔註8〕然而，1975 年 4 月 30 日北越解放軍解放西貢之後，這 10 家報紙全部停刊，越南政治社會體制局面歸於一黨領導下，《解放日報》是越南唯一的華文版報紙。隨著越南社會政黨更迭之後，從 1975 年 5 月 2 日越南南方的華文讀者只能讀到唯一一份華文報紙便是《解放日報》(越文：Nhật Báo Giải Phóng)，印刷與發行於西貢（今胡志明市）；而在北方的華文讀者則只能讀到從 1955 年 8 月 1 日創刊的唯一一份報紙即《新越華報》(越文：Báo Tân Việt Hoa)。這二份報紙皆不是僑報，而都由越南人創立的報刊。然而，《解放日報》是越南文《西貢解放日報》(越文：Nhật Báo Sài Gòn Giải Phóng) 的華文版，報頭注明：「越南共產黨胡志明市黨部機關刊物─胡志明市黨部、政府和人民的言論機關」，至今在全國發行，同時在東南亞各國也有訂戶。〔註9〕該報在胡志明市黨部機關領導之下主要報導胡志明市與西堤地區華人的社會動態、世界時事情形，以及自己的副刊包括每週一期的文藝訊息。

〔註5〕Mok, Mei Feng, "Chinese Newspapers in Chợ Lớn, 1930～1975", *Journal of Social Issues in Southeast Asia, November*, Vol.32, No.3(2017),pp.766～782.

〔註6〕漫漫：《西貢僑報的滄桑劫難》（臺北：新稅文創出版社，2012 年）頁 46～47。

〔註7〕漫漫：《西貢僑報的滄桑劫難》（臺北：新稅文創出版社，2012 年）頁 32～33。

〔註8〕彭偉步：《東南亞華文報紙研究》（北京：社會科學文獻出版社，2005 第一版），頁 92。

〔註9〕依：《西貢解放日報》華文版官網：http://saigongiaiphong.vn/epaper。

圖 2：第一刊的《華文解放日報》問世（1975 年 5 月 1 日）〔註 10〕

其實，華僑雖有落地生根的觀念，但他們從不放棄中華文化的孕育與推廣，因此這些在西貢的華僑報扮演個「中轉站」的角色，傳播臺灣、香港、澳門、柬埔寨與越南之間的訊息如世界戰事、尋找失落親人的公告、文藝活動等等。譬如《遠東日報》共有 8 版、特刊如大過年時會編 12 版。其中，第一版寫世界短訊；第二、三版討論國內資訊；第四、五版寫地方投資重點；第六、七版是香港與臺灣的小說；第八版是廣告。特別是在冷戰時期後，《遠東日報》以香港的金庸與臺灣的瓊瑤作品為特色，滿足移民者的鄉愁心理。《論壇晚報》的第三版也刊載金庸的《射鵰英雄傳》與臺灣古龍的《絕代雙驕》武俠小說。〔註 11〕

詩人方明曾指出，這些當時在越南所流行的報章文藝副刊，讓在越南的作家們更有機會實驗當時來自臺灣亦正蓬勃的現代詩之試作。〔註 12〕藉由閱讀到當時在西貢華人地區的臺灣詩人的作品，如：瘂弦、洛夫、張默、余光中、鄭愁予、羅門等，慢慢改變了越南華人詩人對於現代詩創作的技巧、風格和樣貌。這

〔註 10〕圖片來源：https://cn.sggp.org.vn/文藝創作/華文西貢解放日報成立 42 週年-64297.html
〔註 11〕Mok, Mei Feng, "Chinese Newspapers in Chợ Lớn, 1930～1975", *Journal of Social Issues in Southeast Asia, November,* Vol.32, No.3(2017),pp.774～780.
〔註 12〕方明著：《越南華文現代詩的發展：兼談越華戰爭詩作（1960 年～1975 年）》（臺北：唐山出版社，2014 年），頁：16～17。

樣，在不同的空間與環境下，臺、越二地一直保留了繁榮的文藝創作與隔空交談。

　　如此說來，從 1960 年代起臺港文學作品已經出現原文版本於當時越南南方，而最早的代表作家是瓊瑤、金庸，以及臺灣詩人的作品，只不過這時期所流行的是為服務在越南的華僑與華文作家。〔註 13〕當國際政治動盪時，人們累於戰後的局面，總會想要尋找能彌補與滿足精神上的損傷，而武俠小說與言情小說中所反映的俠義精神、灑脫、兒女情愛等情節深受當時青年的青睞，無形中逐漸成為提供大量的原著作品作為越南南方社會之後的新興崛起翻譯思潮，引起如下所述的第二階段的接受現象。

第二節　通俗文學的開始譯介

一、瓊瑤和古龍作品的譯介

　　關於大眾文學與通俗文學的概念，學界內產生很多定義與觀點。近人討論通俗文學的定義時，常常引用鄭振鐸的看法：「俗文學就是通俗的文學，就是民間的文學，也就是大眾的文學。換一句話，所謂俗文學就是不登大雅之堂，不為學士大夫所重視，而流行於民間，成為大眾所嗜好，所喜悅的東西。」〔註 14〕而劉秀美對於「通俗小說」則有較為簡單的說明：「以文字創作的，適合群眾而淺顯易懂的敘事作品。」〔註 15〕換言之，通俗小說的出現和存在是基於社會經濟機制來說，通俗小說是都市化的產物，且具有「商業性」、「流行性」和「大眾性」等特徵。

　　越南南方自 1954 年至 1975 年這個階段的社會動態與經濟狀況極度不穩定，吳廷琰總統的越南共和制度逐漸瓦解，美國軍攻破北方，而北方進軍攻戰駐南方的美國顧問機關。政治動盪，造成戰爭頻繁、經濟衰敗、社會腐敗，以及人心彷徨。人們變得疲累與緊張，疲累是因為戰後的共和制度腐敗不堪、他們想要尋求「往外」的生活，而緊張是為了戰後的社會動盪不安、他們要爭取「享受」，因此人們易產生一個想法是「假如明日會死，那何必今日要煩惱擔憂」，顯然學習西方新來的風潮便成為社會風氣追求。在這樣的時代下，國內

〔註 13〕金庸的武俠小說自 1960 年代之前就廣泛於越南南方，家喻戶曉，但是金庸是香港作家，目前不屬於本研究的主要對象，而為了便以進行論證會不免得摘錄相關資料作為此文的分析探討，於此說明。

〔註 14〕鄭振鐸：《中國俗文學史》（臺北：東方出版社，1996 年），頁 1。

〔註 15〕劉秀美：《五十年來的臺灣通俗小說》（臺北：文津出版社，2001 年），頁 12。

的文藝作品無法反映當下情況，更無法滿足人們的需求。於此，書寫戰爭的題材與都市生活故事之內容再也無法引起人們的共鳴與調動人們的情致，而文學除了必須反映變動社會還得適合大眾心態。因此，國外翻譯文學在這樣的環境下應運而生，而最先受到青睞的是便於閱讀、淺顯易懂的通俗文學，甚至很快就變成越南社會中的熱潮，形成大眾讀者的精神糧食，給人們帶來心靈上的彌補與快樂。

　　由於越南的社會形態，歷來容納很多來自中國、香港、臺灣、澳門等各地華僑。因此越南華僑報刊則以西堤為中心。臺灣文學作品很早就出現於南部西堤華僑地區，並以兩種形式呈現：先是流行在西堤華僑地區的華僑報刊上，後來是廣泛到越南社會中的翻譯版本。

　　至今，越南學術界對於大眾文學在越南的出現時間尚未有統一說法，雖然越南文壇在 1945 年前已出現一些作家，而能夠代表大眾文學的是有胡表政（Hồ Biểu Chánh）、黎文張（Lê Văn Trương）等作家。但實際上，這些作家的創作，在當時只能代表大眾性、向大眾而寫，而該概念未必是屬於今日人們所理解的大眾文學。

　　越南大眾文學的出現，最顯著的現象是在越南南方社會，時間段從 1954 年至 1975 年間，也誠如學者黃如芳（Huỳnh Như Phương）曾指出：「通過作家群陸續創作小說（*feuilleton*〔註16〕）連載在報刊上，以及滿市場上皆是來自國外的武俠小說與慾情小說，數不勝數。」〔註17〕而說起這時期南方文壇的環境，作者武藩（Võ Phiến）也表示：「寫出來的不夠閱讀，便以四方言情小說來讀，從瓊瑤、郭良蕙、羅蘭、依達，到佛蘭西絲・莎崗、艾瑞克・席格爾等等。而被翻譯最多的是瓊瑤言情小說，前後十幾部（16 部長篇、2 部短篇，甚至《文》雜誌還特別兩次刊登瓊瑤）。」〔註18〕關於出版，又依據學者黃如芳考究的統計指出：「在 1954～1975 階段，越南共和制度下的報刊與出版業發展突破，以數量來講，在 1969 年，南方都市中存在著 150 家出版社，而在 1975 年，存在著 54 張日報、120 張旬報與雜誌。」〔註19〕而這些

〔註16〕法文：*feuilleton* 意指定期連載的作品。
〔註17〕黃如芳（Huỳnh Như Phương）：〈戰爭、銷售社會與南部的文學市場（1954～1975）〉《文學研究》期刊，第 4 號，（2015 年），頁 27～40。
〔註18〕武藩（Võ Phiến）：《越南南部文學縱觀》，頁 278。
〔註19〕黃如芳（Huỳnh Như Phương）：〈戰爭、銷售社會與南部的文學市場（1954～1975）〉，頁 27～40。

出版社大部分都是以個人身份成立的。越南出版業其中的一位代表性人物阮
麗芝（Nguyễn Lệ Chi）也認定：「一九七五年以前在越南南方，金庸先生刊
登在《明報》上的每一篇文章都受到越南西貢懂中文人士的熱愛，他們把金
庸作品翻譯成越南文，以致金庸作品在越南家喻戶曉。許多越南粉絲還用金
庸作品裡的人物名字來給自己的孩子取名。他作品裡的許多語言已經自然地
融入到越南南方人民的生活中，如同孩童的童謠一樣耳熟能詳，如『一陽指、
二天堂、三松廟、四導牆、五喂香、六豆沙……』。」〔註20〕學者阮麗芝也
說明，早期這些刊在《明報》上的作品都是當時每天透過飛機運送的方式往
來於香港與越南。

　　若回頭看 1949 年後臺灣和越南之間的關係，最先的啟發是於政治上的
聯繫，然而這 1955 至 1975 年階段的政治關係主要是臺灣國民黨政府（中華
民國）和南越共和制度（越南共和）之間的雙方關係。誠如前文所言，越南
從 1954 至 1975 年間是屬於南北分割時期，北方與中國邊界相鄰，顯然與中
國走得比較密切；南方在吳廷琰總統制度之下，與美國較具有直接的往來。
依據各文獻記載，臺灣和越南共和制度的邦交關係到目前所留下來的書籍文
件共有 76 件、共 454 頁，包括綜合事項、政治、經濟、教育、文化等各種領
域的普通或緊急的書面資料。〔註21〕這些書面文件成為臺灣和越南最早與最
重要的歷史文獻。

　　然而，觀察 1960 年代時的南越社會背景下，以國外翻譯文學作品而言，
亞洲區域內的臺灣和香港的書籍佔越南市場的首席之位。依據陳仲登檀
（Trần Trọng Đăng Đàn）之研究統計指出，自 1955 到 1976 年於南方二十年
來的外國翻譯書包括：德國（57 類）、意大利（58 類）、日本（71 類）、英國
（97 類）、美國（273 類）、法國（499 類）、臺灣和香港（358 類），俄羅斯
（120 類），剩下其他國家與領土共有 38 類。〔註22〕另外，依據學者陳友佐
（Trần Hữu Tá）的統計，1972 年的外國翻譯書佔 60%，到 1973 年已佔將近

〔註20〕阮麗芝（Nguyễn Lệ Chi）：〈越南讀者哀悼金庸盟主〉《明報》，第 1 期（2019
　　　　年 1 月），頁 45。

〔註21〕資料來源取自越南國家籌備中心（II），以上為參考自范進勇（Phạm Tiến
　　　　Dũng）：《臺灣和越南共和之間關係（1955～1975）》，胡志明市：越南教育部：
　　　　胡志明市師範大學歷史學系碩士論文，2014 年，頁 3～4。

〔註22〕陳仲登檀（Trần Trọng Đăng Đàn）：《越南南方文藝與文化 1975～1954》，（河
　　　　內：文化──資訊出版社，2000 年二刷版），頁 427。

80%，而在 1974 年，東方作家中被翻譯最多的是瓊瑤、羅蘭、徐速。〔註 23〕從以上二位的統計結果，不難想像當時越南南方的臺、港翻譯書數量的場面，金庸的武俠小說在南越先被譯介，甚至早於瓊瑤的言情小說幾乎十年。發行《笑傲江湖》和《鹿鼎記》的出版社還直接派自己的編輯搭飛機到香港現場翻譯，通過最快航班運回西貢以便隔天來得及刊登，目的是與其他報紙競爭服務讀者的速度。〔註 24〕金庸的武俠小說連續這樣走紅五、六年之後，1970 年初讀者轉向去閱讀瓊瑤的小說。廖國邇先生為最早而最成功地翻譯瓊瑤作品的譯者，然後此很快就引起了瓊瑤小說翻譯的熱潮，吸引了不少譯者參與瓊瑤言情小說翻譯工作。1970～1972 年階段，瓊瑤已經有 17 部被翻譯成越南文，其中共有 13 部長篇、4 部短篇，此 4 部短篇小說由出版社取自原著《潮聲》、《水靈》、《幸運草》等的幾個短篇故事，然後編輯成一部新的翻譯作品。如下列二表所示，《船》有兩個不同的翻譯版本，由兩個譯者翻譯，廖國邇的譯本《船》被翻譯成《隨划人生》即具有隱喻意義，而譯者芳桂仍然保留《船》的原著名字。

表 1：1970～1972 年瓊瑤作品在越南的譯介——長篇書目

越文譯作	原　著	譯　者	出版社
Song ngoại	《窗外》	廖國邇	開化＆韓栓
Dòng sông ly biệt	《煙雨濛濛》	廖國邇	開化
Cánh hoa chùm gửi	《菟絲花》	廖國邇	開化
Tình buồn	《幾度夕陽紅》	彭勇孫、宏風	黃金
Vườn thuý	《月滿西樓》	黃艷卿	智燈
Trôi theo dòng đời	《船》	廖國邇	開化
Thuyền	《船》	芳桂	開化

〔註 23〕陳友佐（Trần Hữu Tá）：〈國外資產文藝對南越的文藝生活的位置、影響及危害〉（*Vị trí, Ảnh hưởng và Tác hại của Văn nghệ Tư sản Nước ngoài trong sinh hoạt Văn nghệ vùng địch tạm chiếm ở Miền Nam trước đây*），收入於鄭慧瓊（Trịnh Tuệ Quỳnh）、陳友佐（Trần Hữu Tá）等編纂：《美偽政權下南越的文化與文藝情況》（*Văn hoá Văn nghệ miền Nam dưới chế độ Mỹ-Nguy*），（河內：文化出版社，1977 年），頁 383～384。

〔註 24〕陳友佐（Trần Hữu Tá）：〈國外資產文藝對南越的文藝生活的位置、影響及危害〉，頁 405。

Cơn gió thoảng	《翦翦風》	廖國邇	開化
Khói lam cuộc tình	《星河》	廖國邇	開化
Bên bờ quạnh hiu	《寒煙翠》	廖國邇	開化
Buổi sáng bóng tối cô đơn	《紫貝殼》	廖國邇	開化
Một sáng mùa hè	《庭院深深》	彭勇孫、宏風	地靈
Mùa thu lá bay	《彩雲飛》	廖國邇	開化
Hải âu phi xứ	《海鷗飛處》	廖國邇	開化
Đừng đùa với ái tình	《海鷗飛處》	鄧稟張、徐珮玉	文學
Đường về chim biển	《海鷗飛處》	崔蕭然	紅鸞

表2：1970～1972年瓊瑤作品在越南的譯介──短篇集書目〔註25〕

越文譯作	原著	譯者	出版社
Ba Đoá Hoa	《三朵花》	韋玄德和黃艷卿共譯	智燈
Vườn Mộng	《尋夢園》	黃艷卿	文學
Buổi Sáng Sương Mù	《一顆星》？	黃艷卿	地靈
Một Chút Hương Tình Yêu	《風鈴》	鵬勇尊和 宏風共譯	地靈

　　如表1所提及的《海鷗飛處》是由不同的四個譯者翻譯成三個不同版本：廖國邇保留原著名字譯成《海鷗飛處》；鄧稟張和徐珮玉共譯成《別嘲弄愛情》；而崔蕭然又翻譯成《海鳥之歸路》，甚至1999年《海鷗飛處》又被重印，仍保留原著名字，而譯者為阮原平，由文學出版社出版。〔註26〕於此可見，從廖國邇開始翻譯瓊瑤之後，接著是韋玄德，後來吸引數十個翻譯者，而每一本的翻譯內容至少也有差異。陶長福因此指出，瓊瑤作品成為當時以文藝印品商標作為買賣人或出版社的「好菜」，為了提供讀者的渴望使得瓊瑤小說的翻譯工作衍化成抄襲、仿效，以及反復翻譯，甚至只要書本掛上「瓊瑤」兩個字即能銷售。讀者去買書時也只注意看作者名字而買書，那麼要統計出來瓊瑤的翻譯書恐怕是非常令人驚訝。因為，若按照皇冠出版社官網的資料顯示，實際上1963～1972階段瓊瑤只出版18部小說，其中包括具13部

〔註25〕表2裡的中文原著《一顆星》？與越南文的譯名待確認。
〔註26〕詳看此論文後面的附錄四，頁：169。

長篇、5 部短篇集而已。〔註 27〕當時，主旨出版與發行瓊瑤的翻譯小說是在
西貢具有個人性的出版機構如開化、韓栓、智燈、紅鶯、阮庭旺、地靈、黃
金、瓊瑤、昭陽等，甚至數量達到二十多家出版社已成立，僅為了出版瓊瑤
作品而已。〔註 28〕

　　由於歷史背景的原因，在南方的拉丁化國語字文學先是外來的翻譯文學，
並且拉丁化國語字是以群眾為表示的對象。金庸武俠小說裡面的江湖俠義、多
情劍客、慷慨精神，以及不受任何制度管轄的書寫等這些特點更深受讀者的青
睞；瓊瑤小說的愛情故事雖普通尋常但充滿人性、夢幻，特別對愛情堅韌不拔
的精神正是當時社會人們嚮往的生活。這些嚮往能從當時國外傳來的新穎作
品進而填補人們對於家國的心寒。以瓊瑤作品的出版數量為例，她第一本被翻
譯成越南文的小說是《窗外》（越文：Song Ngoại），在 1970 年在西貢，由開化
（越文：Khai Hoá）出版社出版。

圖 3-1：瓊瑤《菟絲花》

開化出版社，1972 年，圖片來源：
網路。

圖 3-2：瓊瑤《海鷗飛處》

作家協會出版社，2010 年再版，圖
片來源：網路。

〔註 27〕 筆者根據陶長福所統計的列出以上表 1、表 2，以及曾經對照於臺灣皇冠出版
　　　　社的官網資料。
〔註 28〕 阮玉郡（Nguyễn Ngọc Quận）：*Qiong-Yao in Vietnam*（在越南的瓊瑤）收入於
　　　　蔣為文主編：《臺越人文比較研究國際研討會》，臺南市：國立成功大學，2010
　　　　年，頁 296。

　　此後至 1972 年，在西貢已經有很多出版社出版她的小說，甚至還有瓊瑤出版社成立，只是為了印刷出版其小說。〔註29〕直到了 1972 年底，依統計瓊瑤作品共有 17 部長篇與短篇被翻譯成越南文，其中除了《幸運草》（越文：*Hạnh Vân Thảo*）被再版 14 次外，《菟絲花》（越文：*Cánh Hoa Chùm Gửi*）和《幾度夕陽紅》（越文：*Tình Buồn*）也被再版多達 15 次，其他作品至少都被再版一次。〔註30〕此現象亦可稱之為「瓊瑤現象」的出現。

圖 4-1：〈中華今文：瓊瑤〉專刊　　　　圖 4-2：〈閱讀瓊瑤現象〉專刊

1966 年，《文》雜誌第 68 號刊登，圖片來源：陳懷書提供。

1972 年，《文學》雜誌第 156 號刊登，圖片來源：陳懷書提供。

　　越南著名文化家阮庭旺（Nguyễn Đình Vượng）早就注意到此問題，以及早在他所創立的《文》雜誌上刊載。

　　1966 年，《文》雜誌第 68 號，〔註31〕刊登〈中華今文：瓊瑤〉主旨「閱

〔註29〕阮玉潘（Nguyễn Ngọc Phan）、武幸（Vũ Hạnh）：《胡志明市 1945～1975 時期的文學》（胡志明市：綜合出版社，2008 年），頁 276。

〔註30〕陶長福（Đào Trường Phúc）：《瓊瑤現象》（西貢：開化出版社，1973 年），頁24。

〔註31〕《文》雜誌（1964～1975 年）（越文：Tạp chí Văn），越南共和制度吳廷琰的文藝期刊，創辦者阮庭旺（Nguyễn Đình Vượng），是西貢 1975 年前文化家，以及出版業中的重要推動者。《文》雜誌共有 379 期，自 1964 至 1971 年由陳風皎（Trần Phong Giao）作者當主編。除了《文》雜誌之外，阮庭旺也創辦其他雜誌與編輯書籍，如《文苑》（文學編年史）後改為《新書》（Tân thư）。（資料來源〔法〕：*https://indomemoires.hypotheses.org/24195*，搜尋日期：2017年 10 月 24 日。）

讀瓊瑤故事」。其內容的第一部分介紹瓊瑤：「辛苦的幼年」、「求全的一個學
生」、「不幸的婚姻」、「寫作—閱讀—遊覽」、「艱難的寫作事業」等等；而第
二部分譯介她的四個短篇故事：〈夢〉、〈黑痣〉、〈討厭〉、〈古瓶〉。翻譯者韋
玄德（Vi Huyền Đắc）。1972 年，也在《佳品文》雜誌特刊號上，越南作家武
幸（Vũ Hạnh）評論：「關於內容，瓊瑤大部分作品的人物刻畫都屬於異常性
的。他們不是瘋狂、沉醉、傲慢，就是病患，有時是殘疾的、或母子倆又聾
又啞、或是爺爺和孫子倆皆瘋瘋癲癲的等等，而所謂普通性的人物如健康、
清醒的、有毅力的等等幾乎不出現在瓊瑤小說世界裡。瓊瑤小說的世界邊彷
佛醫院內的麻醉藥味邊濃郁海灘旁的野草味，因此剛成年的少女們更喜愛她
的小說……。」〔註 32〕

　　也在 1972 年，在《文學》雜誌第 156 號，〔註 33〕刊登〈閱讀瓊瑤現象〉
專題。報刊內容所登載南方作家們對於瓊瑤的幾篇介紹與評論，其中此刊號匸
共有 10 篇：1. 作者潘永祿（Phan Vĩnh Lộc）介紹〈閱讀瓊瑤現象〉，2. 女作
者阮芳卿（Nguyễn Phương Khanh）寫的〈瓊瑤是誰？〉，3. 學者韋玄德翻譯臺
灣學者山鳳的文章〈一杯茶、一根燭、一支筆〉〔註 34〕，4. 譯者韋玄德談〈翻
譯〉，5. 學者木守心（Mục Thủ Tâm）寫的〈與瓊瑤的一點心事〉，6. 黃艷卿
（Hoàng Diễm Khanh）翻譯〈瓊瑤寫給黃艷卿的信〉，7. 黃艷卿談〈為何我翻
譯瓊瑤小說？〉，8. 作者黃輝（Hoàng Huy）簡論〈瓊瑤——不停著蛻變的作
家〉，9. 黃艷卿譯瓊瑤的短篇〈起站與終站〉，10. 韋玄德譯瓊瑤的短篇〈迷失〉。

　　與 1966 年的《文》和 1972 年的《佳品文》相比，這同一年在《文學》專
刊是相當具體地解釋為何當時在越南南方瓊瑤如此受到歡迎。筆者於此詳述
一下這些越南作者和記者是怎麼評論瓊瑤的作品。

〔註 32〕武幸（Vũ Hạnh）：〈談談——瓊瑤小說有何奇特？〉（Nhận định-Tiểu thuyết
　　　　Quỳnh Dao có gì lạ?）《佳品文》（Giai phẩm Văn）雜誌，特刊號，11 月號，1972
　　　　年，頁 47（全文篇幅頁 46～51）。
〔註 33〕《文學》雜誌（1962～1975 年）（越文：Tạp chí Văn Học），越南共和制度
　　　　吳庭琰的文藝期刊，創辦者潘金盛（Phan Kim Thịnh），主編為阮氏玉蓮（Nguyễn
　　　　Thị Ngọc Liên）和阮芳卿（Nguyễn Phương Khanh）二位女作者。《文學》雜
　　　　誌當初是專為學生、青年而發行的，後歸屬專寫於文學與文學批評。分為兩個
　　　　階段，第一、1962～1969：撰寫文化社會政治問題；第二、1969～1975 以平
　　　　民文學、國外文學、前戰文學為主要刊載內容。（資料來源〔法〕：*https://*
　　　　indomemoires.hypotheses.org/24079，搜尋日期：2017 年 10 月 24 日。）
〔註 34〕此篇原文中文，作者山鳳：〈一杯茶、一根燭、一支筆〉，已初刊於《皇冠》雜
　　　　誌，147 號，（臺北：皇冠出版社，1966 年），頁 42～50。

　　作者潘永祿在此專刊的第一篇〈閱讀瓊瑤現象〉裡面要表白：「在我的十幾年當記者與一些文學家交涉亦與其他書店、發行社有合作過以來，我都沒見過像瓊瑤的書一樣銷售量如此暢銷。瓊瑤的作品在越南賣出只是翻譯本或仿作成越南語。」〔註35〕甚至，潘氏認為這個現象還比以前的閱讀金庸武俠現象更為普遍。潘氏在他的文章裡面引出這樣的對話：「──喂，你有沒有新的瓊瑤小說？是否借我帶回去給我太太看。」〔註36〕或者，潘氏說他去逛街的時候，若遇見了幾個女性的朋友也會被她們問起：「潘記者，最近有沒有人送你瓊瑤小說啊？借我們先看一下以過個暑假。」〔註37〕或是，在當時的軍營裡面的廣播台會另有播放「給士兵的瓊瑤節目」，也許是朗讀瓊瑤小說節目。潘永祿也說道連他自己的當兵朋友，因為知道他是當記者的，所以也會跟他要瓊瑤小說。如此可知，當時閱讀瓊瑤的熱潮，意思說不管去哪兒裡在街上、在家裡或在軍營中都會聽到人們提及到瓊瑤小說。潘永祿本身當時是一名記者，可是他也沒有讀過瓊瑤的，因此他覺得是不是瓊瑤的小說實在太好看繞那麼耐人尋味。潘永祿後來從這篇文章裡跟讀者們坦白說：「連越南著名作家如武仲奉、吳必素、阮功歡、南高……與其很有價值的作品已出版卻越南人都還沒讀過嘛？或者蘇懷、楊儆懋、醉紅……我們也還沒讀過嘛。然而，如今我們都去看什麼卡繆、沙特、米勒、杜斯妥也夫斯基、金庸、瓊瑤……。」〔註38〕潘氏的這一段話並不是企圖將這些世界作家並列在一起對比，而他的意思就是要提醒一下讀者群眾，難道越南民族的本性是很輕易的接受外來的、是否很容易被外來的因素吸引。同時，在此文結語，潘氏表示他不便評論瓊瑤的小說，因為他本身不會中文，而翻譯版本容易三抄失版、眾口鑠金，所以希望讀者將這專刊的內容視為介紹一位中華的新作家，到目前為止在中華和越南兩地有出版最多的作品數量。

　　作者阮芳卿在〈瓊瑤是誰？〉這一篇的內容中，除了向越南讀者介紹陳喆的生平之外，還告訴讀者瓊瑤的書在臺北、香港也一樣受到歡迎。甚至在香港已經有將近 30 本貼上瓊瑤名字的偽書。這樣的仿效行為現在在西貢也有出現了。當時，阮芳卿為了確定這件事情，還甚至替《文學》雜誌寫信問

〔註35〕譯自原文越南文在《文學》雜誌，第156號〈閱讀瓊瑤現象〉，頁1。
〔註36〕譯自原文越南文在《文學》雜誌，第156號〈閱讀瓊瑤現象〉，頁2。
〔註37〕譯自原文越南文在《文學》雜誌，第156號〈閱讀瓊瑤現象〉，頁2。
〔註38〕譯自原文越南文在《文學》雜誌，第156號〈閱讀瓊瑤現象〉，頁3。

作家瓊瑤關於這個仿效的現象，瓊瑤就回答道：「若讀者們真的喜愛我的小說並看到書上提著我的名字就買了書，那我真的很感謝。另外，其他問題是為了利潤而發生那我也沒辦法。」〔註39〕然後，為了保證以後在西貢出版的書真的是瓊瑤的作品，瓊瑤就回信說：「那麼，從現在開始為了避免錯誤，若貴報社需要翻譯我的作品，那我會在書上簽名表示贈意，也在這順便寄給貴報社我已經出版的作品。」〔註40〕阮芳卿的這一篇文章並沒有提供很多關於瓊瑤的生平細節與其作品寫作風格等，但是已經說明在當時 1970 年代的臺越兩邊的文藝活動交流是非常熱鬧、親切的。這個手寫書信來往的美好舉止卻到現在早就沒有維持下去了。再說，這種當時報紙、雜誌的行文與風格跟現在來比是比較沒有那麼鄭重，但是就在當時的情境而言是很容易帶給文人或讀者近親的感覺。因此，在此專刊後面就直接翻譯並刊登〈瓊瑤寫給黃艷卿的信〉的內容。信的內容很短，大概是這樣：「艷卿，可好？最近我繁忙，現在纔回信給卿，卿不要難過。我實在不知道應該用什麼樣的話語表示我對卿和韋玄德先生的謝意。你們對我的著作付出這麼多的感情。若卿有機會遇見韋先生，請替我向他問好。在妳的信也有提到廖國遍先生已經翻譯與出版小說《船》。可否麻煩妳寄給我一本好嗎？順便，我送給妳我的最新作品《水靈》。祝妳永遠幸福……　瓊瑤（簽名）。」〔註41〕

在以上的這一封信的後面接著是黃艷卿寫的〈為何我翻譯瓊瑤小說？〉一篇文章。黃艷卿在這篇文章的開始先說明，如果讀者們也包括她自己沒有要求很完美的文章技巧，那瓊瑤的作品可以列入「佳作」，即有好看的故事。而一個好看的故事需要的就是吸引別人的情節、溫柔的行文，以及完整的結構。瓊瑤很早就成名，也與朋友合作開電影公司「火鳥」。雖然，火鳥公司只有拍過兩部電影《月滿西樓》和《幸運草》，然後就不知道為何停止了。這兩部電影在當時也曾經在西貢播放。黃艷卿在此文表現她和瓊瑤通過信件來往時候都提到為何沒有來訪越南。瓊瑤其實很喜歡去越南西貢見其讀者，但是她說當時申請去越南的簽證特別難。這件事可能是跟當地戰事情況有關。然後，黃艷卿除了表現連自己也很愛讀瓊瑤小說之外，她還透露她翻譯瓊瑤作品的理由是有這麼幾點：第一、她佩服瓊瑤的工作態度，很勤奮也很細膩；第二、瓊瑤是

〔註39〕譯自原文越南文在《文學》雜誌，〈瓊瑤是誰？〉，頁20。
〔註40〕譯自原文越南文在《文學》雜誌，〈瓊瑤是誰？〉，頁20。
〔註41〕後來，短篇《水靈》被翻譯並收入於《三朵花》越文版本，智燈出版社出版。

一個很含蓄的人。這一點表現在她的作品裡面。當知道市場上出現自己的假書，瓊瑤甚至覺得很不可思議因為連她自己也沒有想象出來那樣的故事；第三、黃氏說瓊瑤認為自己是一個說故事的人，但是黃氏給她添加「孤單」二字，一個「孤單的說故事的人」。黃艷卿覺得就像她小時候常跟朋友們去找村子裡的一位老人家，聽他說說故事，可能是傳說的也有時候是他自己的故事。她總覺得這位老人講故事怎麼跟別人不一樣，而他本人也跟村子裡的人不一樣。後來，她長大了纔明白原來因為他孤單。孤單的人，不說話就沒事兒，但一說話就會把全部的心事寄託在故事裡面，然後講給別人聽如是動人。這也說明黃艷卿很喜歡瓊瑤的那些很動人的愛情故事，而更幸運的是她有機會翻譯瓊瑤的作品。

木守心在〈與瓊瑤的一點心事〉這篇文章裡面真的是「一點心事」，因為作者首先表現自己對瓊瑤的羨慕，然後就摘錄一些其他報紙有訪談過瓊瑤的，目的是向越南讀者介紹這位女作家。木守心寫著：「瓊瑤的文辭沒有那麼任性妄為，也沒有像新文藝派的那麼直接。而她的文辭只是常情的對話卻值得閱讀。成長人讀的會覺得心酸，年輕人讀的就欲哭無淚。也許這些平常的愛情很少人會注意到，但那也可能是建造某個伴侶之間的終身幸福。」〔註42〕在此文的後面是介紹瓊瑤的文學培養，以及她對寫作的盡心，譬如當要寫一個歌手的故事，她會親自到茶房來觀察與瞭解作為歌手的生活會是怎麼樣的等等情節。

該專刊的最後一篇文章是作者黃輝寫的〈瓊瑤——不停著銳變的作家〉，主要是摘錄某一位記者訪談瓊瑤的內容。黃氏在其文中沒有說明原文的來源，而只是這樣的告訴我們：「一位中華記者經過三次見過瓊瑤之後就有這樣的評語：『在我的想象中，瓊瑤應該是很不一樣的婦女。但是，當我見到她的時候，我覺得她也跟其他婦女一樣，都沒有什麼很特別的。在第二次見面時，我覺得她有亞東婦女的端莊、溫柔性格。在第三次的見面時，我覺得瓊瑤從打扮到服飾都顯現很新的感覺，跟以前的人很不一樣』。」〔註43〕然後，黃氏也表示瓊瑤在二部新作品《水靈》和《白狐》已經有不一樣的寫風。評論界都認為，她以前的作品都是很悲哀、蒼涼的故事，而連她自己也覺得她創造的人物太過於悲慘，因此她也想要改變了一下，使得自己的故事沒有那麼痛苦的結束。總之，作者黃輝只是通過一些從臺灣的報紙上的文藝訊息向越南讀者多提供瓊瑤寫

〔註42〕譯自原文越南文在《文學》雜誌，〈與瓊瑤的一點心事〉，頁33。
〔註43〕譯自原文越南文在《文學》雜誌，〈與瓊瑤的一點心事〉，頁43。

作的內容而已。

　　從上面的這幾篇評論瓊瑤作品的文章，我們可以看得出來當時越南和臺灣之間的文學交流活動還比當代朝氣蓬勃、熱情洋溢。雖然，那時候的文藝報紙僅是單純的，也沒有很多花樣的，但是又很近親讀者。這一點可能是因為這時期的報社與出版社大部分都屬於個人的，所以報刊上的言論會比較自由、不受拘束，不一定要遵守某個限制或規範。只可惜，這時期越南的文壇還沒出現專業的評論專家能夠點評正確的意見，雖然一些翻譯瓊瑤作品原是華人，例如廖國邁、黃艷卿，但是他們的文學培養並不是很深，廖國邁是讀化學的，韋玄德是讀自然科學的，只不過因為他們與黃艷卿同時都喜歡文學，又會中文，所以他們所作的主要工作是帶給讀者好的翻譯版本，而並不能要求他們寫出專業的評論。話雖如此，但是若要憑來自用中文寫作的作家，瓊瑤確實是當時的一個非常特別的現象，因此她同一年二次在《佳品文》和《文學》雜誌的專刊，內容是只寫於一個女作家的專刊真是罕見的也很難得的。連潘永祿也要說明，金庸曾經在越南文壇上也是深受歡迎，甚至 1964 年《文學》雜誌曾刊出一個專題稱作「劍俠文章」，結果讀者太少，後來就停辦。這呈現了讀者是比較喜歡看故事，而不喜愛讀批評研究的文章。

　　自 1972 年至 1975 年，臺灣作家羅蘭（本名：靳佩芬，1919～2015）至少有 16 部作品被翻譯成越南文，依次為《恩天怨海》、《網情》、《耀天堂》、《綠色的小屋》、《永遠相思》、《王昭君情史》、《喬紅》等等。〔註44〕這些曾翻譯過瓊瑤作品的譯者同時也是翻譯羅蘭作品的，如廖國邁（Liêu Quốc Nhĩ）、苗可卿（Miêu Khả Khanh），以及嚴俊（Nghiêm Tuấn）等人翻譯。依據當時的外譯文學作品來比，連續三年之內將羅蘭的 16 部譯作出版也是比較多的數量，只不過之後其作品並沒有再版，不知原因何在。而且對群眾讀者的愛好不同來講，對於久盛不衰的瓊瑤閱讀現象是相當罕見的。特別關注的是，臺灣女作家郭良蕙的越南文譯作極少，其中有發現一部為《嫁》（越文：*Lấy Chồng*），1973 年出版於西貢。但是，依如 1968 年《文》雜誌 105 號已刊載一個專題為「讀郭良蕙小說──中華時名女文士」〔註45〕，自此可推測郭良蕙的小說曾經不僅被翻譯一本而已。不過，也在《文學》雜誌 156 號，阮芳卿寫的〈瓊瑤是誰？〉此篇文章裡面的後面部分有連貼著標題「怎麼纔知道瓊瑤的真作品？」，有附

〔註44〕作家羅蘭的其他譯作請詳看此論文的附錄四的彙整表，頁 172。
〔註45〕越文："Đọc truyện Quách Lương Huệ, nữ văn sĩ thời danh Trung Hoa"。

加一些訪談韋玄德和黃艷卿二位譯者的意見，當問黃艷卿：「妳為何選擇翻譯瓊瑤的而不是別的女作家，比如郭良蕙妳為何沒有翻譯她的書？」黃艷卿就回答說：「我選擇瓊瑤的作品來翻譯是因為它很感動人心，而我也挺喜歡的。我沒有翻譯郭良蕙的是因為她寫的小說《心鎖》剛在中國文壇上起了一場風波，而她也已經被「中華筆會」開除了。」〔註46〕這一點說明，一是當時這些在越南南方的華僑他們很關注到中華民國那邊的文藝訊息，二是從某個程度來看他們還是憑心裡自己喜歡的作家與作品來作為翻譯的理由。

圖 5-1：瓊瑤在越南《佳品文》
雜誌上的肖像

圖 5-2：瓊瑤親手筆

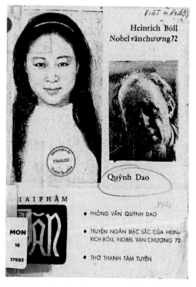

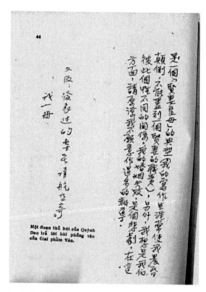

右邊為 1972 年榮獲文學諾貝爾獎的德國作家海因里希‧伯爾（Heinrich Theodor Böll, 1917～1985）。此特號刊載內容：訪談瓊瑤、伯爾短篇小說介紹、清心泉之詩介紹。圖片來源：法國 BULAC 圖書館。

瓊瑤受《佳品文》雜誌的訪談，訪談者：作者黃艷卿，頁 43～45，1972 年。（此特刊紙本全原文現藏於法國巴黎 BULAC 圖書館館藏）。圖片來源：法國 BULAC 圖書館。

　　1973 年，越南學者陶長福（Đào Trường Phúc）出版《瓊瑤現象》（越文：Hiện tượng Quỳnh Dao）專著，文章篇幅長達一百六十九頁，並由開化（越文：Khai Hoá）出版社負責出版。這本專著的大綱分為：〈序文〉、〈瓊瑤是誰？〉、〈瓊瑤小說的氣氛〉、〈瓊瑤的人物世界〉、〈瓊瑤「現象」〉，以及〈結論〉六項目次。可以說這是第一本在越南進行瓊瑤研究的完整專著，綜合分析瓊瑤從

〔註46〕譯自原文越南文在《文學》雜誌，〈瓊瑤是誰？〉，頁 23。

1960 年代初至 1973 年在越南南方出現的十年間。陶長福在其專著的「瓊瑤是誰？」這一節，意識到一個關鍵的問題：為什麼如此年輕的瓊瑤創作藝術沒有很獨特，寫作題材也不是很新奇的，而為何能如此成功？而「成功」這兩個字是要怎麼理解纔是正要問題。但是，瓊瑤小說在這十年間暫時被認為成功的是很顯然的現象。接著，陶氏在正文裡面進行解答當初提出的問題，包含瓊瑤對越南南方讀者粉絲的影響與歡迎等等。總之，陶氏研究的貢獻有三點：第一、解答瓊瑤作品在越南南方是很受到喜愛的；第二、瓊瑤果真是一個現象，那麼會產生兩個面向：積極與消極，積極的話會把瓊瑤稱為傑出作家、消極的會把瓊瑤的作品作為市場銷售物品而已；第三、導向讀者群認定瓊瑤作品的真與假。〔註 47〕

　　縱觀而言，我們會發現很有意思的是，那段時間越南南方的作家、評論者、編輯者等也自願或自然成為瓊瑤的粉絲，而他們跟越南普通讀者的區別僅是他們閱讀後便寫給報刊評論。然而，基本上那時期的越南社會中的大眾文學未被認為是如今都市文學中「商業性」和「大眾性」類型，人們喜歡閱讀，進而出現一群新興翻譯者，各謀其利，造成如上所引陶長福的研究，指出「假的」瓊瑤小說作為吸引讀者的模式，實際上這些「假的」都是香港作家的作品。〔註 48〕

　　1975 年後，瓊瑤作品已被停止翻譯，而主要的原因可能在於越南這時期剛全國統一，所謂純粹談及男女愛情、言情敘述、武術施展和江湖上的美人配英雄之類等都禁止出版。越南 1986 年進行改開放革政策之後，這樣類型的文學作品與當時國家全民的窮困與痛苦環境是無關的，因此瓊瑤（與古龍的作品）要等到 2000 年後纔重新出版，而大部分是再版、重印或重新翻譯。與此同時，出現新的年輕譯者如阮氏玉花（Nguyễn Thị Ngọc Hoa）、明奎（Minh Khuê）、懷英（Hoài Anh）、阮原平（Nguyễn Nguyên Bình）等，但是廖國邁還是最成功的譯者。廖國邁也知道他翻譯的瓊瑤作品很受讀者的歡迎，而相反的他所收到的翻譯酬勞卻很少。他就不想為了翻譯工作去助別人賺錢，因此廖國邁曾經與他合作的韓栓出版社商量。洽談失敗後，他獨自成立出版社，而出版的第一部作品便是瓊瑤的《海鷗飛處》一書。在一次受《文》雜誌的訪談時，

〔註 47〕陶長福（Đào Trường Phúc）：《瓊瑤現象》（越文：Hiện tượng Quỳnh Dao），頁 5～169。
〔註 48〕陶長福（Đào Trường Phúc）：《瓊瑤現象》，頁 13～14。

廖國邇和詩人遊子黎（Du Tử Lê）〔註49〕有這樣的對話：

〔遊子黎〕：在閱讀瓊瑤最熱時候，依我知道，就有幾家出版社來找您，目的是要搶回您的翻譯稿……有這件事嗎？倘若有會是怎麼樣的？

（越文：DTL: Giữa lúc phong trào đọc truyện Quỳnh Dao lên cao nhất, như chỗ tôi biết, thì đã có một vài nhà xuất bản tìm đến và thương lượng với ông, với mục đích giành giựt bản dịch của ông… Việc đó có chăng? Và nếu có thì nó ra sao? Thế nào? Thưa ông?）

〔廖國邇〕：是。這件事真是有的。很多這裡的出版社，其中也有幾家很有名的來找我商量，要我交給他們我的翻譯稿。他們樂意付出比開化出版社多一倍的酬勞。但是我拒絕了。我想到的是當初的感情。說實話，開化出版社付給我的翻譯酬勞是太低的。

（越文：LQN: Vâng. Đúng là chuyện ấy có xẩy ra cho tôi. Rất nhiều nhà xuất bản ở đây, trong số ấy, cũng có đôi ba nhà xuất bản có uy tín… đã tìm gặp tôi để yêu cầu tôi trao sách cho họ. Họ sẵn sàng trả thù lao gấp đôi tiền thù lao mà nhà Khai Hóa của anh Vũ Dzũng đã trả cho tôi. Nhưng tôi từ chối. Tôi nghĩ đến cái tình của buổi đầu. Mặc dù tiền thù lao nhà Khai Hóa trả cho tôi phải nói là quá thấp.）

〔遊子黎〕：趁您提到您和開化出版社的交情，若可以，請您稍微談一下您和開化出版社結束合作之事？

（越文：DTL: Nhân ông đề cập tới giao tình của ông với nhà Khai Hóa, nếu được, xin ông cho nghe sơ qua việc ông và nhà Khai Hóa chấm dứt sự hợp tác với nhau?）

〔註49〕遊子黎，越文：Du Tử Lê，（1942～2019）：原名 Lê Cự Phách（中文：黎巨珀），越南河南省人，越南現代著名詩人。遊子黎為其筆名，啟用於1958年，取自〔唐〕孟郊（751～814）的〈遊子吟〉，「黎」為其姓，意指遠離之兒子。他自1956年移居西貢（今胡志明市），到1975年後移居美國，成為居美越人有名作家，繼續創作與寫詩，作品在美國和越南都有出版。遊子黎自從開始創作1958年至2014年已經出版58著作，其中主要是詩歌與散文。依據記者仲明（Trọng Minh），遊子黎是亞洲唯一作家受過二次美國兩張有名報紙《洛杉磯時報》（*Los Angeles Times* 1983）與《紐約時報》（*New York Times* 1996）訪問與刊登其詩品。至今，他的詩品有在美國一些學校被收錄於教學教材之內。（資料來源：*Wikipedia.org*）。

〔廖國逼〕：是，如我說過，我很重感情的。但是你想想，每一本印出都是一萬本！而作權（譯稿）的酬勞不到一百塊錢。大家都一樣，我想初頭幾次，我還能同意，但是後來朋友、兄弟們都來說我，不得已，我要跟出版社說一聲……

（越文：LQN: Thưa, như đã nói, tôi là người trọng cái tình lắm. Nhưng ông nghĩ coi, cuốn sách nào in ra cũng mười ngàn cuốn! Trong khi tác quyền (bản dịch) không tới một trăm ngàn đồng. Ai cũng vậy thôi… Tôi nghĩ vài lần đầu, mình còn có thể bỏ qua được. Nhưng sau, bạn bè, anh em nói quá, chẳng đặng đừng, tôi phải lên tiếng với nhà xuất bản…）

〔遊子黎〕：那麼請問結果是怎麼樣的？

（越文：DTL: Kết quả ra sao thưa ông?）

〔廖國逼〕：是，最後的結果，我要結束合作。我不得已要自己作！我要避免以前鄭功山曾踏過的……既是我們都是為別人賺錢！而自己唯獲得的權利的是精神方面而已！

（越文：LQN: Thưa ông, kết quả là cuối cùng, tôi phải quyết định chấm dứt sự hợp tác. Tôi đành phải tự tách ra! Tôi muốn tránh vết xe của Trịnh Công Sơn trước đây… Là chúng tôi chỉ làm giầu cho người khác! Trong khi chính mình thì lại chỉ được mỗi cái quyền lợi là quyền lợi về tinh thần mà thôi!）

〔遊子黎〕：請問您說明您第一本要自己出版的書？

（越文：DTL: Xin ông kể cuốn truyện dịch đầu tiên mà ông tự xuất bản?）

〔廖國逼〕：那是《海鷗飛處》。

（越文：LQN: Đó là cuốn "Hải Âu Phi Xứ."）

〔遊子黎〕：不管怎麼說，閱讀瓊瑤小說也曾經是這裡的一個現象。印量總共不少於數十萬本，也是您曾認定瓊瑤的小說沒有什麼文學技巧……那麼，我的問題是，您是否曾想過，在興起這個現象的過程當中您是不是也有精神上的責任性？我要問的更清楚是，對於此「責任」二字您怎麼想都可以？

（越文：DTL: Muốn hay không thì việc đọc Quỳnh Dao cũng đã từng thành hiện tượng ở đây. Với tổng số sách in ra không dưới con số mấy trăm ngàn bản, và như ông đã nhận định truyện của Quỳnh Dao không có giá trị văn chương… Nên câu hỏi của tôi là, có bao giờ ông nghĩ, ông có trách nhiệm tinh thần ít hay nhiều, trong việc tạo thành hiện tượng đó? Tôi muốn nói rõ hơn, ông có thể hiểu chữ "trách nhiệm" theo nghĩa nào cũng được?）

〔廖國邁〕：是，說實話我對瓊瑤的作品都沒有想過什麼「責任」的……我只知道做翻譯。之後呢，我就坐順水船便跟著人家要的東西而供應。不過，我自己又覺得對這件事是很興致的。您的問題對我真的是太驚奇了。」

（越文：LQN: Thưa ông, thiệt tình tôi chưa hề đặt thành vấn đề "trách nhiệm" trước hiện tượng sách Quỳnh Dao… Tôi chỉ biết dịch. Và sau này tôi bị quay chạy theo món hàng mà người ta muốn. Tuy nhiên, tôi có cảm thấy thích thú trong công việc đó. Câu hỏi của ông bất ngờ quá với tôi…）

然而，不只是作者的名義受仿效，而連譯者也被抄襲、競爭。廖國邁是翻譯瓊瑤作品最著名的譯者，因此他曾提出當翻譯瓊瑤的《船》和徐速的《星星、月亮、太陽》此書儘管他有在書中說明這原是兩本完全不同內容的小說，但其他出版社依照重印或掛上其他譯者名字（詳看此文後的附錄一，頁 145）。另外，廖國邁也承認在翻譯瓊瑤小說過程中，他深受作家的嬌柔抒寫的影響，觸發著迷閱讀瓊瑤（詳看此文後的附錄二，頁 157）。之後，廖國邁曾經出版他自己創作的小說，因此筆者猜測廖氏很可能有模仿過瓊瑤的一些作品。只可惜的是，這些廖氏的作品至今大致失落，難以搜集並確認與對照。

2005 年，西貢解放日報（越文版）登載一項頭條「『抄書』、『假書』──危機依舊」〔註50〕，此篇文章的內容談及一位讀者梅芳（Mai Phương）近來買了瓊瑤的兩本小說，越南文書名為《知曉我情》（Hãy hiểu tình em）和《金菊花》（Bông cúc vàng），均由作家協會出版社出版。越南讀者大致知道作家協會出版社是越南出版界中最有權威的出版社之一，對於選擇與發行的書類都經過嚴厲審查。然而，西貢解放日報甚至還列出二本書的異同之處，詳看如下具體列表：

〔註50〕西貢解放日報（越南文）官網：*https://www.sggp.org.vn/van-nhuc-nhoi-nan-sach-sao-sach-nhai-42428.html*，搜尋日期：2020 年 1 月 20 日。

表 3：2005 年在越南的瓊瑤二本翻譯作品

作品名字	知曉我情	*Hãy hiểu tình em*	金菊花	*Bông cúc vàng*
翻譯者	廖國邁	Liêu Quốc Nhĩ	阮氏玉花	Nguyễn Thị Ngọc Hoa
出版社	作家協會	Hội Nhà Văn	作家協會	Hội Nhà Văn
登記編號	32/804/XB-QLXB	32/804/XB-QLXB	159/344/CXB	159/344/CXB
登記日期	2003 年 8 月	8-2003	2000 年 5 月	5-2000
編輯	武婷平	Vũ Đình Bình	武婷平	Vũ Đình Bình
小說中的人物	裴琴（女老師）	Bội Cầm	韓佩吟	Hàn Bội Ngâm
	佩和(女老師的弟弟)	Bội Hoà	佩花	Bội Hoa
	永秀(女老師之父親)	Vĩnh Tú	韓永修	Vĩnh Tu
	素貞(女老師之母親)	Tố Trinh	素潔	Tố Khiết
小說中的地名	龍海	Long Hải	福龍	Phúc Long

　　從以上表 3，閱讀兩本小說的內容幾乎相同：陳述一個家裡貧窮的女老師，她歷經千辛萬苦之後纔找到自己的幸福。但實際上，此二本翻譯小說正是瓊瑤原著《金盞花》一書。此類事件並非只存在於瓊瑤的作品，而其他外國書籍如美國、法國等都有雷同狀況。越南在 2004 年加入保護文學和文藝作品的《伯恩公約》〔註51〕之後，雖然作者和譯者對作品的授權與選擇相當具有法律保護權，但侵權現象或利潤餘額還是無法妥善解決，而各地出版社依然難以控制。

　　縱觀而言，1955 年至 1975 年階段香港的金庸武俠小說、臺灣的瓊瑤言情小說的翻譯數量與出版是佔最多的，甚為令人驚訝。1975 年後至 1990 年代，瓊瑤小說和金庸小說暫被停止出版，原因也許是越南國內的政治問題包括全國統一後的控管、社會主義方向、土地改革、教育政策轉變等問題，造成對國外文化書籍需要嚴謹檢閱。

　　2000 年以後，越南的市場經濟開始建立，網絡的出現與爆發使得大眾文學得以真正發揮它的功能，並以市場為根據，以公眾為對象，不停地滿足讀者群的需求。而且，這時候在市場上開始出現新的作者群，如 2000 年後至 2010

〔註51〕《伯恩公約》全名為《伯恩保護文學和藝術作品公約》（The Berne Convention For The Protection Of Literary And Artistic Works）。2004 年 10 月 26 日越南正式成為《伯恩公約》的締約國。

年後，臺灣的九把刀、幾米授權與於越南出版，另外的一些其他臺港作家如蔡志恆、Oni、張小嫻等也有翻譯作品。與此同時，自 2003 年至 2010 年，瓊瑤有三十多部小說被再版（每本至少再版一次），並由東阿公司或者東方公司所發行的。關於古龍的作品，從 2008 年至 2014 年，一共翻譯出版將近四十部，然而從 2014 年後至今已停止出版。〔註52〕這一點表示到這個時間瓊瑤、古龍不再是讀者的獨特選擇了，或者也可以說從 2010 年起，在越南的瓊瑤和古龍的作品已漸進入衰微時期卻仍有他們的死忠讀者。因為對於一個國家的外國翻譯文學而言，這二位作者的出版數量是值得驚訝的。再說，這時期的臺灣文學作品在越南社會保持「陌生」狀態，因此學術界的文章少而僅能引來討論瓊瑤、三毛〔註53〕、古龍等這些較熟悉的作家而已。

2004 年，越南學者黎庭墾（Lê Đình Khẩn）發表一篇文章〈臺灣文學與越南讀者〉。〔註54〕在這篇文章裡，黎氏告訴我們臺灣文學最先於越南南方普及，後來纔慢慢擴展到越南北方。但是，自 1975 年後很多臺灣作品譯介到越南仍然只有瓊瑤和金庸（香港）佔數最多。觀察目前越南對臺灣大眾文學的喜好度，特別是瓊瑤，黎氏表示越南讀者對於臺灣文學的瞭解還是極少。瓊瑤不是臺灣的一切，除了她（臺灣）還有很多其他著名作家如柏楊（本名郭定生）、三毛、龍應台等等。黎氏最後的結論與建議是在越南各大學學校需要有一部像樣的臺灣文學著作或「具有文學史性」越南文的臺灣著作；〔註55〕另外展開在越南的「臺灣學」研究部門是將來的切要工作。

2010 年，學者潘秋賢（Phan Thu Hiền）在《文藝》雜誌上介紹一篇關於臺灣作家三毛，標名為〈現代臺灣奇女〉。〔註56〕通過這篇文章，潘氏首先概略三毛的人生故事，所以三毛的作品很受歡迎的其中一個原因正是三毛自身

〔註52〕參見越南書籍出版官網：*https://www.vinabook.com/tac-gia/quynh-dao-*。搜尋日期：2019 年 12 月 20 日。具體作品名字於此文後面附錄部分附加詳細表格，頁 169～177。

〔註53〕三毛的作品在越南沒有被出版成書，而僅有在《外國文學》雜誌上曾定期刊登翻譯版的幾個故事，後也零散地在《文藝》報刊登卻資料失散難以搜集。因此，筆者於此不會具體討論。

〔註54〕黎庭墾（Lê Đình Khẩn）：〈臺灣文學與越南讀者〉《東方學系——建立與發展之十年（1994～2004）》（胡志明市：綜合出版社，2004），頁 75～85。

〔註55〕至今在越南已經首次出版葉石濤《臺灣文學史綱》越南文版本，（河內：河內師範大學出版社，2018 年）。翻譯者：范秀珠、陳海燕等。

〔註56〕潘秋賢（Phan Thu Hiền）：〈現代臺灣奇女〉《文藝》雜誌，第 17 號（胡志明市：2010 年），頁 13。

的傳奇故事；接著，潘氏摘錄三毛的一些作品如《撒哈拉的故事》、《萬水千山走遍》、《雨季不再來》、《秋戀》、《月河》等等。通過學者潘秋賢的介紹，越南閱讀者初步瞭解三毛在中國、臺灣學界中的位置與評論，譬如她引出：學者沈謙以「讀萬卷書不如走萬里路」來評三毛，詩人瘂弦認為三毛是「穿上裙子的遊行者」。因為三毛的奇特人生與潘氏文章的催動下，促使讀者特別是年輕人忍不住想走出國門去旅行，開闊視野。對於當時越南國內的旅行文學所受到限制的狀況下而言，將三毛介紹給越南的年輕讀者確實是一個新的認識。

　　總之，本文談起臺灣通俗文學在越南的出現就知道最受歡迎時期為 1970年代，前文已提出一些對瓊瑤作品的評論文章。然則，相對的另外臺灣作家古龍卻評論其作品的文章幾乎很少。筆者猜測也許是這時期人們更愛讀金庸小說，或者是大家對於武俠小說類型的觀念是自己欣賞而並不是心得，儘閱讀、茶餘酒後閒談。最近，依據筆者努力的搜尋與抉擇資料後也發現一些跟作家古龍有關的文章。以下作為顯示作家古龍在越南的存有資料，提供學界對臺、越之間的武俠小說研究可以利用參考。

　　在越南社會，不管是從上世紀的還是到現代，一個非常不近情理卻很順理成章的現象就是大眾讀者對武俠小說的歡迎與熱愛。但是，越南學界總不會有一個相當專業的專家或是研究協會來評論、研究武俠文學類型。簡單來講，越南讀者都很熱愛閱讀武俠小說，然而不擅長研究它。譬如，一個普通讀者甚至一個學界的文人他可以滾瓜爛熟的講出來金庸和古龍的什麼故事、什麼人物性格、什麼人物模型、什麼功夫招式等情節，但是他不會把這些想法或意見寫成一篇學術文章。實際上，越南文學在 1930 年代也有一些作家是寫武俠小說的，如是范高鞏（Phạm Cao Củng）、徐慶鳳（Từ Khánh Phụng）、潘境忠（Phan Cảnh Trung）等，這也曾經成為越南戰前的武俠小說潮流，但是越戰後又被停頓所以沒有新的作品。再說，與偵探文學、同志文學來比，越南武俠文學較在網絡空間上受到歡迎。然而，也許是中國的武俠小說對越南社會的影響甚大，特別的是金庸著作裡面的儒家思想的深刻影響，因此越南本土武俠文學無法繼續發展。雖然如此，但是越南學界幾乎對中國武俠文學的研究表現冷淡態度，這個問題，越南學者陳黎華箏（Trần Lê Hoa Tranh）表示她的看法：「越南研究者或評論者還擁有過於濃厚的翰林觀點，（他們）認為只有博學、經典文學纔值得我們去研究的。但是，其實我們還沒正確的視大眾文學現象為對社會

是有怎麼樣的重要性與需要性。」〔註57〕另外，大部分讀者若有閱讀武俠小說的愛好而言，他們有時候要寫的心得就仍然以金庸為主的而去表示自己的看法。

1999年，越南著名學者高自清〔註58〕（Cao Tự Thanh）有一篇簡介古龍的文章，刊在美國的越南文學文壇網絡上。該篇文章的內容不長，但關鍵在於學者高自清向所有讀者指出：「古龍在中華武俠小說裡被認為有莫大突破。若金庸代表『傳統』派，那古龍代表『更新』派。古龍的武俠小說的結構與西方偵探或社會心理小說比較相同，雖然故事裡的時間和空間是虛構的卻人物心理是真實的。古龍的人物在生活上少於施展功夫而大於表現心裡面的挫折。」〔註59〕古龍的人物常是機遇不好，或是憂愁煩悶之類的，可以說是生活上的一個普通的人，喜怒哀樂之性情都有。相反的，金庸的人物體現「神性」的特點，為了天下百姓而願意犧牲所有的或者總是盡忠於自己的偉大理想。也許，這相反之處使得古龍的武俠小說更為挑戰讀者。學者高自清在他的文章後面引出（翻譯）古龍在《七夜勾魂》寫的「序」作為其文章的結語，而能讀懂越南文的讀者在某一個程度上可以更為瞭解這位臺灣武俠作家的寫作風格，中文原文具體內容如下：

> 自從寫了《小李飛刀》和《俠盜楚留香》之後，我的讀者越來越多了，「古龍」的名字也越來越響。書店裡陳列著我的書，電視裡放著我創造出來的人物和故事，街道上的音響喇叭裡唱著《小李飛刀》的曲子，甚至還有人主動找上門來要求我同意讓他的酒店名字叫「楚留香酒館」。我感謝讀者的厚愛。對這兩個人物我也有自己的看法。

〔註57〕陳黎華箏（Trần Lê Hoa Tranh）：〈越南文學沒有武俠小說的寫作傳統〉，引自：《文藝軍隊》雜誌，日期：2020年10月5日，官網：http://vannghequandoi.com.vn/vnqd-ket-noi/pgsts-tran-le-hoa-tranh-van-hoc-viet-khong-co-truyen-thong-viet-ve-kiem-hiep_12650.html。

〔註58〕高自清（Cao Tự Thanh），本名高文勇（Cao Văn Dũng），高自清是筆名，生於1955年，1977年大學畢業於河內綜合大學的漢喃部門。高自清是越南當今非常重要的文化、歷史與文學研究學者和翻譯者。他研究和翻譯的範圍甚廣，其中研究著作如《嘉定的儒教》、《嘉定的漢喃文學》、《塘中文學》、《唐詩佳話》、《嘉定報——南圻六省報》等等；翻譯著作如越南阮朝歷史的《大南實錄（正編）》等等。另外，高自清也專門翻譯金庸、古龍、梁羽生等武俠文學作品，以及蒲松齡小說。

〔註59〕高自清（Cao Tự Thanh）：〈古龍的武俠小說〉，越南文引自：http://www.gio-o.com/CaoTuThanh/CaoTuThanhCoLong.html，搜尋日期：2021年10月11日。

《小李飛刀》李尋歡俠義善良，但也有性格上的弱點。他感情脆弱，拿不起又放不下，愛林詩音，但又不願向她吐露真情，盡力壓抑自己的感情，用喝酒來打發光陰，消極、悲歡、痛苦，一生都處於矛盾和悲劇之中，活得很累太不灑脫。楚留香呢？他瀟灑、風流、幽默、和諧，游戲人間，行俠仗義。他能把一件極難辦到的事做得很漂亮，這的確很絕，很令人神往。很多人認為我在小說開頭寫的一紙短箋最能說明問題：「聞君有白玉美人，妙手雕成，極盡妍態，不勝心向往之。今夜子時，當踏月來取，君素雅達，必不致令我徒勞往返也。」這張短箋把一件盜取別人寶物之事，寫得輕鬆、優雅、很有詩意，這就是楚留香的品格。我有很多智慧很高、很有文學修養的朋友，他們一見到我總會問：「小李飛刀和楚留香寫得真好，你為什麼不繼續寫下去，多寫幾集呢？」——我笑笑。——我只能笑笑。小李飛刀已寫到了極致，楚留香也寫了八集，胡鐵花也老了，怎麼還能寫下去？再寫下去，也只能落入固定的形式中。那麼，我還寫不寫？當然寫！還要求變、求新，突破過去的陳舊俗套，重新嘗試新的寫法，塑造一個新型的俠客——沈胜衣。沈胜衣，他不但有小李飛刀的悲天憫人的同情心，還有楚留香的飄逸瀟灑、風流幽默，同時，又有他們的智慧和武功。小李飛刀是用刀，楚留香不用兵器，但沈胜衣卻是用劍，而且是雙手劍。沈胜衣的故事曲折離奇，緊張刺激，而且很香艷，但絕不荒唐無稽，而是充滿了愛與友情，慷慨與俠義，幽默與同情，希望讀者在悲歡感動之餘，能從書中愛到啟示，對這世上的人和事，看得更深些，更遠些。這是我寫沈胜衣的最大願望。〔註60〕

上面這段「序」當被學者高自清翻譯成越南文之後是已向讀者說明一下古龍的小說特徵，有助於想要研究古龍武俠小說的學者。此外，這也體現古龍的小說更為吸引多種類讀者，不管是斯文的或不文雅的讀者都能接受之。

最近 2020 年，筆者唯一觀察到的一篇文章是〈武俠小說——從金庸到古龍〉由河內師範大學的學者阮氏梅箏（Nguyễn Thị Mai Chanh）寫的，並發表在順化《社會科學》期刊。阮姓學者在這篇文章裡面先說明：「在越南，讀者群幾

〔註60〕古龍《七夜勾魂》〈沈胜衣傳奇系列〉，（西安：太白文藝出版社，1994 年），頁 1〜2。

乎知道金庸的生平與其作品都很受到歡迎。相反的，古龍的翻譯作品雖然在越南出版了很多，但是關於古龍的生平，以及古龍研究還是很少被關注到的。」〔註61〕在正文的部分，阮姓學者主要評論金庸和古龍寫作的異同點。依據阮氏的意見，金庸和古龍的最大不同在於人物刻畫筆法與人物敘事結構。阮氏指出，古龍關心到人物的個人存在價值，充滿人生哲理，對當代世界反省及希望。古龍小說裡面的男、女人物的內心都充滿矛盾與挫折，為自己而痛苦；而金庸小說裡面的人物形象都是英雄蓋世或護花使者，所以沒有時間為自己所想，而他們要做的是給理想所犧牲的志向等等。從金庸到古龍就是在敘事結構方面，古龍在他的小說展開偵探與推理的性質，造成故事的戲劇性。但是，阮姓學者也認為在金庸和古龍的小說裡面，最大的區別在於陳述語言風格。若金庸是中華文化的一部龐大的百科詞典，那古龍是不重於朝代背景或歷史脈絡的俠客。這一點也許解釋為何金庸武俠小說在越南一直以來仍然獨佔一席之位。越南人從古代就愛看那些中國朝代歷史的章回小說，因此金庸的風格自然而然會成為給愛好武俠文學作品的讀者一個最理想的選擇。〔註62〕誠如本文前面提過，從2008年到2014年，古龍的作品共出版將近四十部（依照出版社官網的公佈），卻自2014年後至今已停止出版。當代，古龍的越南讀者大部分都在網絡空間上活動與交流。而金庸小說居然仍在越南讀者心裡中佔一席之位。

所以，筆者想要強調的是，在越南如此獨愛的現象可藉由群眾力量理解，從早期人們原本就很喜歡中國古典小說中的忠孝節義、英雄救美、江湖俠客、寬宏厚道等瀟灑的情節，這是因為這些情節適合越南南方人的生活個性，以及原本也是收納很多外來的移民者。一如越南文化研究專家山南（Sơn Nam）指出：「……此不儘是跟隨群眾後面，而是提供新嗜好、提高其程度。」〔註63〕相當於瓊瑤的言情小說，從上述的引證資料我們發現，早期無論是從報刊到出版社還是從讀者到作者，人們對瓊瑤小說依然是最喜愛與最關注的。具體而言，第一位被翻譯的臺灣作家是瓊瑤，文學雜誌刊登的第一位作家作品也是瓊

〔註61〕阮氏梅箏（Nguyễn Thị Mai Chanh）：〈武俠小說——從金庸到古龍〉（Tiểu thuyết kiếm hiệp-từ Kim Dung đến Cổ Long）《社會科學》期刊，卷65-2，2020年2月，頁3。

〔註62〕阮氏梅箏（Nguyễn Thị Mai Chanh）：〈武俠小說——從金庸到古龍〉（Tiểu thuyết kiếm hiệp-từ Kim Dung đến Cổ Long）《社會科學》期刊，卷65-2，2020年2月，頁3～8。

〔註63〕山南（Sơn Nam）編：《南部考究——南部的個性》（胡志明市：年輕出版社，2007年），頁197。

瑤，第一位被翻譯並出版最多作品的臺灣作家也是瓊瑤，甚至出現第一家以瓊瑤取名的出版社。作者武藩也認為：「1964～1975 這階段（人們）不儘大方的愛，而還愛得特別奇怪。」〔註64〕就是在國內來不及寫出來的書，便愛看國外來的「專治」〔註65〕愛情的作品這也是顯然的情勢。

　　回顧上世紀的社會情境與本文前面所述的論點，我們會發現一個重要而關鍵的事實：在 1960～1970 年代這階段，人們特別著重感情。細讀當時越南文人對瓊瑤作品的評論可知大部分記者、譯者、評論者與讀者群喜歡閱讀瓊瑤的其中重要理由是因為她創作的很多動人的故事。然而，這些故事裡面所呈現出來的仍然以人與人之間的感情作為吸引人類最深刻的印象。在這裡，請讀者們記得，我們不要／不應該用現代的觀念來定論當時的審美觀。我們永遠無法理解那個時代的越南（也包括臺灣）社會在動亂情勢當中的情感渴望與真誠態度之背景。因此，當一個讀者能夠看到一個動人的故事，他顯然地沉迷不返。筆者，於此借用英國偉大作家愛德華・摩根・弗斯特（E. Morgan Forster, 1879～1970）對故事的看法：「故事，是按照一連串時間的發生事件，依序排列而成的敘事；就像晚餐在早餐之後，週二在週一之後，死亡之後總是腐爛等等。身為一則故事，它唯一的價值，是激起讀者想知道後續發展的興趣。反之，它也只能有一個過失：無法激起讀者想知道後續發展的興趣。」〔註66〕在瓊瑤的故事裡面的各種人物不管是精神錯亂、言行失常，或是堅韌不拔、意志脆弱等個性特點是都同有的效果：引領讀者產生興趣。這也說明為何到現在瓊瑤仍然擁有一定而穩固的越南書迷。

二、其他通俗文學作品的譯介

　　2010 年後，臺灣通俗文學作品在越南閱讀市場仍佔一席之位，因為自從 1970 年代到 2010 年這麼長的時間以來，除了瓊瑤和古龍的作品之外，在越南的臺灣文學種類幾乎沒有新色。但是從 2011 年後開始，屬於網路文學作家與輕文學（輕小說）的作者與作品開始在越南出版，致使在越南的臺灣通俗作品

〔註64〕武藩（Võ Phiến）：《越南南部文學縱觀》，（美國：越人出版社，2014 年），頁278。

〔註65〕借用學者武藩的說法，意指專門治療的意思，頁 278。

〔註66〕愛德華・摩根・弗斯特（Edward Morgan Forster，1879～1970）：《小說面面觀》（Aspects of the Novel），第二章〈故事〉，蘇希亞譯（新譯版）（臺北：商周出版社，2009 年），頁 50。

啟發跨界想象力。首先，九把刀的作品在越南譯介，包括《那些年，我們一起追的女孩》、《等一個人咖啡》、《上課不要看小說》、《上課不要烤香腸》、《打噴嚏》、《愛情，兩好三壞》、《這些年，二哥哥很想你》、《媽，親一個》等等。然後，另網路作者蔡志恆也有翻譯作品，如《鯨魚女孩‧池塘男孩》、《暖暖》等等。這些屬於網路文學類型在某種程度上能滿足現代年輕讀者群的需求是尋找簡單易懂的流行文學現象。

　　依據維基百科的分類，九把刀和蔡志恆是屬於臺灣網路文學作家。關於網路文學的定義，依據中文和越南文的各綜合資料可知，網路文學作為文學形態，其創作過程是自然的，是一種服務所有網友可以閱讀與寫作，以及在某種意義上能夠自我滿足的一種文學形式。網路文學的特徵之一是商業化趨勢，一方面是文學網站的商業化，如收費或者廣告的運用等，另一方面是網路作家在成名後走下網路去出版書籍。〔註 67〕像九把刀的小說而言，簡直是受《那些年，我們一起追的女孩》這部電影的感染性，在 2011 年電影上映之後，隨後就在全亞洲播放包括越南市場，到 2013 年初這部原創小說在越南出版越南文版本。這樣的雷同現象隨著亞洲區域內的發展傾向，如韓國偶像劇、臺灣偶像劇、日本漫畫、中國言情連續劇的風靡，興起「韓流」、「臺流」等這些波浪，促使都市社會市場的供與求相繼增加。

　　除此之外，從 2010 年開始，另一種文學形態的作品也在越南出版，那是漫畫。〔註 68〕在越南，漫畫研究的融入度與影響力的論著目前可見幾篇初步的

〔註67〕參考〔中文〕：https://zh.wikipedia.org/zh-tw/Category: 臺灣網路作家；https://zh.wikipedia.org/zh-tw/网络文学；〔越南文〕:《文藝軍隊》雜誌〈什麼是網路文學？〉（Van hoc mang la gi）學者范春源（Pham Xuan Nguyen）編輯 http://vannghequandoi.com.vn/binh-luan-van-nghe/van-hoc-mang-la-gi-11293_312.html，搜尋日期 2021 年 11 月 20 日。

〔註68〕漫畫的定義與其各類不容易嚴格區分。漫畫研究也是非常繁雜的議題。然而，筆者於此說明一下，關於漫畫在越南的出現與用詞：1990 年代之前，越南幾乎沒有漫畫。早期，由於受到中國章回小說的影響，越南讀者還是喜歡讀這些長篇古典小說，一邊是歷史講解一邊是附加圖像的，如《三國演義》、《西遊記》等，其實，那不是漫畫而只是「圖書書」（sách tranh）形式而已。依據宋磊研究指出，「這種即是於 1925 年在中國上海出版了定名為「連環圖畫」的《西遊記》，「連環畫」這一名稱也因為它形象的表現了漫畫故事一環套一環的特點而被固定和沿用下來。」（參考宋磊：〈漫畫在不同國家的稱謂研究〉，《藝術探索》第 22 卷第 1 期，北京，2008 年 2 月，頁 85）。正因為如此，越南讀者多是閱讀中國經典小說包括有插圖像的「故事漫畫」。依據筆者所猜測，在越南語中的「truyện tranh」（中文今稱：漫畫）就是起源於該詞組，「故事」

研究，不過這些研究大部分主要是論述日本漫畫的。甚至，一提到漫畫的歷史與知名度，人們馬上就想到日本。在越南的學術研究方面中，漫畫研究目前為官方期刊上的一些對漫畫的評論以及學位論文，例如胡志明市國家大學下屬人文與社會科學大學、同奈省的雒鴻大學、河內文化大學等等。越南目前還沒有漫畫研究專刊。

　　關於漫畫的定義，臺灣早期漫畫評論家李闡曾經在《漫畫美學》中，將漫畫定義如下：「漫畫是一種造型獨特誇張，隱含諷刺幽默，來表達意見，傳遞訊息，抒發情感，以達到娛樂、教育、宣傳、評論效果的繪畫藝術。」〔註69〕另外，周文鵬在其文章裡也指出洪德麟的漫畫定義也與李闡呼應，甚至洪德麟更強調漫畫的圖像性，具體：「漫畫是由線條組合成的圖畫，它以誇張、變形、簡單的形貌，散發出趣味性的內涵與風采，因此，普獲小孩子以及成人的喜愛。」〔註70〕這樣一看來，可以將漫畫的特點凝聚成幾點：一是圖片、二是諷刺性質、三是宣傳訊息。換句話說，就像蕭湘文的研究也指出：「漫畫的三個基本本質的要件為：訊息表現、媒介形式、傳播目的。」〔註71〕回過頭來看臺灣，一座特別有魅力的美麗島嶼也擁有本土性的文化特徵，那是臺灣原住民族的各不同的民俗信仰文化。此民俗信仰文化包括臺灣本島原住民的原始文化、從中國大陸的移民們帶來的各朝代文化歷史、來自日治時期的強勢文化，以及從歐洲引入的荷蘭人的外來文化等等。這一切影響與被影響的文化歷史使得臺灣成為亞洲最有本土性的個體之一。臺灣的漫畫於是成為寓意豐富、多彩多樣的圖像文化類型。又如洪德麟言道：「張有為在《漫畫藝術》一書中就特別凸顯原始藝術誇張、變形的妙趣，稱其為臺灣最早的漫畫。而原住民族那充滿神奇的造型藝術，自成了原始文化最重要的資產……」〔註72〕如果民間信仰

為 truyện「漫畫」為 tranh。再說，一邊看已經瞭若指掌的中國古典小說，一邊又看連環圖畫故事，這個連環之脈使得讀者們不免對外來的其他新潮流產生好奇心。到了 1990 年初再出現另外一部名為《鐘無艷》的連環圖畫。不過，這些被當時叫做漫畫的印刷品的內容與繪畫藝術是直接帶有中國京劇的特點。

〔註69〕李闡：《漫畫美學》（臺北：群流出版社，1998 年），頁 15。

〔註70〕周文鵬：〈論漫畫的定位與定義〉《問學集》（14）2008 年，頁 136～147，以上文中引用於此文頁 143。

〔註71〕蕭湘文：《漫畫研究——傳播觀點的檢視》（臺北：五南圖書出版，2002 年），頁 13。

〔註72〕洪德麟：《臺灣漫畫閱覽》（臺北：玉山社出版，2003 年），頁 10。上面文中意思引自張有為在他的著作《漫畫藝術》，是臺灣戰後初期罕見的漫畫介紹。

中的最重要呈現的意義是圖騰文化，而圖騰呈現在生活中的各種用品、裝飾、雕刻、建築等為那個民族靈魂的象徵甚至透過傳說故事穿越空間與時間傳承後代。越南和臺灣都是有多民族、原住民的國家和領土，因此在文化方面上以各種文化形態作為傳達與交流，也是文化合作中的一種有效方式。

圖 6-1：敖幼祥的《烏龍院》（共 12 部）　圖 6-2：賴有賢的《小和尚》（共 28 部）

圖片來源：金童出版社官網。　　　　圖片來源：金童出版社官網。

　　2010 年後，越南金童出版社〔註73〕第一次出版臺灣敖幼祥的《烏龍院》漫畫共 12 部，此為臺灣與越南在漫畫翻譯與介紹方面的新突破。自從此部漫畫譯介到越南之後迄今都一直受到兒童與青少年讀者的熱烈迴響。敖幼祥的《烏龍院》的內容幽默、諷刺、又有功夫展示，還具有深刻意涵的特點，很快就「佔領」了讀者們的心。正因為如此，自 2010 年至今，此部漫畫不斷地再版，一部作品的暢銷會說明它在某個閱讀環境中的獨特性。除此之外，更要注意的是《烏龍院》的封面上標籤說明這是「臺灣最暢銷的漫畫本」，這是極為特別之處。當臺灣與越南在這階段的文學交流都尚未有卓越起色時，

〔註73〕金童出版社 NXB Kim Đồng：成立於 1957 年 6 月 17 日於河內，是越南最大的專門出版兒童文與兒童印品。金童出版社目前與世界上七十家出版社合作出版，主要是：美國、法國、德國、英國、中國、日本、韓國、臺灣等等。（依金童出版社網站：nxbkimdong.com.vn）

在越南的臺灣翻譯文學作品也不曾出現這樣的標籤,《烏龍院》不管在書本封面或線上書店官網都直接說明作品出處:臺灣幽默漫畫,分別於中國、日本、韓國與歐美漫畫類型。筆者認為這是值得多加關注的現象。接著《烏龍院》走紅之後,金童出版社在 2017 年正式買版權與發行賴有賢《小和尚》作品,共 28 部。

大家都知道漫畫的一般特點除了十分風趣之外是圖畫都很生動,因此一部漫畫若其內容有意義與有教育反而對兒童讀者會激發思考能力,以及對其反應速度練習助益很大。至此而言,敖幼祥的《烏龍院》、賴有賢的《小和尚》可以視為在越南的臺灣漫畫的起點,並且帶有讀者的積極反應與支持。

2016 年,幾米(本名:廖福彬)的一系列繪本正式在越南出版,至今總共出版了 7 部,分別是《向左走・向右走》、《地下鐵》、《藍石頭》、《忘記親一下》、《幸運兒》、《星空》和《月亮忘記了》。其中,除了《星空》與《月亮忘記了》於 2018 年出版之外,其他都陸續在 2016 年出版。該繪本系列一出現越南版本之後就立刻受到讀者的熱烈歡迎。幾米的繪畫藝術、故事內容、充滿詩意的言詞總是帶給人們無盡的樂趣,不管是兒童、青少年或成年讀者都感到很有興趣。幾米繪本在越南官方通訊與報刊上被稱為「寫給長大人的漫畫」。至今,幾米繪本在金童出版社網路上佔有暢銷書之席,再版不斷。每一次印刷為 2000 本,佔有越南繪本市場上相當多的數量。依據越南官方報社與報刊如:首都青年(*Tuổi trẻ Thủ đô*)、青年報社(*Thanh Niên*)、越南網(*Vietnamnet*)等,幾米都被介紹為「臺灣著名畫家與作家」。期間,對臺灣作家或文學作品,越南的一些出版社還是會避免詳細介紹或指明臺灣,但在金童出版社的網站上仍有專門介紹幾米的一頁。〔註74〕

跟著幾米繪本翻譯在越南的成功出版,如今也出現一些其他臺灣繪本作品,如劉清彥、陳盈帆的《等待天使》中的〈弟弟的世界〉與〈啄木鳥女孩〉二部,劉思源與唐壽南(唐唐)的《短耳兔》系列包括三部〈短耳兔〉、〈短耳兔與小象沙沙〉與〈短耳兔考 0 分〉都在 2019 年相繼出版。儘管在越南類似專門兒童繪本漫畫是多不勝數的,書本的繪畫都很精緻美麗,故事內容就燦爛奪目,例如韓國、日本、歐美,但臺灣的新型繪本的特徵帶來很多溫暖的故事,相當「乾淨」的內容,譬如在《等待天使》系列是描寫殘疾小孩子,雖然生活

〔註74〕https://www.nxbkimdong.com.vn/jimmy-liao。(金童出版社的幾米介紹)。日期:2020 年 02 月 20 日。

上失去了某個身體上的職能或部位，但他們卻殘而不廢，對生活懷抱充滿的希望與毅力。再來，劉思原與唐壽南（唐唐）通過短耳兔的形象與普通的兔子形象不一樣而刻畫出擁有可愛型、精靈性的兔子形象，代表著你特別不等於你是異類的形象。這些具有教育性與道德性的美麗繪本，受到家長們的喜愛與支持。

圖 7-1：幾米《忘記親一下》

圖片來源：金童出版社官網。

圖 7-2：《幸運兒》

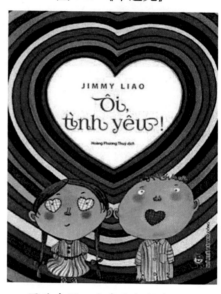

圖片來源：金童出版社官網。

2019 年，左萱的《神之鄉》共出版二部，並由 *Amak* 出版公司〔註 75〕發行。這部《神之鄉》漫畫主要集中在青少年讀者，甚至成年讀者。故事的母題雖並不新，還是以校園同學們的故事為主，講述在成長期的青少年心思和情感。但是，作者花了兩年的時間與很多心思建立一個特別的故事內容與場景。那是融合樸素與感動之敘事，特別是年輕人對於臺灣本土文化的進一步瞭解。故事展現臺灣的本土特色，如大溪古街的歷史、年度的關聖帝君之典禮（農曆6 月 24 日）、臺灣美食，以及民間遊戲等特色，這些與越南文化有所不同的一切都在漫畫裡通過圖像與各人物的話語一步步展現出來，讓越南讀者一方面欣賞故事的幽默，一方面觀賞臺灣文化特色。筆者認為，這正是傳播文化最具教育性與文明性的做法。這部漫畫雖然在 2019 年正式出版，但是《神之鄉》已經在越南出版協會電子期刊官網的「好書」專題上大獲好評。現今，在越南

〔註 75〕Amak 出版與媒體股份公司成立於 2011 年，是主要出版與發行有關文化、文學，以及特別青少年印品的單位。（依該出版公司官網：amak.vn）

最大的電子購物網路上，〔註76〕《神之鄉》約有二十多個讀者的好評，大部分都點四到五顆星，評論內容：「內容好看」、「圖像很美」、「內容很有意義」、「讀完了很想去臺灣旅行」等等。〔註77〕出現對作品褒貶不一的評價是當然的，而網絡上的評價當然也不完全可信，但這些網絡意見也在某一部分可以反映越南現當代讀者的另一個接受角度與外來現象。

　　依據觀察可知，最近幾年臺灣與越南的文化交流有更大的進展。藉由臺灣政府的「新南向」政策，促進臺灣與東南亞各國家進行多方面、多樣化之合作交流，以及臺灣文化部的計畫，補助與協助很多臺灣好的作品在越南譯介與出版，為越南讀者帶來了一縷新鮮的空氣。筆者相信在不遠的將來，更多臺灣文學作品會在越南出版與推廣，使得臺灣與越南在文化交流方面上更為貼近彼此，更加深入。相對而言，越南政府更需要支持與配合，致使臺、越在文學方面上日益加強。

圖 8：左萱《神之鄉》（2 集）

Amak，2014，圖片來源：amak.vn。

<hr />

〔註76〕越南目前最大與最受信任的購物網路是 *Tiki Corporation*，成立於 2010 年 03 月。

〔註77〕觀看：https://tiki.vn/than-chi-huong-tap-1-p37456308.html。搜尋日期：2020 年 02 月 15 日。

第三節　瓊瑤與阮氏黃之處女作比較

　　本節以瓊瑤出版於 1963 年的第一本小說《窗外》（越譯：*Song Ngoại*）與阮氏黃出版於 1966 年的第一本小說 *Vòng tay học trò*（中譯：《花樣之戀》〔註 78〕）作為主要探討的對象。這兩本小說的共同點在於故事內容均為師生之戀，以及出售後皆受到大肆褒貶不同的社會輿論與評論。筆者以下先介紹此二本書的內容，後進行具體論述，讓不管是臺灣讀者還是越南讀者都能形容得出來這兩位作家在臺、越文壇上曾經風靡一時，年輕讀者無人不知；而也為臺、越學界能夠對這階段的作家與作品重新思考。更何況這些書寫題材對現代社會而言恐怕仍繼續發生，甚至成為社會上注視問題。最後的小節作為本章先告一段落。

一、作品內容簡介

（一）瓊瑤的《窗外》

　　這本小說的女主角江雁容是一個高中女生。雁容喜歡文學，討厭填鴨式的學校教育，她在學校表現不佳，成績低落，又眼看其弟、妹的成績好，母親偏愛，雁容更加覺得悶悶不樂。康南是雁容就讀學校的國文老師，他隻身在臺而其妻在大陸。之後，雁容和康南之間發生戀愛，江母對此事激烈反對並找各種辦法阻礙他們之間的關係，而康南在學校也受到不好的輿論。最後，雁容與另外個年輕人結婚，而康南離開學校到南部區任教。康南又為了居在大陸的妻子過世而痛苦又為了對雁容的愛而沉迷於飲酒，度過受盡折磨的日子，而雁容也過著不幸福的婚姻生活。婚後的江雁容，每日都生活在不斷的爭吵中，婚前的那一段情，成了夫婿的殺手鐧，也是永無止盡的爭吵癥結。在無法承受下去的糾結時，江雁容決心結束自己悲淒的兩年婚姻生活。最後，當雁容遠赴南部尋找康南，看見了他，但明顯看得到的是滿頭花白的頭髮，他已經徹底的被摧毀了。他已經不是原來的康南了⋯⋯。

　　自 1963 年起正式出版第一部長篇小說《窗外》至今，筆耕 50 多年不輟，寫出了 60 多部膾炙人口、扣人心弦的經典作品。瓊瑤可說是臺灣唯一跨世紀

〔註 78〕關於翻譯該小說的書名問題：越南原著 *Vòng tay học trò*，而 *Vòng tay* 即指「擁抱」之隱喻意思、*học trò* 即「學生」，因此，為了保留小說原文的意義卻擁有隱喻之意思，筆者將 *Vòng tay học trò* 譯成「花樣之戀」即「花樣」意思比喻青春富有活力之年華作為此小說的中文書名。

風靡華文世界愛情文學繆斯，作品引領世代價值傳遞，改寫臺灣文壇記錄，打動萬千讀者傾心傳頌，鑄刻歷久彌堅的雋永傳奇。最近，2018 年，瓊瑤重新再版「瓊瑤經典作品全集」，春光出版社出版與城邦書局發行〔註79〕，肯定瓊瑤小說在讀者們的心中，留下永不磨滅的喜愛。與此同時，2020 年，小說《煙雨濛濛》也在越南再版，文學出版社出版。

圖 9-1：瓊瑤《窗外》1993 年（中文版）　　圖 9-2：2003 年越南文本（再版）

 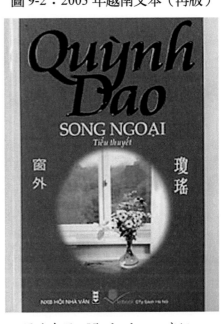

　　圖片來源：Readmoo 分享書。　　　　　圖片來源：Vinabook.com 官網。

（二）阮氏黃的《花樣之戀》

　　小說《花樣之戀》（*Vòng Tay Học Trò*）是作家阮氏黃的處女作，陳述一位教國文的女老師瓊簪（Quỳnh Trâm）和男學生阮維明（Nguyễn Duy Minh）的愛情故事。瓊簪曾經在西貢讀大學、過生活，後去大叻（Đà Lạt）任教於一個男子高中學校。她離開熱鬧而華麗的西貢都市，跑到又安靜又冷僻的大叻城市，目的是為了要忘掉過去的生活，也隱藏自己的人生。她租了一座很大的法式建築房子，原打算只給自己一個人住。後來，瓊簪將房子的一部分租給她的男學生阮維明。阮維明是得樂省（Đăk Lăk）人，來大叻讀高中學校。這裡，除了一個給瓊簪老師做家務的小女孩和瓊簪的一個男侄子之外，家裡只有年

〔註79〕請詳看城邦書局官方網站：「瓊瑤書列」：https://www.cite.com.tw/publisher/
　　　　series/2783。

二十四歲的女老師和年未滿十七歲的男學生。他們之間發生了一段戀情，但是這種愛情並不是那種兩個人可以同時嚮往同個方向的愛情，而類似於兩個孤獨者彼此慰藉而已。最後，二者經過無窮的折磨、痛苦、自卑、倫理道德等而不得不各走一方。

　　這本小說的內容確實是啟發於作家阮氏黃的個人經歷。關於作家的個人生活，要多加補充的是阮氏黃隨父母搬到牙莊市的時候曾經與自己的法文老師發生過戀情。阮氏黃那時候已滿 18 歲，而那位男老師當時已 48 歲，後來阮氏生下了一個女孩子並交給這位男老師的正室撫養（因為這位正室不能生育）。之後，阮氏黃到大叻男子高中學校去任教（1962 年），也與她的男學生發生了師生戀，因此纔寫出《花樣之戀》（1966 年）一書。而更要關注的是，阮氏黃是順化人，小說裡面的瓊簪老師也是順化人，本名孫女瓊簪。越南「孫女」（Tôn Nữ）姓氏原是阮朝宗室中用給女侄子的稱號，之後來成為今日越南人的一個姓，而大部分是在順化市人的姓氏，是阮朝的古都神京之地。

　　在 1960 年代，阮氏黃（Nguyễn Thị Hoàng）是越南女性文學中的重要作家。她 1939 年出生於順化，1957 年隨父母移居牙莊（Nha Trang），1960 年在西貢（今胡志明市）讀文科大學，也唸過法律，後輟學，到了大叻從事教學工作。1966 年開始認真寫小說。所謂「認真」寫小說是因為阮氏黃最先是詩人，自 1959 年她的詩已經刊載在當時很盛行的《百科》月刊。自 1959 年至 1963 年，阮氏黃的詩主要寫於她自己的初戀，《百科》月刊 63 號（載於 1959 年 8 月 15 日）、64 號（載於 1959 年 9 月 1 日）、80 號（載於 1960 年 5 月 1 日）及同年 5 月 15 日刊載在 81 號、1963 年的 161 號等，其內容說起詩人的鬱悶、憂愁、夢想與想念之心理。從 1964 年，《百科》169 號刊載阮氏黃的最後一首詩〈界限〉（越文：Giới hạn），也開始刊載其處女作《花樣之戀》（越文：Vòng tay học trò），筆名黃東方（越文：Hoàng Đông Phương）。從此，阮氏黃專寫小說，出版品有 Vòng tay học trò (1966)（中譯：花樣之戀）、Trên thiên đường ký ức (1967)（中譯：記憶的天堂）、Tuổi Sài Gòn (1967)（中譯：西貢歲月）、Vào nơi gió cát (1967)（中譯：踏入風沙）、Cho những mùa xuân phai (1968)（中譯：給予春天）、Mảnh trời cuối cùng (1968)（中譯：最後的天空）、Ngày qua bóng tối (1968)（中譯：黑影之日子）、Cuộc tình trong ngục thất (1974)（中譯：獄中情史）、Đất hứa (1969)（中譯：地望）、Vực nước mắt (1969)（中譯：淚涯）、Tiếng chuông gọi người tình trở về (1969)（中譯：呼籲情人之鐘聲）、Nhật ký của *im lặng* (1990)（中譯：不說話的日記）等等。2020 年，作家協會出版社再版阮氏黃作品系列，並由雅南媒體公司全國發行。

圖 10-1：阮氏黃著 Vòng tay học trò （1966）第四次再版

圖 10-2：2021 年新再版

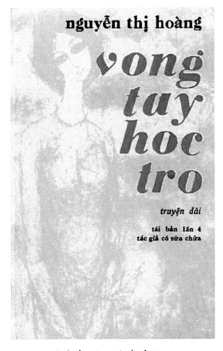

圖片來源：雅南官網。

圖片來源：雅南官網。

二、學界的不同反應

（一）臺、越學界對《窗外》的不同反應

小說《窗外》於 1963 年刊載於《皇冠》月刊，到了 1970 年就被翻譯與在越南出版。因此，筆者在本論文想要討論的範圍是小說《窗外》如何受到臺灣和越南學界的不同反應。

1964 年，魏子雲在《皇冠》月刊上刊登一篇長文，詳細分析《窗外》的內容、人物之間的關係，顯示他對此書的正面肯定。魏子雲認為，女學生雁容和國文老師康南之間的關係是主要由社會背景（學校與教育問題），以及家庭環境（母女之間的問題）而造成的愛情。也在 1964 年，恨土在《作家》雜誌上也發表一篇文章，表現幾乎全是負面看法。恨土除了稍微說出瓊瑤對於校園中學生生活描寫相當生動之外，就認為《窗外》的內容感傷濫情、矯揉造作，只

是一個天真幼稚的少女，為愛而愛，以愛情為一種至高無上這樣的一個夢幻。隔年，1965 年，李敖發表一篇長文〈沒有窗，哪有窗外？〉。李敖的文章刊載於《文星》雜誌之後，立刻引起各方的熱烈迴響，有贊同的也有反對的。可以說，李敖以尖刻銳利的言詞來批評瓊瑤對男女愛情的觀念。當時，李敖以《文星》雜誌為基礎，較偏於鼓吹西化思潮，提倡「靈肉合一」的愛情觀念，認為每個人都有戀愛的權利與資格，不管其年齡與身分。李敖批評瓊瑤的《窗外》小說中保守的意識形態。〔註80〕

1994 年，學者陳彬彬在其著作《瓊瑤的夢》，從「瓊瑤現象」談起到具體的評論她小說中的各種人物畫廊與其作品的詩歌意境等表現肯定。然後，陳彬彬在〈富於悲劇色彩的人物形象〉論述中指出：「在瓊瑤的小說中，富於悲劇色彩的人物塑造可以說不是很多的。但是就在這為數不多的悲劇人物形象中，卻各有其特點：而這些人物的命運，確實都有震撼讀者的力量。……有《窗外》種的康南，而（康南）是被社會迫害得窮愁潦倒，面目全非。」〔註81〕於此，筆者認為，陳彬彬先並不針對什麼反傳統方面的這些言論，而她是對一部小說裡面的一個人物表現同情。一位作家能夠留給讀者印象深刻的人物形象確實不容易。當然，時代背景依然不同，1960 年代的臺灣社會與現代的觀點顯然會改變，因此回想當時學界對瓊瑤作品的評論更能引起人們的多方面深思。

誠如前文已經討論到通俗文學在越南的譯介，瓊瑤的小說被翻譯成越南文並頗受大眾讀者的歡迎，特別的是女性的讀者。所謂「瓊瑤現象」曾經風靡一時，年輕讀者無人不知，不過在越南即「讀瓊瑤」的多而「研究瓊瑤」卻並不多，倘若有的即是偏於「介紹」與「評論」而已。越南學界當討論瓊瑤的文章時是較有綜合性來談她寫作的故事內容、人物類型及暢銷現象。

1972 年 11 月，高輝卿（Cao Huy Khanh）在《佳品文》雜誌特刊號上刊登兩篇文章，向越南文壇理解瓊瑤小說的特徵。

高輝卿（Cao Huy Khanh）的文章以很長篇幅來詮釋瓊瑤的愛情故事。該文以〈瓊瑤愛情故事入門〉為名，所以文章內容主要先理解「何為愛情？」，先使讀者從世界各地所謂的愛情小說／愛情故事有個具體的概念。談及愛情，

〔註80〕關於臺灣學界對瓊瑤《窗外》的評論，林芳玫在其著《解讀瓊瑤愛情王國》（臺北：臺灣商務印書館出版，2006 年，初版）已經有很詳細的分析與論述，頁72～81。筆者於此不再贅述。

〔註81〕陳彬彬：《瓊瑤的夢》（瓊瑤小說研究）（臺北：皇冠出版社，1994 年），頁141～151。

那必是「歡」與「悲」。通常而言，不論在生活上或小說裡面，人們會比較偏愛於談到「憂愁」即痛苦的愛情，這是因為此種痛苦的愛情包括很多種感觸：絕望、想念、悲痛、仇恨、幻想、夢想、坎坷、背叛、孤單等纏綿悱惻的感覺。〔註82〕高輝卿理解，快樂的愛情它自己會滿足於生活現實、滿足於宿命、幸福及安分守常的過日子。而痛苦的愛情具有「自我折磨」的感覺，最好的舉例乃是瓊瑤的言情小說。瓊瑤的愛情小說包括全部以上所述的悲痛愛之特點：失望、絕望、分離、折磨、軟弱、誤會、犧牲、懷疑、背叛、後悔等愛情所應該有的心理狀態。高氏也很肯定瓊瑤的寫作藝術即分析人物之感情，男女之戀愛，格外是屬於人類特有的戀情。

　　瓊瑤的第一部小說《窗外》於 1970 年在西貢出版越文版，但是最受歡迎與被再版最多的卻不是《窗外》，而是瓊瑤的《幸運草》（再版 14 次）和《菟絲花》及《幾度夕陽紅》（再版 15 次）。越文版《窗外》一書出版後，也沒有立刻成為暢銷小說，甚至曾被冷落，詳看詩人遊子黎（Du Tử Lê）訪談譯者廖國邁的如下內容可知：

　　　〔遊子黎〕：是，我知道。不過若我沒有記錯的話，是某家什麼翰荃出版社的《窗外》要被「賣斷」。然後，是阮文成先生在現代出版社將它從街鋪「挖」上來的。

　　　（越文：「DTL: Vâng tôi biết. Nhưng nếu tôi không lầm thì "Song Ngoại" của nhà Hàn Thuyên nào đó đã phải bán "son." Và ông Thành Nhà H.Đ. đã "móc" nó lên từ hè phố?」）

　　　〔廖國邁〕：「確實是這樣的。」〔註83〕

　　　（越文：LQN: Quả có điều đó thực.）

　　廖國邁是越南第一位翻譯瓊瑤小說的譯者，當他回答詩人遊子黎的訪談曾有如下認定：

　　　〔遊子黎〕：「您是第一位翻譯瓊瑤小說成越南語，雖說只是料不到的……但當翻譯了此著名作家的十本小說，依您的最客觀的看法，您對於瓊瑤的筆法、佈局或寫作技巧……？」

　　　（越文：DTL: Là người đầu tiên dịch truyện Quỳnh Dao qua tiếng Việt,

〔註82〕高輝卿（Cao Huy Khanh）：〈瓊瑤愛情故事入門〉《佳品文》特刊號，1972 年 11 月，頁 25～41。
〔註83〕詳看此文後面附錄一，頁 148～149。

dù chỉ là tình cờ... Nhưng sau 10 cuốn tiểu thuyết nổi tiếng nhất của tác giả này, một cách chủ quan, ông có những nhận xét gì về bút pháp, bố cục, về giá trị văn chương... của Quỳnh Dao? ）

〔廖國遍〕：是，據我瞭解，在中華，瓊瑤不是一名大作家。依我看，她有較「柔」的寫作風，容易與讀者群產生共鳴。她在自己的小說總是充滿人與人之間的愛情……我要說的是，咱們不能要求或強求瓊瑤小說裡面的文學技巧。作為一個翻譯最多瓊瑤小說成越南文的翻譯者，我可以肯定，她的小說並沒有這個（即寫作技巧）。」〔註84〕

（越文：LQN: Thưa ông, như tôi biết, ở Trung Hoa, Quỳnh Dao không phải là một nhà văn lớn. Theo tôi, cô ta có lối viết "mềm," dễ gây xúc động cho người đọc. Cô luôn cho tràn ngập trong truyện của cô tình thương giữa người với người…Tôi thấy cần phải nói ngay rằng, chúng ta không đòi hỏi hay chờ đợi giá trị văn chương cao trong truyện Quỳnh Dao. Là một dịch giả dịch nhiều nhất truyện Quỳnh Dao qua tiếng Việt, tôi có thể khẳng định, tiểu thuyết của cô, không có điều đó. ）

筆者認為，以上這些引證也許說明，越南當時普通讀者最主要尋找的是一個動人的故事，而並不是需要評論作家的文章技巧或創作風格。至於學者高輝卿的評論即更加肯定瓊瑤是寫於男女愛情最為耐人尋味之作家。

（二）越南學界對阮氏黃小說的反應

若瓊瑤的處女作《窗外》在臺灣初次出版後所受到的多麼激烈論戰，尤其是異議知識分子和官方作家之間的對立，有肯定的也有尖刻銳利的文章引起各方熱烈的迴響。與此同時，在越南同時代的另一位女作家也受到非常尖酸刻薄的評論。

阮氏黃的第一本小說 *Vòng tay học trò*《中譯：花樣之戀》出版於 1966 年，出售後就立刻暢銷，甚至是在同年幾個月內再版四次。在當時，此書並沒有被掛上「言情小說」、「愛情小說」等標籤，而只被貼上「雞仔文學」〔註85〕

〔註84〕詳看此文後面附錄一，頁151～153。（另外，筆者於此想說明：遊子黎和廖國遍在這段對話中所談到「文章的技巧」或者「寫作的技巧」，其實是想要強調與瞭解瓊瑤的小說所以收到閱讀者的熱愛是否因為她另有什麼特別的技巧纔能夠吸引讀者們之心。）

〔註85〕雞仔文學（英文：*Chick Lit*）：是一種給青少年的讀物，而主要對象為女性讀者。

（*Chick Lit*）之類而已。

　　小說《花樣之戀》首先於 1964 年刊載於《百科》月刊。《百科》是當時頗為盛行的綜合性刊物，其中頗注重刊登文藝內容，創刊號為 1957 年 1 月 15 日，直到 1975 年 4 月 19 日刊登最後一份月刊，共有 426 號，可說是 1975 年前壽命最長而內容最完整的月刊。《花樣之戀》出版後，文壇上立刻引起軒然大波，在《文》、《百科》、《啟程》（Khởi Hành）、《群眾》（Quần Chúng）等各夙負盛名的刊物都發表書評大肆抨擊、批判，甚至辱罵等的不同意見。

　　1968 年 1 月 15 日，作者日進（Nhật Tiến）在《百科》月刊 265～266 號上登載一篇評論〈一年來的小說點評〉。該篇文章篇幅共九頁，分成三個部分：一、作者點評；二、作品的內容；三、小說的出版、發行與銷售狀況。在「作者點評」內容，日進認為 1967 年國內文壇上出現一個現象為女作家的創作，而主要受矚目的是雅歌（Nhã Ca）、阮氏黃（Nguyễn Thị Hoàng）、阮氏瑞羽（Nguyễn Thị Thuy Vũ）、鄭氏妙津（Trịnh Thị Diệu Tân）、杜芳卿（Đỗ Phương Khanh）、明德懷禎（Minh Đức Hoài Trinh）等女作家。日進評論：「阮氏黃的《花樣之戀》是分期刊登在《百科》月刊上的長篇小說，而已引起文壇上的不同反應。阮氏黃作品均受大肆抨擊，有人甚為讚揚、有人激烈批評。」〔註 86〕若社會輿論與知識分子對上述的其他女作家表示較溫和、熱情的評論，幾乎沒有被抨擊。那麼，阮氏黃的處女作《花樣之戀》均受到褒貶之批評，而此評論好壞是沒有針對作者的寫作技術而指向作品的內容問題：為師之道德。在東方社會裡，在當時的越南社會而言，師生戀，而特別是那個老師又是女性，更成為無法容忍、不合道德的大問題。雖然如此，作者日進對阮氏黃寫出相當公平的認定：「不管評論好壞、接受或拒絕此作品的如此放蕩不羈，但要承認的即是阮氏黃乃書寫愛情之女皇。」〔註 87〕不只是在處女作，阮氏黃在自己的其他作品中都表現出所謂愛情要有的感觸：為愛而幸福、鬱悶、痛苦、失落、折磨、疲憊、幻想、希望、夢想等，可以說是阮氏黃寫得出來當時的青春戀愛的高潮、迷戀之情感，雖有恐懼卻仍談戀愛，而與同時代的其他女作家是比較少見的寫作風格。

〔註 86〕日進（Nhật Tiến）：〈一年來的小說點評〉（*Sinh hoạt tiểu thuyết một năm qua*），《百科》月刊，1968 年 1 月 15 日，265～266 號，頁 26。

〔註 87〕日進（Nhật Tiến）：〈一年來的小說點評〉（*Sinh hoạt tiểu thuyết một năm qua*），頁 26。

1972 年，在《文》月刊 206 號，出現一篇綜合討論當時的社會與文學情況之幾個問題，箇中代表者有梅草（Mai Thảo）、袁玲（Viên Linh）、黃潘英（Huỳnh Phan Anh）、楊儼懋（Dương Nghiễm Mậu）等作家一起對談，並且提出意見等等。當談論到現時文壇上的一些很受矚目的女作家時，楊儼懋以阮氏黃的《花樣之戀》比較於臺灣的瓊瑤現象，但是袁玲否認地說：「瓊瑤寫關於純潔之愛情，不寫關於淫亂之類的。」〔註88〕甚至有人認為讀《花樣之戀》只看到的是西歐化之性質，而並沒有越南婦女之品質。〔註89〕如此可見，越南學界對於阮氏黃的處女作顯然有非常猛烈的批評態度。

1987 年，武藩（Võ Phiến）在其著作強調阮氏黃的小說是談及師生戀，但是這裡的老師是一位女性。這位女老師與我們傳統社會完全不一樣，她敢說出來自己的性慾望：「簪看著明從褲筒與黑襪之間露出的白嫩腳踝……。」，或「簪看著（明穿著）的藍色短毛衣，他伸高手露出白嫩的腹膚……。」〔註90〕從這些引證使武藩認為阮氏黃在當時社會果然是一個「敢寫」的女作家。

武藩也認為當我們回想同個世紀的其他婦女們也找不到如此倜儻，連武仲奉（Vũ Trọng Phụng）〔註91〕著《紅運》（*Số Đỏ*）〔註92〕裡面的一些女性人

〔註88〕原文引自評論家阮氏海河（Nguyễn Thị Hải Hà）：〈阮氏黃——以《花樣之戀》作為反父係社會文化之逆轉意識〉（*Nguyễn Thị Hoàng - Bơi ngược dòng văn hoá phụ hệ bằng Vòng tay học trò*），刊載於其網頁：*http://www.gio-o.com/NguyenThiHaiHa/NguyenThiHaiHaNguyenThiHoang.htm#_edn1*，搜尋日期：2020 年 10 月 20 日。

〔註89〕日進（Nhật Tiến）：〈一年來的小說點評〉（*Sinh hoạt tiểu thuyết một năm qua*），頁 27。

〔註90〕越南文原文：*"Trâm nhìn khoảng cườm chân trắng nõn của Minh hé lên giữa ống quần và tất đen"*, hay: *"chiếc áo len xanh ngắn rướn lên để hở một khoảng da bụng trắng muốt"* (*Vòng Tay Học Trò*, p.128)。引自武藩（Võ Phiến）：《越南南部文學縱觀》（*Văn học miền Nam tổng quan*）（美國：越人書籍，2014 年再版）第一次完稿於 1986 年，第二次修改與完稿於 1999 年，1987 年初版，頁：279-280。

〔註91〕武仲奉（Vũ Trọng Phụng）：越南小說家和劇作家、記者。1912 年 10 月生於河內的一個底層打工家庭，生活貧苦。他是高產作家，從事寫作的時間不到十年，留下了九部長篇小說、七部長篇紀實作品、兩部長篇話劇、數十部短篇小說等作品，被認為是越南現代文學的代表人物和奠基者之一。1939 年 10 月因肺病逝世。以上引證人物是從其著作《紅運》（*Số Đỏ*）中文版，夏露譯（四川文藝出版社，2021 年）全文 228 頁。

〔註92〕小說 *Số Đỏ*（中譯：《紅運》）在 1936 年先於《河內》報分期刊登，到 1938 年初版，是越南二十世紀具有深刻現實批判性的一本小說。此本書分為 20 章，

物，例如副關長夫人、阿雪小姐、黃昏小姐等女性人物均極為淫亂放蕩；或者
作家黃玉珀（Hoàng Ngọc Phách）著《素心》（Tố Tâm）〔註93〕裡的女主角等，
而她們看情人的時候也沒有露出那麼強烈的慾望。讀者在武仲奉或黃玉珀小

詳述法屬時期的河內小資產階級的奢侈生活。小說關鍵人物介紹：主人公名
叫紅毛春（Xuân Tóc Đỏ），孤兒，他名字是「春」，因其有一頭標誌性的紅頭
髮而被大家稱為紅毛春。紅毛春是一個下流，靠爬樹摘果子、路邊表演、香煙
廣告叫賣及在高爾夫球場撿球等工作為謀生。因靠當時河內小資產階級的歐
化潮流而踏入上流社會的生活；鴻姥爺（Cụ cố Hồng）年紀60，沉迷於吸鴉
片、總說自己老了，口頭禪：「知道了，真煩，說個沒完！」；文明（Văn Minh），
鴻姥爺的兒子，歐化服裝店的老闆，曾留學法國卻沒有什麼文憑或學位，但是
時時刻刻想要社會改革；黃昏小姐（Cô Hoàng Hôn）鴻姥爺的女兒，雖然已結
婚但是常常在外有情人；阿雪小姐（cô Tuyết）是鴻姥爺的最小女兒，滿18歲
的漂亮小姐，想要有科學性的淫蕩，以及很驕傲為自己已失身；副關長夫人
（Bà Phó Đoan）兩次嫁給法國人的一個婦女，後二位丈夫都死，她本是一個
極為淫蕩的婦女卻時時表現為規矩的寡婦；戴綠帽的判先生（Ông Phán mọc
sừng），是黃昏小姐的先生，一個薄弱的男人等等人物。小說內容介紹：副關
長夫人趁一次去高爾夫球場打球，是紅毛春工作的地方，他為了偷看一個法
國人小姐換衣服，因此被警察抓走。副關長夫人看他可憐便救他，還介紹他到
文明老闆的歐化服裝店。從此，紅毛春開始參加社會改革。他原本在街頭上作
過各種工作，已養成口齒伶俐、能言善道，他開始拉攏關係，結交朋友，一步
一步踏上上流社會生活。紅毛春勾引阿雪小姐，發現黃昏小姐在外有情人。文
明老闆為了感慨紅毛春與其參加社會改革，就幫他刪除過去的黑履歷，幫他
報名參加暹羅國王到北圻（也稱 Tonkin「東京」，指越南 17 世紀時鄭——阮
紛爭時期的塘外地區，即今河內）網球比賽。為了維持兩國之間的友誼關係，
紅毛春收令要輸。比賽結束，被觀眾辱罵，紅毛春一點也不覺得丟臉，還站起
來給觀眾說明他輸的理由是「為祖國而犧牲」，獲北斗勳章，最後成為鴻姥爺
的女婿。

〔註93〕　小說 Tố Tâm（中譯：《素心》）寫於 1925 年，曾被認為是越南北圻的第一部新
小說。其實，由於越南當時北圻是受法國保護權的地區，而南圻（即今南方）
是屬於殖民地之地區，因此北圻與南圻之間的往來較不順利，引起南、北的個
文學作家互相不了解。實際上，阮仲管的《拉扎羅煩先生傳》是越南最早的新
小說。《素心》是一部艷情小說，敘述一個作者名叫淡水（Đạm Thuỷ）與小蘭
（Lan）的愛情故事。淡水已結婚，日常以創作刊登在報紙上為生。小蘭因常
在報刊上閱讀到淡水的詩句而愛上了他。有一次，素心的舅舅拾到淡水的錢
包。如此，淡水與素心首次見面，素心知道他是她日夜相思的那個詩人，就更
加愛上他。小蘭的愛情時熱烈時冷落，吸引淡水的好奇。最後，淡水真的愛上
了小蘭。她給小蘭取綽號為「素心」。但是，這兩個人的愛情是非常痛苦的，
因為淡水已有家室，而小蘭要聽從父母的安排，嫁給一個她不認識的男人。新
婚後一個月，小蘭過世。而淡水雖然活著仍受折磨。小說中有一些描寫素心的
愛情慾望而無法實現，而只能對自己承受痛苦等情節是作品最為高潮的藝術
價值。小說《素心》於 2006 年被翻譯成法文與在法國出版。

說中找不到如阮氏黃所寫的「白嫩的腹膚」〔註94〕此細節，這些女性人物對男人的肉體全都否認，什麼都看不到，卻只有阮氏黃的瓊簪老師直接敢說出來以前其他女人不敢說／不肯說的話。〔註95〕如此可知，將瓊簪老師和阮維明學生之間的愛情故事放在當時越南社背景中顯然是罕見的，兩個人又是同住在一座大房子裡，在無意中，瓊簪在樓上舖著床子位置與阮維明在樓下舖著床子位置是平行的，而且那位女老師又坦白地招認她對自己的學生有如此欣賞之情等更成為社會上的一個現象，也許這一點更促使阮氏黃的書暢銷得很。不過，依據武藩的觀點，他只是從阮氏黃的這本書的暢銷度與內容而認定此現象是當時讀者的趨向，以及引起背後作家承襲其寫作風格而招徠讀者的支持，恐怕有點偏見。筆者認為，此認定有偏於武斷性而並不能反映一個時代的讀者愛好與其品質，因為很顯然的這很難確定它是否正確。話雖如此，可以肯定的是阮氏黃的處女作《花樣之戀》曾經在那個時代引起風波，成為當時年輕讀者必讀的小說。

另外，近年來，阮薇卿（Nguyễn Vy Khanh）在他的著作裡認為阮氏黃的小說呈現悲觀生活與人物、放蕩不羈、不顧未來，只為人生而徹底地過日子，甚至活到「墮落」的，人們的思想與行為變壞，以及認為小說《花樣之戀》相似一種愛情的現實化，以及無界限地不停在性慾本能中著想。〔註96〕

或者，評論家瑞奎（Thuỵ Khuê）認為阮氏黃的作品，特別是《花樣之戀》是受到存在主義（*Existentialism*）和魔幻現實主義（*Magical Realism*）的影響。所謂如存在主義的宗旨為「理解人類之哲學」，而箇中代表者法國大作家讓·保爾·薩特（Jean-Paul Sartre, 1905～1980）的作品早在 20 世紀初已有在越南譯介。之所以出現上述的認定是因為閱讀阮氏黃的作品，讀者會發現女主角總會將愛情作為一種迷戀、一個可以拿出來解剖的東西，舉例阮氏的其他作品《踏入風沙》（*Vào Nơi Gió Cát*）〔註97〕、《獄中情史》（*Cuộc Tình Trong Ngục*

〔註94〕越南文：*"khoảng da bụng trắng muốt"*。

〔註95〕武藩（Võ Phiến）：《越南南部文學縱觀》（*Văn học miền Nam tổng quan*）（美國：越人書籍出版社，2014 年再版）第一次完稿於 1986 年，第二次修改與完稿於 1999 年，1987 年初版，頁：279～280。

〔註96〕阮薇卿（Nguyễn Vy Khanh）：《南方文學 1954～1975——認定、編纂、書籍》（下冊）（*Văn Học Miền Nam 1954～1975: nhận-định, biên-khảo và thư-tịch*）（美國：人影出版社，2019 年），第三印刷版，頁 1271～1272。

〔註97〕小說 *Vào Nơi Gió Cát*（中譯：《踏入風沙》）1967 年出版於西貢（今胡志明市）。該小說是用一封信的寫風而寄給隻身遠方的丈夫。這裡的遠方即戰場。小說

Thất）〔註98〕等都是女主角將愛情視為中心，有時為了愛而欣喜若狂，有時也為了愛而精神錯亂、瘋癲不常、不顧一切的犧牲等等。但是，瑞奎也反省地言道，所以認定阮氏黃的寫作風格是受存在主義和魔幻現實主義的影響也許只是當時的一個很理所當然的傾向，而並沒有任何證據可以證明阮氏是直接影響或有接受過這些文學與思想流派。〔註99〕所謂「理所當然」的是因為越南歷史曾長期是法國的殖民地，後來又受到美國時尚生活的影響。這樣的環境下很容易引起當時的文學創作是受法國的或美國的影響的看法。不過，瑞奎提出的觀點也值得筆者思考，有助於解讀阮氏黃的作品。

　　回過頭來看，林芳玫「解讀」瓊瑤的小說時，將對《窗外》的異議評論作為「反傳統與反父權的文化論爭」之議題，提出臺灣社會 1960 年代的知識分子對瓊瑤的批評引出李敖、蔣芸、張潤冬、李元貞等人對《窗外》一書的爭論。〔註100〕林芳玫詳細論述為了要瞭解 1960 年代時文學與文化批評為何常演變成如此強烈的論爭之前，這裡必須要先理解知識分子在那個時代下的政治與歷史背景所扮演的不同角色與功能。清末民初的中國社會未能完全脫離所謂封建制度的傳統，臺灣在 1950、1960 年代的國民政府嚮往反攻大陸之心態，

　　　　敘述兩個人從一開始見面，然後談戀愛，最後走到結婚。當她第一次開懷之後，她的先生被招去戰場。新婚沒多久就要面對離別的情境，她日夜對自己折磨與痛苦，恐懼自己的先生在戰場戰死，痛苦為了不能同床共枕而沉迷於苦惱鬱悶的生活。阮氏黃是借用越南詩人鄧陳琨（Đặng Trần Côn, 1710～1745？）著作《征婦吟曲》的詩句：「自從別後風沙隴」中的「風沙」二字作為小說的提名。【鄧陳琨，越南河東省人（今屬河內），自幼聰明好學。他曾在越南黎朝黎顯宗皇帝下當知縣，後當到御史台。其著作《征婦吟曲》大概寫於 1741 年，先用漢字寫成，後被翻譯成喃字，敘述一個有丈夫遠征而久回的婦人之心聲】。

〔註98〕小說 *Cuộc Tình Trong Ngục Thất*（中譯：《獄中情史》），1974 年出版於西貢：主角人物是一對夫妻，從頭到尾夫妻兩人沒有名字，只被稱作「一個先生」和「一個媳婦」，敘述一個媳婦幫助自己的先生逃兵，只是為了唯一一個目的：夫妻能在一起。故事的內容始終是描寫這對夫妻逃跑的過程，從偷偷去買機票，坐飛機從戰場（南方）飛回他們的家（北方）。那個媳婦不顧一切，不怕被發現之後他們倆會成為祖國的罪人，雖然這個形成是經過非常受折磨的、害怕的、疲累的、希望的、失望的等情緒，但是最後他們已回到自己的家。這場團聚雖然短暫，而對他們而言乃是幸福之告終。

〔註99〕原文引自評論家瑞奎（Thụy Khuê）官網，〈阮氏黃──永遠的情人〉（*Nguyễn Thị Hoàng – Người tình muôn thuở*）：*http://thuykhue.free.fr/stt/n/NguyenThiHoang1.html*，搜尋日期：2019 年 2 月 10 日。

〔註100〕林芳玫：《解讀瓊瑤愛情王國》（臺北：臺灣商務印書館，2006 年），頁 91～100。

抗日戰爭，五四文化改革運動，「激進立場的知識分子都有這種泛文化主義的傾向。」〔註101〕有趣的是，在任何爭論議題下其實都是中國文化與西方文化之間的爭論，而最激烈的是李敖的意見，林芳玫引出：「李敖批評《窗外》此書描寫女主角江雁容屈從於父母的意思而放棄自己的戀情，這無異是認同、鼓吹傳統孝道。李敖認為中國青年沒有獨立自主性，事事受父母的鉗制。他認為儒家的倫理道德是植基於子女對父母的服從、輩分低的對輩分高的恭敬，以及臣民對君主的忠順；亦即把權威式及階層化的不平等家庭關係延伸至社會、政治的領域，成為社會安定秩序的基礎。」〔註102〕另外，林芳玫從文壇上的其他評論者對於瓊瑤《窗外》的評論指出，如魏子雲強調小說中的主要背景是家庭與子女之間的矛盾，而恨土認為女主角江雁容是個天真幼稚的少女，為愛而愛，即將愛情作為至高無上的一個夢幻。〔註103〕因此，閱讀《窗外》，有人認為此書是講母女之情，而其他人認定這是關於師生之戀。如此可見，這種愛情的範圍與空間主要是：家庭（父母與子女之間的關係）、校園（老師、學生與同學們之間的關係）、時代動亂（歷史、戰爭、社會情況）、中國父權制度（儒家觀念與為人之間的理解）。

誠上所言，若瓊瑤《窗外》裡面的江雁容女學生被視為一種與父權制度的反抗，那麼阮氏黃的《花樣之戀》中的瓊簪女老師可說是反時代的父系社會的意識形態。這些人是學校的校長、教官、周圍的人，他們是代表那時代的制度：有權力的校長、有責任的教官，以及具有輿論性的周圍人，而他們均為男性。孫女瓊簪是順化人，自幼也要順從父母之安排，長大後的婚姻是父母之命、媒妁之言，暗房閨女只會學習紡織、縫紉、刺繡、烹飪等女紅，目的是為了侍奉家中的男人如父親、丈夫等人。順化古都的婦女神態與舉止端莊為傳統所稱讚的越南婦女之品質。也許，這就是本文上述的評論家阮氏海河所引證某人的評論意見。小說《花樣之戀》中的瓊簪她行動的完全相反，她住在法式的房子、聽美國音樂、喝洋酒、抽香煙、穿洋裝等生活風格。但是，她盡情照顧學校的窮苦學生們，有時還給他們暫宿一夜，有時還提供飯菜等友善行動。若閱讀小說全文，很值得關注的是以上所述的生活風格只是外表的，而其友善行動纔是

〔註101〕林芳玫：〈叁、反傳統與反父權的文化論爭〉，《解讀瓊瑤愛情王國》（臺北：臺灣商務印書館，2006年），頁92。

〔註102〕林芳玫：《解讀瓊瑤愛情王國》，頁94。

〔註103〕林芳玫：《解讀瓊瑤愛情王國》，頁74～75。

裡面隱藏的個性。相對於前文所述的越南傳統婦女，怎麼樣纏稱作越南婦女的傳統？恐怕要用很長的篇幅纏能解決此問題。但是，筆者在這裡並不是要去理解越南婦女的傳統是怎麼樣的特點？而筆者要針對的是越南婦女個性的內涵，如其中的「師如賢母」、「師為父母、一生教徒」、「一字為師、半字亦為師」等這些民間文化觀念與俗語早已成為社會中的根深蒂固、刻骨銘心之意念。

實際上而言，在世界上的這種戀情如康南和江雁容、瓊簪和阮維明並不是罕見的，或是年老女性、少年男性也不是沒有，甚至對於現代社會夫妻之年齡差別也顯然不是很新鮮的事。阮氏黃所以受到如此激烈的批評是因為這個老師的身份是女性。在舊社會裡，作為女性身份是要安分守己，在家從父、出嫁從夫、夫死從子之教養。其實，反父權的文化論爭還是反父系社會之逆轉意識到底皆為傳統與現代之間的爭論，東方（默認以「中國」為中心）與西方（乃是「歐美」之革新傾向）之間的相論而已。巧合的是，兩個因素同時先後堂而皇之登堂入室，且於越南社會建立一定的作用。小說《花樣之戀》中，當阮維明問瓊簪老師：

> 明問：「姑姑，電影 Thé et Sympathie 裡面的結局是怎麼樣的？我忘記了。」
>
> 瓊簪回答他：「那位女老師奔走。在很久以後，那個學生一個人回來舊地方，回想他曾愛過的情人影子，好像忽虛忽實地出現在園子裡充滿鮮花與光影之中……。」〔註104〕

也許，阮氏黃受 Thé et Sympathie 之影響。甚至，此時維明管瓊簪稱為「姑姑」，難免引起讀者聯想金庸小說中的人物影子。〔註105〕除了敘述自己的故事之外，也深受當時美國潮流之藝術與生活風格。Thé et Sympathie 與《花樣之戀》之間均有共同點：是一個婦女與一個男學生之間的愛情。在美國社會中，

〔註104〕阮氏黃：《花樣之戀》越文版，頁 135。小說中人物要提到的是 1956 年的一部美國戲劇電影 Tea and Sympathy，法文：Thé et Sympathie（中文：茶與同情）。此部美國電影改變自 1953 年羅伯特·安德森（Robert Anderson）的同名舞台劇。以上引用一段的越南文原文："-Cô cô, đoạn kết trong phim 'Thé et Sympathie' thế nào, em quên rồi? –Bà giáo đó bỏ đi, mãi sau người học trò một mình trở về chốn cũ, hồi tưởng lại hình ảnh người mình yêu xưa thấp thoáng trong vườn rực rỡ màu hoa và sắc nắng...". (Vòng Tay Học Trò, p.135).

〔註105〕此處乃阮氏黃的雙關語的用意：「姑姑」越南文為「cô cô」（漢越詞），而越南喃音說法中「cô」也是用來稱女老師的敬詞（相反的，男老師稱呼為「thầy」意思「師」或「父」的諧音）。

一個婦女可以選擇離開或奔走，在越南社會中此是無選擇之事。對女權與性別問題之研究，美國哲學家桑德拉·巴特基（Sandra Lee Bartky, 1935～2006）研究指出：「有三種壓迫限制婦女：刻板印象、文化統治，以及性的客觀化。」〔註106〕瓊簪想要自主、自立，以及清除社會傳統中對於婦女的刻板觀念，她吹口哨、抽煙（學習西方婦女）。她離開順化家鄉、西貢城市，一個人到了大叻市從事教學，賺來自己的生活費用等行動。她想要把所有過去曾愛過的男人忘掉。她意識到自己的所作所為並不是什麼違反法律還是學校規則，她後來愛上了學生阮維明也許是因為他與其他男人不同。

　　總而言之，以上所述對阮氏黃的《花樣之戀》如此嘲諷與猛烈批評，是因為小說論及當時社會的「禁忌」問題：一個女老師愛上了一個男學生。甚至，《群眾》雜誌上2號還刊登一條無窮刺激的廣告頭條：〈阮氏黃的小說：城市中淫穢之病的思想腐敗〉。〔註107〕至此可見，那時候的知識分子只針對小說的戀情故事，而略過其他重要的情節。說不定，只有日進在《百科》月刊上寫出對阮氏黃是較具有中立的評論：「最終，除了女性作家所寫出如此任意的作品之外，已觸發讀者對於這些想要脫離所謂純粹東方婦女之表面感到新鮮，其他的乃是圍繞在前年的題目而已。」〔註108〕為此，筆者認為，瓊瑤與阮氏黃仍然值得被稱為書寫愛情之女王，就先出發於本身的經歷而寫、抒發心裡的情緒（實際上，此二位女作家可視為同有坎坷的情路），後是寫出眾多女性讀者的內心之言。關於瓊瑤在2018年與城邦合作重新再版其全部作品系列，以及阮氏黃在2020年結合雅南媒體公司重新出版其作品系列，可說是殊途同歸，不約而同。兩個女作家在同一個時代，曾經是風靡一時的一

〔註106〕筆者譯自英文原文：Sandra Lee Bartky, *Femininity And Domination: Studies in the phenomenology of oppression*, Routledge Publishing House, USA: New York, 1990, p.23: [In spite of considerable overlapping, the experiences of oppression he describes fall into three categories: stereotyping, cultural domination, and sexual objectification.]（中譯：桑德拉·巴特基：《女權與統治：壓制研究現象》，美國：紐約，1990年，頁23。）

〔註107〕引自評論家阮氏海河（Nguyễn Thị Hải Hà）：〈阮氏黃──以《花樣之戀》作為反父係社會文化之逆轉意識〉（*Tiểu thuyết của Nguyễn Thị Hoàng: Sự buôn lậu tư tưởng trong một con bệnh dâm thành phố*），刊載於其網頁：*http://www.gio-o.com/NguyenThiHaiHa/NguyenThiHaiHaNguyenThiHoang.htm#_edn1*，搜尋日期：2020年10月20日。

〔註108〕日進（Nhật Tiến）：〈一年來的小說點評〉（*Sinh hoạt tiểu thuyết một năm qua*），《百科》月刊，1968年1月15日，265～266號，頁29。

個現象，成為眾多年輕讀者所愛慕的女作家。如今，重看瓊瑤和阮氏黃的小說，可能很多讀者或者知識分子會發現：閱讀她們的小說還是很好看，津津有味，但是這些艷麗與淒美的言語已經不再迫切地需要了、已跟不上時代了。筆者並非意指言情小說的黃金時代已被磨滅，而是這種文類的重要性仍然存在於某個文化圈內的固定崇拜者（A Cult）。而筆者要談的是，這個時代更需要的莫過於人文價值、切合實際，而有聯結在一起的斐然可觀之文學著作。這莫非乃是文學能做的重責之一。如今在 21 世紀，臺灣文學在越南的譯介以全新的面貌隆重登場，並且很可能在不遠的未來會成為越南的臺灣學領域補上文學研究一篇空缺。

第四節　小結

　　本章的內容首先呈現當時越南社會的報刊流行情況。在法屬時期下的國語字報和華僑報的出現與演變情形。二者都在法國人的管轄之下，越南國語字報先刊載法國經典文學，後引起翻譯中國古典小說；南堤地區的華僑報先維持華文版，刊登來自臺、港的文學書，其中最經常的是金庸、瓊瑤、古龍這些作家。在當時世界政治動盪之際，人們累於戰爭，精神也受損傷，無意中，從外來的通俗文學出現提供給大家的寄托心情之處，也彌補華僑想念故國、故鄉之情懷。所以閱讀武俠或言情小說很快成為一個文學現象，致使後來這些原著文學作品在越南的譯介，並且很快成為現象，隨後就出現仿效與仿作之問題。

　　瓊瑤是第一個臺灣作家被翻譯成越南文，也是第一個有出版量最多的作家，特別在 1970 年代之間，閱讀瓊瑤小說成為當時南越社會的一個時尚潮流。

　　本文的後面以臺灣瓊瑤處女作《窗外》和越南阮氏黃處女作《花樣之戀》作為具體比較對象，闡述當時臺灣和越南學界對她們作品的反應與評論。兩邊箇中代表評論意見偏於批判、諷刺，甚至辱罵與抨擊，導致當時文壇上一場風波。對於瓊瑤而言，臺灣學界也許過於苛刻，《窗外》裡的故事倘若設置在當時越南社會也許會沒有那樣激烈的反應。因為，阮氏黃寫的《花樣之戀》的故事敘述一個當時越南社會無法容忍的愛情故事，一位「女老師」，而這位女老師已經成年卻並不是少女或是女學生。如此可見，在東方社會的觀念，這樣的

愛情對於這樣一個女老師或者一個婦女恐怕是過分嚴厲。但是，儘管學界和輿論的批評，瓊瑤和阮氏黃確實仍能有她們自己的死忠讀者。至今，她們重新再版歷來的所有作品也謀一份證明通俗文學乃受到讀者的喜愛，至於喜愛的時間與程度會如何影響社會，那還得需要長期來觀察，以及從不同的視野取出評論。

第四章　臺灣文學在越南的再認識：
　　　　　純文學的譯介

　　2010 年之後，從臺灣來的通俗文學還是成為越南的主要接受線，不過從這年代的通俗文學已不再是上世紀的艷麗與淒美的言情小說了，而以新的面貌出現在越南。這種新面貌的輕文學主要是針對校園青少年讀者，講述花樣年華的戀情故事，代表者為九把刀、蔡志恆，以及一些給少年讀者的繪本作者如幾米、陳盈帆、唐壽南，以及最近的左萱。但是，從通俗文學轉到純文學是一個認識到再認識過程。

　　本章定為「臺灣文學在越南的再認識」即從前文所述論點與觀察，至今在越南除了通俗文學譯作之外，一個非常重要的部分是純文學譯介的登場。若以前越南學界和越南讀者主要是單方的接受臺灣文學，按作品的數量接受臺灣文學（即具有被動性的），當今越南學界包括研究者、譯者與讀者可以認識臺灣文學（即具有主動性的），以及從作品內容來決定選讀臺灣文學作品。因此筆者將本章的關鍵詞「再認識」作為此章節的理解論點，試圖先詳述臺灣文學目前出現在越南的多樣類型，而這些類型的轉變與其從「數量」演變成「質量」會帶給越南學界和讀者怎麼樣的意義與反應，最後以具體的案例來分析與比較作為臺灣文學和越南文學之間一個初步的漸進式研究。

第一節　臺灣與越南的文學互動譯介類型轉變

一、越南的臺灣文學譯作之轉變

　　臺灣文學在越南的譯介是從 1970 年開始，直到 2010 年起就有新的類型

出現。不過，為轉變成新類型之前是一個漫長轉換的過程，而並不是一蹴而就。1975 年 4 月 30 日，越南人民軍進抵西貢，佔領總統府。越南國內分裂與內戰的歷史正式落幕，越南共產黨成為全國唯一執政的政黨。1986 年 12 月，越南第六次全國代表大會通過「改革」（Đổi Mới）政策開始招募外國投資。在越南的革新開放政策之下，許多臺灣的商人前往投資，使臺灣於 1991 年起成為在越南的最大投資對象，而臺商在越南也開創一番海外新局。〔註1〕國家改革開放，市場經濟漸發展，導致其他方面的需求開始形成。從 1994 年，臺灣社會上出現來自東南亞各國的外籍配偶，當初外籍新娘主要來自印尼與菲律賓，但是越南新娘後來居上，1997 年之後幾乎都是越南新娘的天下。〔註2〕至今在全球化背景中，臺、越之間的商人、配偶、勞工、留學生等已經成為外交合作與經濟、文化交換的大場面，促使臺、越雙方更加緊密的交流。

其實，這時候臺灣純文學作品已經在越南譯介並收錄於臺灣短篇小說集。第一短篇集（1995 年）包括林佩芬、周腓力、蘇偉貞、愛亞、鄭寶娟等作家的短篇故事；第二部短篇集（1997 年）有白先勇、李家同、歐陽子、童真等作家。這兩部臺灣短篇小說集的編輯方式是先簡介作家生平與創作，後翻譯其一個故事，比如：白先勇的《花橋榮記》、蘇偉貞的《從前，有一個公主和一個王子》、李家同的《車票》、歐陽子的《網》等等。而選擇翻譯這些作家的作品乃越南的資深作家或學者如潘文格（Phan Van Cac）、梁維恕（Luong Duy Thu）等人翻譯。後來，就沒有再出版其他集了，箇中原因也許是補助或出版的問題。因此，筆者於此僅列出作為學術研究參考而並不會進行分析。但是，這裡的論點指出在越南的臺灣文學的類型轉換已有改變卻仍維持不穩定，即仍以通俗文學為主。

從 1990 年代這階段，臺灣文學在越南的譯介已經出現新的類型是純文學的短篇小說集（前述 2 部），也許民間中仍流傳其他雷同翻譯版本，但是到目前為止依筆者的搜集是有這兩部的。雖然，臺灣通俗文學這時期還是維持它的第一位置，但是如瓊瑤僅在 1970～1973 年而已，後來至 1990 年底幾乎不在崛起，不如 1970～1973 階段走紅了。然而，1990 年初的臺灣和越南在經濟社會方面上的關係就開始展演，並且已經引起越南學界對臺灣文學產生好奇與關心。只不過，這時期的社會發展基層，學術研究方面是還沒有很熱烈，導致翻

〔註 1〕 許文堂：〈臺灣與越南雙邊關係的回顧與分析〉《臺灣國際研究季刊》，地 10 卷、第 3 期（2014／秋季號），頁 76。

〔註 2〕 王宏仁：〈社會階層化下的婚姻移民與國內勞動市場：以越南新娘為例〉《臺灣社會研究季刊》，第四十一期，2001 年 3 月，頁 108。

譯與出版工作是較單方的，如越南學者單方進行閱讀與翻譯臺灣純文學作品，也因為是單方所以難免不能長久繼續的維持下去。

　　眾所不知，在 1996 年，越南文學作品也曾經向臺灣譯介。很早，作家保寧的《青春的悲愴》，後來是由中國學者夏露譯成《戰爭哀歌》（越文原著：*Nỗi buồn chiến tranh*）已在臺出版中文版，只不過這個工作後來也被停止，原因未詳。一直到 2014 年，纔有新的動態。但是，由於本論文主要在探討臺灣文學在越南的面貌，所以關於越南文學的部分寬恕筆者於此不再進行討論。〔註3〕

〔註3〕筆者於此稍微介紹在臺灣的越南文學譯作，以便讀者可以想象一下臺灣和越南的文化交流方面曾經在文學產生成果。21 世紀越南文學在臺灣的譯介作品不多。學者阮荷安（Nguyễn Hà An）在《文訊》雜誌，401 期曾發表一篇〈越南翻譯文學在臺灣：精而不足〉。她在文章中指出：「越南近年來在臺灣人的認知並不陌生，但越南文學仍然是甚少被提及的議題。也許是越南文學翻譯作品甚少，也許是臺灣文學界對越南文學缺少關心和認知；不管是什麼原因，大致上越南文學在臺灣是個相當空缺的範疇。」（依阮荷安（Nguyễn Hà An）：《文訊》雜誌〈越南翻譯文學在臺灣：精而不足〉，401 期，2019 年三月號，頁 32。）此文也說明一個實踐問題，越南翻譯文學對臺灣讀者仍然陌生。
依筆者的搜集與統計，自 1990 年至今越南文學在臺灣的譯介可呈現在如下列表：

原著（越文）/ 作者	中文翻譯	譯　者	出版社 / 年份
Nỗi buồn chiến tranh (Bảo Ninh)	保寧《青春的悲愴》	Trử Sĩ Oánh 褚士瑩	麥田，1996
Dế mèn phiêu lưu ký (Tô Hoài)	蘇懷《蟋蟀歷險記》（漫畫版）	Nguyễn Liên Hương 阮蓮香	狗狗圖書，2014
Sự tích cái chổi (truyện cổ tích)	民間文學《掃把的由來》	Nguyễn Thu Hiền 阮秋賢	臺文館，2017
Sự tích chú Cuội cung trăng (truyện cổ tích)	民間文學《月亮上的阿貴》	Nguyễn Thu Hiền 阮秋賢	臺文館，2017
The Refugees (Viet Thanh Nguyen)	阮青越《流亡者》	Lưu Hiểu Hoa 劉曉樺	Marco Polo Press，2018
The Sympathizer (Viet Thanh Nguyen)	阮青越《同情者》	Nhan Tương Như 顏湘如	Marco Polo Press，2018
Đi ngang thế gian (Trần Nhuận Minh)	陳潤銘《戰火人生》	Thái Thị Thanh Thuỷ 蔡氏清水	*Asian Atsiu International*，2018
On Earth We're Briefly Gorgeous (*Một thoáng ta rực rỡ ở nhân gian*) (Ocean Vuong)	王歐行《此生，你我皆短暫燦爛》	Hà Dĩnh Di 何穎怡	Thời Báo，2021，時報出版

從上面表格可知，1996 年的第一部作品被翻譯是保寧的《青春的悲愴》，一直到了 2014 年纔繼續有其他譯作，不過這幾年間的譯作數量是比較連續的，其中譯作主要乃是現當代小說。雖然如此，以上表格裡所顯示的作者與作品只是越南文學的極少部分，而並不能全面代表越南文學，如阮青越和王歐行均為居

　　總之，從以上的這些引證可知，臺灣文學的翻譯作品到 1995 年在越南已經出現類型的轉變，不再只是通俗文學作品了，就已經有純文學的作品集的譯介。只不過，這些純文學作品的數量甚少、形式也簡單而已，所以未能成為引人矚目的現象。但是，不管這些純文學譯作出現的時間與面貌如何，然而 1995 年這一年仍然是標籤於越南文壇上臺灣文學的類型轉變的起始點。隔了二十年的時間之後，臺、越在文學合作交流的這場長期「安靜」纔開始啟發，表現重溫態度。此在臺灣政府的積極籌備計畫下，臺灣純文學作品走進官方之路，向越南學界與讀者介紹與翻譯，對臺、越雙方展開新扇大門，進入正式合作的新時期。

二、臺灣政府「新南向」政策之推動

　　臺灣政府在 2016 年提出「新南向」政策以來，除了經貿戰略繼續往前合作發展之外，在文化部積極推動的文藝政策之下，臺灣以及新南向國家中已產生嶄新而可觀的發展。

　　所謂「南向」政策，原名「南進」政策，是臺灣 1993 年首次在行政院提出，後來由經濟部正式推出「南進政策說帖」，通過「加強對東南亞地區經貿工作綱領」草案，而明確的範圍集中於菲律賓、泰國、馬來西亞、印尼、新加坡、文萊、越南、老撾、柬埔寨、緬甸等這些國家預定實施。〔註4〕後來，跟著臺灣政府在每一年的不同實行方向，而政治上的執政黨交換之後，於 2016

美作家，因此只能將他們歸類於越南境外的越南文學而已。

在筆者的觀察下，臺灣讀者與臺灣社會輿論目前是通過臺灣各出版社的點評，以及網絡上的文學網站認識越南文學。2018 年，《新活水》（Taiwan Fountain）舉辦一個論壇為「臺灣為何要關注東南亞文學？」為凝聚臺灣作家對於東南亞文學的理解，串接臺灣的東南亞翻譯人才，已邀請來自越南、泰國、印度尼西亞各國家的作家來參與。越南的代表為作家保寧（Bảo Ninh）。於此論壇同行的還有臺灣一些其他網絡期刊也同時刊載此論壇訊息，如《光華雜誌》、《報導者》等電子報。另外，陳定良在《聯合文學》雜誌上，曾發表一篇文章，而其內容是很關心越南的加拿大華裔作者金翠（Kim Thuý）和潘宙（Phan Trụ），特別陳氏強調推薦金翠的《漂》（原著名字：Ru）一書，此書寫越南船民生命經驗的小說正是以橫越國境與邊界作為浪漫化的隱喻，使得臺灣讀者更加認識跨大西洋文學的起發點。如此可知，臺灣讀者對越南的歷史或戰爭主題的作品是比較認識的，也比較熟悉的。就以上列表指出，保寧、阮青越、王歐行、金翠等作品都是寫於戰爭記憶或冷戰期間的文化交流作者。學者阮荷安最後在其文章結論指出，越南國內作家如阮輝涉、阮平芳、阮玉思、范克長等都值得向臺灣讀者推薦，只是接下來的計劃如何進行還得經過臺、越雙方在文化合作方面上展示許多層面的意義。

〔註4〕　高群服：〈臺灣當局「南向政策」淺析〉《臺灣研究・經濟》，1994 年第 2 期，頁 43。

年新發動所謂第二次「新南向」政策，重點雖仍在於發展經濟與貿易交商，但是在文化方面上也有大改變。在「資源共享」項目說明指出：「我國於東協、南亞及紐澳國家並無邦交，需運用及發揮醫療、文化、觀光、技術、農業等軟實力優勢，……。」〔註5〕這新的南向政策在文化方面有推動東南亞各國的語言學習、人才培養等也使得臺灣文學以官方之路前往越南。想讓一部好的文學作品引介給國際讀者，翻譯——是最好的引路，而好的翻譯是最重要的媒介。

第一，臺灣和越南的各院校之間的翻譯合作計畫

臺灣從 1990 年代，公部門已經開始推動外譯推廣計畫。當時的行政院文化建設委員會（今文化部）開始執行「中書外譯出版計畫」，補助臺灣文學等相關翻譯與出版。2011 年轉由國立臺灣文學館（簡稱：臺文館）辦理「臺灣文學翻譯出版補助計畫」，並於臺文館設立「臺灣文學網——外譯房」（中、英文版網站）資料庫，搜尋與介紹文學作品外譯的訊息。〔註6〕在國家政策對臺灣文學的外推政策之下，臺、越之間開始展開正式合作出版計畫。自 2016 年，臺灣政府第二次實施「新南向」政策，其中「臺灣文學翻譯出版補助計畫」為關鍵起發點，促使臺灣和越南之間的交流方面更加多元化。臺灣文學以新面貌與新內容為開張焦點。為此，純文學作品帶給越南讀者對臺灣文化的再認識，通過官方途徑向越南市場隆重登場，而其中代表作家如葉石濤、陳長慶、吳晟等一律於越南譯介，具體如下：

2017 年，由臺南市政府文化局指導，國立成功大學中國文學系與越南河內師範大學合作翻譯與出版葉石濤的《臺灣文學史綱》〔註7〕。這是第一次越南學界和越南讀者能夠閱讀臺灣文學史料的越南語文版本。接著，葉石濤的《葫蘆巷春夢》短篇小說集也在越南出版。

2018 年，國立成功大學中國文學系與河內國家大學下屬人文與社會科學大學文學系合作翻譯詩人吳晟《甜蜜的負荷——詩文雙重奏》〔註8〕（中越雙

〔註5〕 請詳看「新南向政策專網」，〈新南向政策說明〉：https://newsouthboundpolicy. trade.gov.tw，搜尋日期：2021 年 11 月 10 日。

〔註6〕 王雅珊：《臺灣文學年鑑——創作與研究綜述》〈臺灣文學外譯研究概述〉（臺南：臺文館，2019 年），頁 123～126；另外詳參國立臺灣文學館官網「臺灣文學外譯房」：https://tltc-nmtl.daoyidh.com/en/home。

〔註7〕 葉石濤：《葫蘆巷春夢》（*Giấc mộng xuân trong ngõ Hồ Lô*）（河內：文學出版社，2017 年）；《臺灣文學史綱》（*Sử cương văn học Đài Loan*）（河內師範大學出版社，2018 年），阮秋賢、阮青延共譯。

〔註8〕 吳晟：《甜蜜的負荷——吳晟詩文雙重奏》（*Gánh vác ngọt ngào-Song tấu thơ-tản*

語版本）。首次，臺灣本土詩人與其詩作向越南讀者介紹，經過越南文版本，致使讀者們認識臺灣土地的真正吶喊。

2019 年，由國立金門大學人文社會學院與胡志明市國家大學下屬人文與社會科學大學文學系一起合作翻譯，出版陳長慶《陳長慶短篇小說集》〔註9〕越南文版本，向越南讀者介紹金門島的文化風土，以及島民的生活習俗。接著，2020 年，在金門縣行政院金馬聯合服務中心設置任務之「協助金馬地區地方政府配合各部會推動相關政策與計畫事項」之下，金馬聯合服務中心推動「金馬文學中越文本出版暨推廣委託案」，以協助金馬地區地方政府配合教育部東南亞語言列入國小課程、文化部臺灣文學外譯出版等「新南向」政策，為本計畫之宗旨之一，出版《陳長慶短篇小說集》，中文——越南文雙語文本。

前面所提出的各合作計畫的成果都由域外漢文小說、越南漢文文學研究、民間文學專家學者陳益源教授擔任主持人，積極策劃、貼心連繫，促成這些計畫能夠圓滿成功，以及在臺灣和越南產生共鳴。

除此之外，越南學界與讀者們首次有機會認識臺灣母語文學的反戰歷史。2020 年，廖瑞銘著《舌頭與筆尖：臺灣母語文學的發展》〔註10〕在越南出版，並由國立成功大學越南研究中心擔任翻譯工作。這本書向越南學界介紹臺灣的多元文化面貌，即是臺灣人的臺語文學歷史，以及告訴讀者在臺灣除了華文使用之外，作者還可以使用臺語來創作文學。

承上，這些臺灣文學著作在越南出版之後即時引起越南國內各官方報紙均登載新書出版的訊息，如《人民代表》（*Đại Biểu Nhân Dân*）報刊登〈『葫蘆巷春夢』新書出版介紹〉（2017 年），《民智》（*Dân Trí*）報登〈『葫蘆巷春夢』新出版！〉（2017 年），《越南網》（*Vietnamnet*）報刊出〈『葫蘆巷春夢』新書〉（2017 年），《越南快訊》（*VnExpress*）刊登〈葉石濤寫作中的臺灣精神〉（2017年）等各種頭條新聞。另外，臺灣的「新南向政策資訊平臺」官網上也刊登〈臺灣文學向世界散發——『葫蘆巷春夢』越文譯本〉一頭條（2019 年）。〔註11〕

---

vǎn）（中—越文本）（臺南：國立臺灣文學館出版，2018 年），阮秋賢、阮青延共譯。

〔註9〕陳長慶：《陳長慶短篇小說集》（*Tuyển tập truyện ngắn Trần Trường Khánh*）（胡志明市：文化——文藝出版社，2019 年）；以及《陳長慶短篇小說集》（中—越雙語）（金門：行政院金馬聯合服務中心出版，2019 年），黎光長、潘秋雲等翻譯。

〔註10〕廖瑞銘：《舌頭與筆尖：臺灣母語文學的發展》（*Đầu lưỡi và ngòi bút: lịch sử văn học tiếng mẹ đẻ Đài Loan*）（河內：作家協會出版社，2020 年），蔡氏清水等譯。

〔註11〕資料來自越南報紙官方網頁：*https://daibieunhandan.vn/giac-mong-xuan-trong-*

這是一個十分可觀的信號，因為報紙上的廣告頭條是直接強調關鍵問題，而其內容談及作品所要給讀者的寄託與希望。如此看來，這時期，在越南的臺灣文學開始有轉換。若是以前，臺灣翻譯文學在越南的表現是在「數量」的面貌上，那現在翻譯作品是集中在「質量」的問題，即書籍品質的現象。如下面列表 4 所顯示的是從 2018 年至 2020 年臺灣文學著作已在越南出版，不再是羅列通俗作品，而已有精選文學史學性的著作類型。

表 4：於越南出版的文學史學書

越文譯作	作者／原著	譯　者	出版社／年份
Lược Sử Văn Học Đài Loan	葉石濤著《臺灣文學史綱》	范秀珠、陳海燕、裴天苔等	河內師範大學 2018
Đầu lưỡi và ngòi bút- Lịch sử văn học tiếng Mẹ đẻ Đài Loan	廖瑞銘著《舌頭與筆尖：臺灣母語文學的發展》	呂越雄、蔡氏清水等	河內作家協會 2020

第二，臺灣文化部檢核下的計畫

臺灣文化部支持，文化內容策進院（TAICCA）向國際出版社推薦臺灣出版的書籍，同時開啟「臺灣版權國際行銷計畫」（Books From Taiwan，BFT）〔註12〕，提供著作權國際行銷推廣方案與補助，包括小說、非小說、非虛構小說、兒童故事、漫畫等作品。國外各出版社可以通過該官方網站先瞭解想要推薦的書頭，然後按照此翻譯出版補助計畫（GPT）進行申請補助。各出版社申請通過之後，會透過所在國的授權代理推薦臺灣文學作品在國外翻譯與正式出版。此路線包括純文學、輕文學及其他書籍，例如漫畫、劇本、經濟、心理等類型書籍都可以申請翻譯。依據觀看該官網到目前為止，世界上任何語言都可以申請翻譯補助如英文、法文、德文、捷克文、日文、韓文、越南文、泰文等各種語言。其中，現代小說的翻譯項目佔一席之位。舉例越南，國內最權威的各出版社之一如作家協會出版社，婦女出版社，金童出版社，文學出版社；以及一

---

ngo-ho-lo-399773；https://dantri.com.vn/van-hoa/ra-mat-tuyen-truyen-dai-loan-giac-mong-xuan-trong-ngo-ho-lo-20171210200950015.htm；https://vietnamnet.vn/vn/giai-tri/sach/sach-moi-giac-mong-xuan-trong-ngo-ho-lo-416226.html;https://vnexpress.net/tinh-than-dai-loan-trong-sang-tac-cua-nha-van-diep-thach-dao-3682726.html; https://nspp.mofa.gov.tw/nsppvn/news.php?post=147801&unit=448&unitname=Bài-chuyên-đề&postname=Văn-h%E1%BB%8Dc-Đài-Loan-lan-tỏa-ra-thế-giới-Tác-phẩm-"Giấc-mộng-xuân-trong-ngõ-Hồ-Lô"-bản-tiếng-Việt，瀏覽日期：2018 年 5 月 10 日。

〔註12〕臺灣文學作品推薦官網：https://booksfromtaiwan.tw/about.php。

些具有個人性的發行公司如雅南媒體發行公司，南方發行公司、東阿發行公司、騷彈發行公司、潘麗書籍發行公司、麗芝媒體公司等等。這些發行公司雖是以個人性而活動但乃越南最大而佔有發行數量最多的外國翻譯書品。這些發行公司的掌管工作與作品翻譯選擇都有具體的計畫，包括授權代理、檢閱工作、翻譯品質等問題。而其中最重要的項目是檢閱工作，此由越南文化部進行檢閱獲得通過後纔可以發行。與以前相比，這個流程需要一定的時間與空間。之前，在越南南方的個人出版社是自由活動、互相競爭、各自為政，再加上印刷品質偏差等問題，所以一部翻譯作品甚至很快可以上市場。至今，出版社之間的競爭力仍不停著發生，不過每個屬於文化資訊活動與動態需要在政府下屬文化部的管理。正因為如此，現在只要出現假的書本幾乎都立刻被收回或停止發行。

此臺灣文化部的計畫和越南的各出版社合作方式允許臺灣方可以推薦作品，而越南方依靠書本的內容介紹（中—英文）和譯者的評論再去斟酌、籌備翻譯計畫。這個做法難免發生差錯，譬如被推薦的作品也許不一定是臺灣之內最受讀者的喜悅與歡迎，或者推薦的代理人也扮演各關鍵的角色等各種可能。不過，該商業性合作方式到目前為止還是在臺、越雙方文化交流上最適合的辦法，也是最能有普及性、廣泛性的閱讀範圍。因為，與以上所述的院校派的路線來比較，此出版社的合作還是比較佔優勢。為了增加信任度，臺灣和越南各方主要依靠臺灣文化部所下屬的官方網路，該網路羅列並介紹臺灣每年在國內外獲獎的作品書目，並且介紹每一本書的大概內容，呈現中文和英文版本網頁，以提供給國際市場的方便與國際化性質。網頁「Books From Taiwan」（從臺灣來的書）在臺灣政府積極推廣之後，自 2018 年至今，在越南就有了白先勇、王定國、吳明益、陳思宏（臺灣居德作家）、邱妙津等這些純文學作品類型授權出版。

表 5：2018 年至今於越南出版的純文學的小說類

越文譯作	作者／原著	譯者	出版社／年份
Nghiệt Tử	白先勇《孽子》	周青娥	婦女出版社 2018
Cây hoa Anh đào của kẻ thù	王定國《敵人的櫻花樹》	阮榮芝	河內出版社 2019
Chiếc xe đạp mất cắp	吳明益《單車失竊記》	阮秀淵	作家協會 2020
Người mắt kép	吳明益《複眼人》	阮福安	作家協會 2021
Vùng đất quỷ tha ma bắt	陳思宏《鬼地方》	阮榮芝	作家協會 2023
Sổ tay cá sấu	邱妙津《鱷魚手記》	素馨	婦女出版社 2022

　　從表5可見，目前於越南市場上的臺灣文學譯作偏於現當代作家的作品，而這些作家均為臺灣著名作家，以及在國際上已有一定的認識度。另外，他們具有個共同點是在臺灣或國際獲得很大的文學獎項。如白先勇可以說是馳名中外的文學作家，其長篇小說《孽子》曾改變成電影、電視劇、舞台劇；陳思宏的《鬼地方》於2020年獲臺灣金鼎獎和金典獎的兩個文學大獎；或吳明益的《單車失竊記》曾於2018年入圍布克國際獎，而他的《複眼人》是臺灣2011年在法蘭克福書展中直接被哈維爾・塞柯（Harvill Secker）出版社買走英譯版權，實不多見。〔註13〕這一切的文學市場上的訊息都在越南受到極大的關注。

　　觀察與閱讀臺灣文學作品的過程中，從外國讀者與研究者的身份角度，筆者認為像白先勇、吳明益、陳思宏等作家在這些作品中所寫的內容符合越南文壇的形態，以及越南閱讀市場的語境。更特別的是，以上表5的這些越文譯作反映現代世界所最要關注的問題：移居、移民、離散、同性戀愛、生態環境等一直以來被認為是暗示的或者危機的大主題。所謂暗示的像白先勇或者邱妙津的作品內容提及到同性戀愛問題，越南目前還沒有那麼開放；而又如吳明益的小說是強烈的針對環境污染的問題，確實助於越南以臺灣環境保護思考為借鑒，從此文學家更應該加強呼籲自己創作心聲。如此可見，臺灣文學在越南的譯介已經有很大轉變，從通俗文學走到純文學、從兒女情場的戀情到全球化的共同焦點。從多不勝數的濫用出版走到有節制的合作方式。這個轉變過程儘管會產生某種意外的瑕疵，不過它確定能帶給越南讀者一定的意義。

第二節　臺灣文學譯介對越南讀者的意義

一、讀者閱讀心理的轉換

　　觀察越南在20世紀1960年代至21世紀之間所出現的臺灣文學譯作大致上均為通俗文學，其中瓊瑤和古龍作品佔有一席之位，接下來是羅蘭、郭良蕙、凌煙、九把刀、蔡志恆、幾米等作者。〔註14〕從以上引證與論述，我們發現當時社會讀者群的意識形態，讀者閱讀翻譯作品，譯者隨著自己的主觀性，以及讀者的喜好而選擇翻譯書類。在讀者和譯者之間的中介勢力是發行者，即出版

〔註13〕林姵吟著：《臺灣文學中的性別與族裔——從日治到當代》，（臺北：臺大出版中心，2021年，初版），頁252。

〔註14〕關於這些作者的譯作請詳看本文的最後附錄。

機構，而這些發行機構大部分是屬於個人的出版社。越南讀者這時期主要是接受外國來的作品，因此這裡的作者角色幾乎模糊，作者無法控制他／她生活之外的地方。在 1970 年代這階段，越南讀者群很被動地閱讀外國翻譯作品，而沒有選擇的意識，有翻譯書就拿來閱讀，越易懂越簡單更好。筆者認為，之有兩種原因造成此被動性接受現象：時代背景及群眾心理。

關於時代背景，越南史上歷經了內憂外患。外患指國家所面臨的外來的敵人威脅，例如當代於 1979 年曾經發生過中—越邊界戰爭階段，或是國家本身的威脅，指的是當時吳廷琰共和制度而實際上是美國所控制下的傀儡；內憂意指一個政權本身對知識分子或平民階級所形成的壓制，如國家內部分割、南北政權彼此不同心。越南在長期受殖民制度下造成平民階級與農民被動性的心態，其中只有一小部分知識分子是屬於急進階層而已，社會人士的意識形態隨著文化、政治變換而更改，偏於感性地行動。

關於群眾心理而言，學者武幸指出所謂瓊瑤現象還在雜誌、月刊上受評論，不管是評論褒貶，而原因在於報紙編輯者猜中了都市讀者群的嗜好與其心理。武幸所言道：「在現今越南語境中，瓊瑤仍能受大家所談其小說暢銷現象。然而，一方面是因為那些作品適合都市社會中的大部分讀者階層；另一方面由各出版社刻意造就大批譯作，促使形成都市中一股『閱讀瓊瑤』的時尚。」〔註15〕為此，武幸認為，今時今日的讀者群很容易被報紙上各種廣告支配與迷惑。因此，群眾都以為若沒有閱讀過瓊瑤小說就成為「過時」的及非主流的，就像沒有看過香港李小龍的武術電影就不是時尚一般。其實，很可能越看瓊瑤或越看李小龍更會陷入落後與過時的。之後，武藩編寫《越南南部文學縱觀》和陳友佐從北方移居南方後編纂《美偽政權下南越的文化與文藝情況》也同意武幸的這個認定是正確適當的。

筆者在第二章第一節討論過越南語言與教育政策，可推測到讀者閱讀心理在某一部分上與語言認識、教育程度有直接相關。正因為越南語言，越南教育經歷過漫長改變的過程，因此人民的意識形態也需要適應的時間與空間。在臺灣和越南之間的歷來關係，對文學的表現與態度其實主要集中在 1970 年代這時期。雖然這些當時的認識是屬於通俗文學的看法，但是已經形成讀者閱讀

〔註15〕 武幸(Vũ Hạnh)：〈談談──瓊瑤小說有何奇特？〉(*Nhận định-Tiểu thuyết Quỳnh Dao có gì lạ?*)《佳品文》(Giai Phẩm Văn) 雜誌，特刊號，11 月號，1972 年，頁 46。

臺灣作家的啟蒙意識。換句話說，筆者認為當時的讀者心理並沒有那麼複雜，反而更為真誠。因為對一個仍然承受戰爭踐躪的國家而言，「閱讀」文學作品可視為社會的進步。如今在 21 世紀，世界的神速發展，大家都談到全球化等跨領域之除了向人類帶來甚多知識與認識之外，「閱讀」文學行為雖然並不決定讀者的程度，但是「閱讀」怎麼樣的文學類型會呈現讀者的求知求學的心態。

二、文學再造臺灣的新認識

　　若從文化方面來認識臺灣，以文學為例，以前的越南讀者唯一所讀到的是瓊瑤、古龍、九把刀等這些通俗文學作家。所謂喜怒哀樂、愛情永固、刻骨銘心的戀情（瓊瑤小說），還是飲酒作樂、自作多情、英雄氣概的放蕩不羈（古龍武俠小說），或是花樣年華之戀愛（九把刀）等這些人生中愈任性愈約束的興致，至今仍然存在，只不過已經不夠滿足讀者群的需求與認識。通過臺灣和越南雙方的合作與推廣，在越南到目前為止的臺灣譯作可取出一些讀者對臺灣和臺灣文學有了新認識。

　　第一，臺灣歷史的多面認識。葉石濤（1925～2008）、廖瑞銘（1955～2016）的著作使得越南學界、讀者知道臺灣的殖民地歷史與臺灣人的臺語文學歷史，以及臺灣文化的衝突與轉變。葉老的《臺灣文學史綱》和廖氏的《舌頭與筆尖：臺灣母語文學的發展》告訴越南人重要通訊，臺灣作家均可以用華文和臺語來從事寫作，這是在越南從來有所不知的情況。葉石濤的《葫蘆巷春夢》及陳長慶的《陳長慶短篇小說集》又具體的告訴讀者臺灣抗日歷史，以及臺灣農民所承受的壓制與壓迫。這些作品內容細節難免引起越南讀者聯想到越南的一些資深作家的寫作，例如楊向（Dương Hướng）、阮春慶（Nguyễn Xuân Khánh）、保寧（Bảo Ninh）等作家。因為是兩個曾歷經殖民地統治下的領土，所以臺灣光復後或者越南改革後的文學表現均偏於後殖民抒寫傾向。

　　第二，臺灣本土文化的特徵。我們閱讀陳長慶的故事會發現，作家以金門島民為主軸，描述戰地下居民百姓的心理反應和生活記憶。這對於越南人民不管在戰爭中或戰後的生活都有所共鳴：一是農村日常生活的風俗習慣與越南鄉村相似，二是在同個時間點越南和金門都飽受炮火踐躪而留下永不磨滅的痕跡，三是因為小說故事的場景、文化習俗、農夫家庭等這些特徵與越南農村大同小異，造成當翻譯、轉載成越南文時便帶給讀者一個熟悉的感覺。另外，葉石濤的《葫蘆巷春夢》及左萱的《神之鄉》卻向讀者介紹臺灣本地的宗教信

仰，如農曆三月的聖母之祭典或農曆六月關聖帝君之典禮，而其中反映出時代背景的轉型、舊時代與新時代之觀念與衝突等一切仍然也在現代越南社會有所呈現。這些本土文化宗教特徵在文學作品中被展示會比較容易引起讀者的好奇心，與刻板文獻資料來比是較受外國讀者樂於接受。

　　第三，內心關懷之覺醒。從 20 世紀以來，在全球化背景中的文明跨越發展、科學技術的先進，以及環境與人類的密切攸關，消費主義提高，不斷製造人們「瘋狂追新」，致使人們的精神方面逐步降級。生活的人與人之間、人類與自然之間漸失去了聯結，靈魂也沉睡於迷茫與失控等使得人們要反省，怎麼觀看自然環境與地球生活，人類要如何對待天然與其責任到底何在等大問題。在這個環節之中，文學創作也並不會當局外者。然而，自然書寫（Natural Writing）與生態批評（Ecocriticism）更能在跨區域、跨領域研究中展現迫切性，研究文學與自然環境之間的互動關係也應成為學術界的重要主題。依據越南各出版社的發行書目，自 2017 年至今，外國文學譯作中最受矚目的是自然環境書寫類型。〔註16〕從美國、丹麥、臺灣來的一些文學與非文學著作甚至反復翻譯、重印再版或新出版，舉例子可列出有卡遜（Rachel Carson）、理查・鮑爾斯（Richard Powers）、狄尼森（Isak Dinesen）與很多其他當代作家的自然書寫類型。連越南境內的作家也重印或新出版一些與自然書寫有關的作品，例如阮輝涉、陳維蕃、阮玉思等作者。在越南的臺灣譯文學作品中，吳晟和吳明益的作品是充滿嚮往土地和自然生活環境。吳晟的《甜蜜的負荷──詩文雙重奏》以中─越雙語於越南出版就受到學界的關心。吳晟的新詩與散文都體現他對臺灣社會、土地、農業、森林、環保等各種重要問題的深刻關注。吳明益的《單車失竊記》和《複眼人》此二本書特受讀者的青睞，而特別是《複眼人》的生態和奇幻主題。對於科幻小說類型，越南讀者並不陌生，不但沉迷於日本的科幻小說，甚至尋讀其他國家的這種文類。正因為如此，《複眼人》的故事內容結構容易觸發讀者的愛好，引起讀者聯想到在越南出版的世界文學作品如楊・馬泰爾（Yann Martel）《少年 Pi 的奇幻漂流》或者湯瑪斯・摩爾爵士（Thomas More）《烏托邦》，就是人類嚮往的一個理想卻不真實的世界或是書中所談起自然與人類之間的關係與影響。

　　總之，目前觀察越南的臺灣文學譯介情況，關於文類（genre）已有大轉

〔註16〕依越南各出版社官網的新出版書目如婦女出版社：https://nxbphunu.com.vn；雅南媒體發行：http://nhanam.com.vn；潘麗書籍發行：https://phanbook.vn。在越南，因為目前沒有公佈具體的年度外國譯作統計，因此大部分都依靠每家出版社的官方網絡來作為搜尋資料。

變，通俗文學（瓊瑤）〔註17〕、輕文學（幾米繪本）、同志文學（白先勇、陳思宏、邱妙津）、純文學（葉石濤、吳晟、王定國、吳明益）平行共生。但是與之前不同，現在的讀者可以決定與選擇閱讀哪一種文類，而並不是像以前依賴於出版界的操縱。2016 年，越南文壇上出現一個詞組「有機書冊」（Sách sạch），意指書籍也可以像有機食品一般，如何檢核與選擇主要還是依靠國家的相關機構和社會結構。越南資深譯者黎伯墅（Lê Bá Thự）曾在其會議論文指出：「越南自從改革開放三十年來至今，外國翻譯書佔數量最多，有時佔 50% 以上，甚至有統計已到 70～80%。值得關注的是，當代文學作品愈來愈受越南讀者的青睞，速度出版。而譯作內容也越來越豐富多彩，可見越南書籍市場已與世界全球化接軌。國內讀者日益喜愛外國翻譯作品，證據是讀者掏腰包買書及書的再版數次。如此看來，越南更需要的是有人文價值、藝術價值的文類。」〔註18〕為此，筆者對本論文撰寫的目的之一是盼望在不遠的未來，有更多的臺灣文學作品向越南讀者介紹，與此同時越南境內的佳作也會前往臺灣，使得臺、越雙方的社會民眾彼此更加瞭解及深入研究。為更具體的問題探討，筆者在下一節著手以臺、越具體作家與其作品作為初步研究對象，試圖呈現在不同的空間仍能夠產生相同的聲音與人生意義。

第三節　臺灣與越南的自然書寫：吳明益和阮玉思的作品比較

一、吳明益的作品介紹

　　吳明益 1971 年出生於臺北，臺灣跨領域藝術家、作家、大學教授與環境活動家。吳明益的創作以散文、小說為主，有時他畫圖、攝影、旅行、談論文學與文學研究。吳明益的著作有《本日公休》（1997 年）、《迷蝶誌》（2000 年）、《蝶道》（2003 年）、《虎爺》（2003 年）、《睡眠的航線》（2007 年）、《家離水邊那麼近》（2007 年）、《複眼人》（2011 年）、《天橋上的魔術師》（2011 年）、

〔註17〕最近 2020 年，瓊瑤的《煙雨濛濛》再版，（河內：文學出版社），周青鵝、譚與譯。

〔註18〕黎伯墅（Lê Bá Thự）：〈文學──30 年來改革、融合與發展〉《第四屆全國文學理論批評會議》，河內：2016 年 6 月 24～26 日。以上內容引自「文化語言與教育發展研究院」官網：*https://clef.vn/vi/goc-ngon-ngu/mot-so-van-de-ve-van-hoc-dich-va-dich-van-hoc.htmlj*。搜尋日期：2020 年 11 月 20 日。

《單車失竊記》（2015 年）、《苦雨之地》（2019 年），以及「以書寫解放自然」的三部評論與生態批評著作為《臺灣現代自然書寫的探索：1980～2002》（Book 1）、《臺灣現代自然書寫的作家論：1980～2002》（Book 2）、《自然之心：從自然書寫到生態批評》（Book 3）。除此之外，2003 年吳明益主編《臺灣自然寫作選》，書裡面搜集與介紹臺灣自然書寫好文章與評論如劉克襄、陳冠學、徐仁修、王家祥、洪素麗等作者。

吳明益成名於環境書寫與環境運動，也是當代臺灣文學主要作家之一。在《迷蝶誌》的「推薦序」中，臺灣生態文學之父劉克襄稱吳明益為「臺灣特有種」來表示當他開始閱讀吳明益的作品內容之後就被一種特有的熟悉情境著迷和感動。劉克襄對吳明益的自然創作與其經歷路程指出：「吳明益創作所汲取的養分不僅廣泛且拿捏得宜，我不時讀出一陣歡喜和讚嘆。這幾年來，臺灣自然生態觀察和歷史人文所累積的豐富知識，都在他的旅行過程裡，成為隨手可汲取的養分。他不像八〇年代的自然寫作者，犯了捉襟見肘的困窘，常要向西方取經，也不時露出那個時代教條式的道德威權；甚至仍無法擺脫口號式的報導。」〔註19〕

至今，吳明益的書被翻譯成英文、法文、日文、捷克文、德文、匈牙利文、土耳其文、波蘭文、俄羅斯文、越南文、泰文、菲律賓文等數十種語言，以及於其所在國家出版與發行。

在越南，吳明益到目前為止已有兩部小說被翻譯與介紹，是《複眼人》與《單車失竊記》，皆由越南作家協會出版社出版。本文以小說《複眼人》、《單車失竊記》，以及短篇小說集《苦雨之地》的一些情節來進行論述，助於本文的研究成果，因此筆者於此先簡略介紹這幾本書的內容。

《複眼人》是一本虛構小說，以生態和奇幻作為主題，集合了好幾個因為不同的原因而想逃離日常生活的人物故事。故事集中在兩個主角人物，一個是住在南太平洋的瓦憂瓦憂小島上的少年阿特烈，和一個因丹麥籍丈夫和兒子山難失蹤而絕望準備要死的女教授阿莉思。根據瓦憂瓦憂島的習俗，阿特烈作為次子，在滿十五歲時，必須一個人出海而永不歸來。在航行途中，他被太平洋垃圾渦流沖到了臺灣東海岸。阿莉思的房子在海濱被淹沒之際，救了負傷的阿特烈並還收留他。從此，阿特烈與阿莉思的命運全被改變，與他們二人同行是阿莉思的一隻貓名叫 Ohiyo。阿特烈和阿莉思的生命因垃圾渦流而相識。複

〔註19〕吳明益：《迷蝶誌》「推薦序」劉克襄〈臺灣特有種：一個自然寫作的新面相〉（臺北：二魚文化出版公司，2000 年），頁 24～31。

眼人出現於小說裡最後一些片段，具有奇幻與象徵的意義，在虛和實之間，也許人與自然或能互相對談，以及達到暫時的和諧共處。

《單車失竊記》可說是一本歷史小說。吳明益以幸福牌鐵車貫穿整故事的發生情節。故事裡，主人公「我」為了要去尋找已失蹤的父親的一台腳踏車而遇見了好幾個人與其父腳踏車有關，他開始尋根究底並發現了很多關於臺灣的歷史如父親曾被派到日本服務戰爭當少年工，大象林旺的來歷，日本兵之死，以及老皺與那隻白頭翁的魔幻故事等等。最後，他真的找到父親的那台幸福牌腳踏車，在他媽媽住院病房中，他踩上腳踏車的聲音使她覺得那騎車的背影仿佛是她已過世的先生。除了以敘述尋找腳踏車的故事作為主軸之外，吳明益對於森林、樹木，以及人與動物之間的感情描寫還是此書的特色之處。

另外，短篇小說集《苦雨之地》包括七個短篇故事，其中筆者選出〈黑夜、黑土與黑色的山〉為分析對象，助於本文的比較研究的成果。故事〈黑夜、黑土與黑色的山〉描寫一個德國家庭，夫妻倆無生育，因此領養來自臺灣的索菲小女兒和外國籍的一個兒子。索菲長得不高，手腳都很小。她愛泥土、蚯蚓，走在路上總是低頭。索菲的養父母過世後，她也長大了。她離開家鄉到城市讀大學，想要研究蚯蚓的生長特性，但她心理仍一直對自己的形骸小小而覺得不自信。但是，索菲熱愛自然，面對黑山與黑土反而使她尋回自己的生命意義。

吳明益的兩部小說《單車失竊記》和《複眼人》依次於 2020 年與 2021 年在越南出版與發行之後，越南媒體出現一些評論者的點評意見，舉例有《光線》雜誌（*Báo Tia Sáng*）、《勞動者》報（*Báo Người Lao động*）、《文藝軍隊》（*Văn nghệ Quân đội*）、《越南網》（*Vietnamnet*），以及一些網絡上的讀者心得。其中，在《光線》雜誌上刊登一篇〈單車失竊記：被翻轉的歷史〉，女作者阮賢莊[註20]（Nguyễn Hiền Trang）執筆。阮賢莊設想，吳明益的腳踏車和意大利導演狄西嘉是否有何關聯？有或也許沒有。吳明益的鐵車和狄西嘉電影裡面的腳踏車也許都從現實出生，但是狄西嘉電影裡面的腳踏車的描寫是現實中的現實，而此現實是充滿粗糙的現實。人生要面對生活，意大利在 1940 年代的時候連一台腳踏車也就成為一個人或者一個家庭的唯一維持生活的工具，因此狄西嘉導演的故事是屬於現

〔註20〕阮賢莊（Nguyễn Hiền Trang）：出生於 1993 年，是越南當代年輕作者、（英―越文）翻譯者、文學評論者。賢莊目前生活在河內，已經出版五本書包括三本小說、一本短篇集、一本散文。今年 2022 年 8 月，賢莊榮譽成為美國愛荷華大學年輕作家工作坊的學員之一。

實的殘酷，失去謀生工具也等於失去了生活。然而，吳明益的腳踏車卻是「一個
世代的圖騰」，現實乃其中的一部分，阮氏評論：「小說的最特別在於若將整個故
事架構成一部車架，那麼作者連續給它組裝了各種稱作『現實』的零件，那是腳
踏車的詳細歷史、玩車式、戰爭、蝶翅畫、動物園故事、家庭記憶等等。這些『零
件』若分開就能成為短紀錄片，而若組合起來，然後坐上並踩腳它的輻條會一直
引領（讀者）走進現實卻是意外的非現實。」〔註21〕阮氏這一段的意思實質是要
說明吳明益小說的難以相信的故事，過度的非現實。阮賢莊還認為，吳明益的故
事暗示兩個世代歷史的折斷，父子之間的折斷。父親的失蹤代表前世代「無姓名
的孤兒」，一種非常有隱喻性的想象力，他們是外省來的，被派去日本服務戰爭，
後來和平了生活在都市裡但已找不到屬於自己的出處。最後，「我」找到了父親
的那一台腳踏車，並且多麼努力救回它的原狀卻已經仍是「不全」（put-tsuân）
的，就像在《單車失竊記》電影裡面，安東尼歐·里奇（Antonio Ricci）男主角
說過一句：「除了死亡之外，一切都能救回。」〔註22〕

　　此外，一位自由寫作者黃仲康（Huỳnh Trọng Khang）在《勞動者》報上
也刊登一篇點評〈單車失竊車：悲哀與諷刺之歌〉，黃文中除了向讀者介紹故
事內容之外，作者表示讀吳明益的小說使得越南讀者看見一個以為很陌生卻
又如此熟悉的文學面貌。吳明益敘述的故事空間引起讀者回想侯孝賢導演的
電影，如是《悲情城市》（1989）、《戲夢人生》（1993）、《好男好女》（1995），
或是楊德昌導演的《一一》（2000）等等。一座島嶼上人民雖然在天然氣氛圍
繞中而其實一直要面對世事的變換。〔註23〕

　　隨著近年來在越南出版的生態文學作品，吳明益的《複眼人》越南文版
本也受到幾篇好點評。吳順發（Ngo Thuan Phat）在《文藝軍隊》雜誌上有一
篇〈吳明益的新小說繼續生態主題〉，作者認為吳明益的《複眼人》可以相
比於理查·鮑爾斯（Richard Powers）的《樹冠上》（*The Overstory*），相似一

〔註21〕阮賢莊：《光線》雜誌（Báo Tia sáng）引自原越南文：https://tiasang.com.vn/van-
　　　　hoa/chiec-xe-dap-mat-cap-lich-su-bi-lon-trai-25555/，搜尋日期：2020 年 10 月 11
　　　　日。

〔註22〕阮賢莊：《光線》雜誌（Báo Tia sáng）引自原越南文：https://tiasang.com.vn/van-
　　　　hoa/chiec-xe-dap-mat-cap-lich-su-bi-lon-trai-25555/，搜尋日期：2020 年 10 月 11
　　　　日。

〔註23〕黃仲康（Huỳnh Trọng Khang）：《勞動者》報，原越南文引自官網：
　　　　http://nld.com.vn/van-nghe/chiec-xe-dap-mat-cap-khuc-ca-bi-thiet-va-trao-long ，
　　　　搜尋日期：2020 年 9 月 12 日。

篇生態史詩，展現不同的經歷。〔註24〕接著，作者阮賢莊在《光線》雜誌上也另有一篇〈複眼人：原來世界是這樣〉。阮氏認為讀吳明益的《複眼人》很容易聯想到馬奎斯的《百年孤寂》，也許每個故事裡面都呈現幻想情節，而這裡明顯繼承馬奎斯的魔幻寫實主義，吳明益讓自己的人物被困在「空虛」狀態，少年阿特烈單獨出海、女士阿莉思失去了丈夫與兒子、哈凡的孤寂、達赫的故事等細節，當遇到了「空虛」，他們要面對實在──「垃圾」（物質垃圾與精神垃圾），此時複眼人出現，然後引領著他們走進一個幻想現實。這也許是小說與現實之間的聯結。阮賢莊認為《複眼人》並不是一部恐懼或警報的小說，然而它證明了已經發生過的事情，使得我們彷徨醒悟，並且不斷反省原來世界是這樣的。〔註25〕

　　前面所摘錄與敘述的新書出版點評，雖然不是學術研究的論文，但是這些點評話語較快接近讀者，有向讀者宣告與推薦的作用。這些新書點評在越南有出版新的翻譯外國文學之際都有公開刊登，但是並不是每一部外國文學都受到較功夫的評論，而還要觀察那一部作品是屬於什麼類型，從哪個國家或區域來的書。今日，觀看越南文壇上的動態，可以知道這些新書點評是相當對讀者產生影響與積極效果。

二、阮玉思的寫作與其作品介紹

　　阮玉思（Nguyễn Ngọc Tư），1976年出生於越南金甌省，是越南現當代著名作家。阮玉思的創作主要集中在越南社會生活、越南南方人與南方環境，以及南方的生態環境。阮玉思的作品裡，我們會看到南方農村的人民生活和這裡的環保問題的危機，而這些危機都是來自人類。阮玉思的主要作品有：《燈未熄》（Ngọn đèn không tắt）（2000）、《無盡稻田》（Cánh đồng bất tận）（2005）、《每個人的海》（Biển của mỗi người）（2008）、《沒人渡江》（Không ai qua sông）（2016）《江》（Sông）（2012）、《水的編年史》（Biên sử nước）（2020）等，其中國內外最有名的是短篇小說《無盡稻田》，曾經獲得越南、德國、韓國和其他國家的獎項，至今《無盡稻田》已經被翻譯成英文、德文、瑞典文、韓文與

〔註24〕吳順發（Ngô Thuận Phát）：《文藝軍隊》雜誌，原越南文引自官網：http://vannghequandoi.com.vn/dong-chay/tieu-thuyet-moi-cua-ngo-minh-ich-，搜尋日期：2021年2月11日。

〔註25〕阮賢莊：《光線》雜誌，原越南文詳看官網：https://tiasang.com.vn/-van-hoa/Nguoi-mat-kep-Thi-ra-the-gioi-la-nhu-vay-，搜尋日期：2021年11月21日。

其出版。另外，《無盡稻田》於 2010 年由越南阮潘光平導演拍攝成電影 *The Floating Lives*（中譯：漂浮的人生），後獲得越南甚多電影獎項。其他國內外獎項有：2000 年，短篇《燈未熄》獲越南第二屆文學創作的「金梅」獎；2001 年獲作家協會 B 獎（相當於第二獎）；2003 年獲「2002 年越南最出色的十名年輕代表之一」獎；2006 年《無盡稻田》獲得越南作家協會優秀獎項；2008 年《燈未熄》與《無盡稻田》獲亞洲文學獎；2018 年《無盡稻田》獲德國的亞—非—美洲文學傳播協會（LiBeraturpreis）的獎勵；2019 年，阮玉思獲美國《Forbes》〔註26〕雜誌選平為「2018 年越南最有影響力的 50 位婦女之一」等獎項。

　　阮玉思的創作與其經歷始終對越南生態環境與南方人民的生活習性觀照。正因為如此，越南媒體將阮玉思的寫作稱為「南方特產」或者「江水之地的作家」等稱號。〔註27〕阮玉思視創作為解脫與體驗之過程，濃郁地運用南方語言，以及細膩地觀察自然生活。除此之外，在她的作品裡面人物都會顯現「消失」與「尋找」的兩個形態，消失是為了尋覓，找回人的本能（*instinct*）。譬如，小說《江》（*Sông*）裡面的阿恩、《島》（*Đảo*）裡面的小欣、短篇《無盡稻田》中的阿雨、小霜等人物都在尋找自己人生的意義即是愛與被愛的感情，人與人之間的看待，人與自然之間的互動關係。甚至，《無盡稻田》裡的小霜寧可抉擇做一個被人誹謗的侍應生，而其實她想要尋找的是安慰與愛護；或者在小說《江》裡面，阿恩離開都市生活是想要去找一個已經消失的移江，但是事實上到最後他纔發現這個行程真正是在尋找自己的生命意義。總之，阮玉思在文學創作裡面，是堅持地探索自己對寫作的責任，以及人類對環境的關照。她始終特地這書寫題材與風格，建造自己的文學標誌，並且成為越南當代文壇上獨一無二的文藝現象。

　　本文主要以阮玉思的《無盡稻田》（*Cánh Đồng Bất Tận*）為比較研究對象。另外，筆者也會引用阮玉思的其他短篇小說和散文以便進行分析與論述。

　　《無盡稻田》描述一個父親與其兩個孩子的漂泊生活。父親名叫阿雨（Út Vũ）、姐姐名叫小埌（Nương）及弟弟名叫阿田（Điền）。他們一家三人的房子

〔註26〕美國《Forbes》雜誌成立於 1917 年，2013 年 6 月 24 日，《Forbes》在越南發行第一號越文版本。

〔註27〕詳看：http://www.viet-studies.net/NNTu/NNTu_THD.htm〈阮玉思——南方特產〉；https://vnexpress.net/nguyen-ngoc-tu-nha-van-tre-nam-bo-1974306.html〈阮玉思——南方作家〉等。

是一座又老又舊小船。他們唯一有價值的財產是一群瘦鴨子，而他們父子三人的生活是沿著湄公河上而漂泊的。阿雨原是一個木匠，常要在外工作。自從他的妻子跟著其他男人私奔之後，阿雨回來並將房子燒掉，然後帶著兩個孩子划船各處奔波。從此，阿雨憎恨所有愛他的女人。他女兒小埌越長大越像她母親一樣漂亮，阿雨便將一切厭惡放在兩個孩子的頭上。他們三人的生活貧窮與可憐，經過的地方都是河流枯乾、環境污染，唯一能與姐弟二人作伴乃那一群瘦鴨。然而，這些他們所經過的地方的人，壯男因為窮困已經離開而去、青女則到了大城市當侍應生謀生。有一次，他們父子三人在某一個地方救了一個女人名叫小霜（Sương），這女人呢因為當侍應生而被其他女人打得很厲害，為搶奪別人的丈夫之罪而受懲罰。小霜得救之後其生活便跟著阿雨父子過在一起。逐漸，小霜愛上了阿雨，並以為會成為這個家的一成員。沒想到，阿雨對她的鄙視使她覺得極受恥辱。她逃走，阿田為了去找小霜而永不歸來。之後，阿雨漸關心到自己的女兒小埌。後來，小埌被幾個流氓強姦，阿雨眼看女兒受辱而無能為力（他被另幾個流氓壓著）。最後，阿雨和女兒小埌有個穩定生活。小埌此時已經成長，她不知不覺往下看自己的肚子。她想若她真的會生孩子，那麼，那個孩子不管是男還是女，他／她一定可以上學，有媽媽的愛，以及他／她的名字一定會有很美的意義如「愛」、「疼愛」、「親愛的」等等。小埌最後的眼眶露出對將來的生活充滿希望。

三、臺灣與越南的自然書寫：以吳明益與阮玉思作品為例

　　越南屢次歷經蹂躪與漫長殘酷的戰爭，1986 年後的改革開放政策使得越南文壇上各作家開始意識到戰後被破壞的土地與自然環境成為急迫而危機的質問。自此出現寫於個人經驗的懷念、戰後的遺症、人們對環境的關懷、都市生活等文學及散文作品，集中強調人的內在心理與其外在環境的反省。這樣一來，越南當代文壇上出現一群改革階段後的代表作家如保寧（Bảo Ninh）、阮輝涉（Nguyễn Huy Thiệp）、阮春慶（Nguyễn Xuân Khánh）、黎榴（Lê Lựu）、麻文康（Ma Văn Kháng）、阮凱（Nguyễn Khải）、阮平芳（Nguyễn Bình Phương）、阮明珠（Nguyễn Minh Châu）、杜氏碧翠（Đỗ Thị Bích Thuý）、阮玉思（Nguyễn Ngọc Tư）、阮越河（Nguyễn Việt Hà）等等。這些代表作家所創作的文學作品的主要題材還是關注到人類生活以及其周邊環境，但是其作品裡面的人物思想已經發生了變化、對當今時代與當今社會發出疑問，成

為文學中的一種多樣化模型。

　　以越南的阮玉思和臺灣的吳明益的創作主題相提並論，筆者觀看到的是二位作者所關心的乃是地球的自然環境問題，以及自然跟人類之間的互動與存在意義。具體來說，吳明益和阮玉思的書寫比較關於人類與海、島嶼、土地與水等自然因素都直接造成或引起人類的創傷與安慰等情感，致使人類對於環境攸關一切的作為。將此兩位作者的寫作內容相提並論試圖成為臺、越文化與生態環境探討的開端，對臺、越在社會科學領域交流方面上添加一片特色。

（一）人類與動物之間的聯結

　　在自然書寫的觀點，吳明益雖然有時會批判「人類中心主義」（anthropocentrism），但是他也並不是不享受人類文明或都市文明的發達與方便之處。吳明益承認：「我不是一個隱逸者。我上 7-11、逛夜市、使用水廠消毒過的自來水、還拍照。在這方面來說，我是已經特化的都市人。」〔註28〕所謂「特化的都市人」當然會在都市文明社會中而生活。相反的，在生態學的觀念與思想，人類中心主義認為人是直接破壞天然與自然環境的主要原因。只不過，人類中心主義既然並不會分開人類與自然，而二者平行相提並論。人類乃自然的一部分，人類並無法分裂或斷絕此密切關係。正因為如此，吳明益認為：「人類本身也是自然地一員，我們所改變的世界，不需以回歸荒野為唯一的依歸，但至少至少，可以在進行任何『改造』自然的行為之前，把其它生命考慮進去。」〔註29〕如此說來，我們必須認真的面對事物本身不可，因為連蝴蝶也有它們自己的文化、習性與其生存世界。換言之，人類與自然需要怎樣對話，和諧的對話，而並非互相傷害，不過「學習如何以一個『人』的姿態去面對其他生命（包括人與其他異種生命），恐怕是更為緊要的課題。」〔註30〕

　　越南女作家阮玉思，在自己的作品中極少會表示像吳明益那麼堅決的觀點。阮玉思從作為女性的本能與其本身的日常經驗而來書寫。顯然地，阮玉思書寫內容充滿對大自然的聆聽之感，以及人們與自然之間的感情。在阮氏的作品裡，每一種動物幾乎均有感情：對人類的感情、對自然的關懷與對自然環境的思慮。動物甚至與人類結交朋友，在其著名的短篇小說《無盡稻田》中，小埌和阿田二姐弟，在母親離其父子三人而去之後，姐弟二人其父親生活在一座

〔註28〕吳明益：《蝶道》修訂版（臺北：二魚文化出版公司，2010 年），頁 277。
〔註29〕吳明益：《蝶道》修訂版（臺北：二魚文化出版公司，2010 年），頁 49。
〔註30〕吳明益：《迷蝶誌》（臺北：麥田出版社，2000 年），頁 170。

小船上，一天又一天流浪於湄公河各處廣闊的稻田與江水之地，過著無窮無盡的窮困生活，唯一能跟他們交朋友是他們唯一所養的一群瘦鴨，路邊遇見的野鳥如此互相生活。姐弟二人所養的那群鴨子裡，唯有一隻眼瞎的鴨鴨能「聽見」小埌的心聲：

> 一隻眼瞎鴨子刷著鼻子、笑著：「就是她，聲音有別，而明明是其心聲，很熟，忐忑、坎坷相似要掉下來……」〔註31〕

他們姐弟學會去愛護自己的一群鴨子，而並不是將它們當為供應食品的資源。或者，如弟弟阿田「洗耳」聆聽那群鴨鴨的聲音。阮氏作者的敘事書寫風格顯示同住在自然環境時人類與動物之間的平等關係。

吳明益寫作中的特有特徵在於，他使動物可感到人心之情。可以說是臺灣當代並沒有很常見的風格。在《單車失竊記》中，老鄒和白頭翁彼此有著很難想像的心靈感應。是否白頭翁正是那個日本死兵的魂魄還是牠自己的能讀懂老鄒的心聲？

> 白頭翁像心有所感，飛了上去在屋裡繞了一圈、兩圈、三圈……然後再次回到老鄒的肩頭上。〔註32〕

甚至：

> 牠從來沒有開口說過話。〔註33〕

但是：

> 牠帶我（老鄒）去了很多二高村裡，連我都不曉得的地方。〔註34〕

吳明益的人物老鄒和白頭翁促使讀者聯想到阮玉思的其他短篇小說集中的人物老頭子和其壞脾氣的鴨子：

> 阿局〔註35〕，過來！阿局跑過來，垂著身上的水，然後將頭擦在老頭子的漆黑大腿上。〔註36〕

〔註31〕越文原文："*Một con vịt đui khịt mũi, cười, 'Nó chớ ai, giọng có khác, nhưng rõ ràng là tiến trái tim nó. Quen lắm. Chập chờn, thút thít, đồng đưa như sắp rụng'*" (p.196)

〔註32〕吳明益：《單車失竊記》二版（臺北：麥田出版社，2016），頁178。

〔註33〕吳明益：《單車失竊記》二版（臺北：麥田出版社，2016），頁78。

〔註34〕吳明益：《單車失竊記》二版（臺北：麥田出版社，2016），頁78。

〔註35〕小鴨子的名字：Cộc，「局」為喃字，意思：粗魯。此表示越南民間生活中的取名習俗之一，在野外生活就取了較通俗名字，這裡也是指作者的用意，意思說這只鴨子的個性雖粗魯，但是牠懂得老頭子的心思。

〔註36〕越文原文："*-Cộc, biểu! Con cộc chạy lại, vẫy nước và cọ đầu vào bắp đùi đen bóng của ông*". (p.50)

　　小說裡面的動物人物的出現與人同行，使得故事更加耐人尋味，以及在自然環境中存在於同行更使得人與動物之間的故事情節成為神秘。

（二）生命尋覓的意識

　　閱讀吳明益的短篇小說集《苦雨之地》，最令讀者印象深刻的是〈黑夜、黑土與黑色的山〉此故事。這個故事的女主角小姑娘索菲（Sophie）原是德籍的臺灣人，被德國父母領養，與她同也被領養的是她哥哥。索菲從小性情特別，以及對自己的形骸覺得苦悶、很不自信。更特別的是，最吸引索菲的乃天然環境、黑土與昆蟲—蚯蚓，她喜愛做的是挖掘土裡面的蚯蚓與昆蟲，甚至「嘗」黑土的味道。索菲長大後，離開從小與養父養母同住的小鎮來到了大城市讀大學，其教授告訴她要放大眼界，去到亞洲湄公河地區添加瞭解蚯蚓與農業之間的關係等等。而索菲反復地掛念就是自己的形骸，小小的個體，她不時在腦海裡興起想法：「像自己的人會有愛情與生育嗎？」〔註37〕然而，索菲意識到自己的生命存在更加強烈當她觀察到一對蚯蚓交媾時，她突然發現：「無數生命都在那裡等待機會。」〔註38〕

　　相似的，在《無盡稻田》裡，小埌和阿田的母親捨棄他們而奔跑之後，其父親甚為怨恨，背叛與仇恨幾乎放在姐弟二人頭上。小埌和阿田總覺得很痛苦，他們害怕與拒絕人類，拒絕有人生活的地方，甚至他們連發育成長過程也徹底的拒絕，因為要成長等於要加入大人的世界。對他們而言，人類的世界是充滿痛苦與仇恨的境界。當阿田親眼看到自己的姐姐成長、越來越漂亮，他生氣與不安，問姐姐：「干麼那麼美，二姐？……」〔註39〕更極端的是，阿田將自己的發育成長過程視為一種蔑視與憤怒。換另個角度看來，在天然大母之心，那些小小鴨子和野生蚯蚓的交媾行動使得小埌、阿田和索菲覺醒，此意識形態並非來自人類的世界，而就他們周圍的生活環境與自然環境作為重要的背景促使人心深藏的慾望復活。這時候的大自然便成為擁抱與保護他們的安全住處，於是乎，這些小說裡的人物僅要知道依賴於自然來寄託自己慾望與心思。自然返回它原始的職能，即帶給人類無數生命中意義與求生存的本能。

〔註37〕吳明益：《苦雨之地》〈黑夜、黑土與黑色的山〉，（臺北：新經典圖文傳播出版公司，2019），頁25。

〔註38〕吳明益：《苦雨之地》〈黑夜、黑土與黑色的山〉，頁25。

〔註39〕越文原文：*"Đẹp làm chi dữ vậy, Hai?"*（*Cánh Đồng Bất Tận*, p.205）。

（三）水的隱喻意義

　　人類的歷史本來是遷移、移居的歷史。臺灣是島嶼，臺灣島民除了原住民之外是還有從中國大陸移居來的人民。越南居於東南亞，特別的是「遷移」（migrate）正是越南南方的一個特徵。換句話說，越南自從建立自主權至今，「流落」與「移居」從不曾停過。南方的湄公河三角洲地區易受氣候變換（climate change）的影響，使得人民的生活十分辛苦，常要以遷移性的心態來應付自然的憤怒與環境。

　　談及「水」的書寫，水在自然書寫扮演絕對是重要的元素，書寫自然必定談到水的顯現、水的角色、水的變換等性質。吳明益和阮玉思二人都不是原住民或少數民族的作家，但是他們寫作時將會共同提及到族群、高山、森林、族人文化等問題。吳明益主要寫的是海，阮玉思則用較柔軟的女性本能而注重寫於江、河，是直接影響居民生活環境的江河。對於人民或漁民而言，海是生存的條件、生活的經驗與依靠，而也包括各種禁忌。小說《複眼人》裡面的青年阿特烈，按照島上的習俗，阿特烈滿15歲時要單獨自己離開瓦憂瓦憂島，而不期待會有返回的那一天（依小說裡面，這是不可能的事）。對瓦憂瓦憂島民而言，外面的海一邊可以帶來謀生經驗，一邊是帶來死亡的意義。這裡，「水」呈現了祂自己的雙重意義：「生存」與「滅亡」。若在環境書寫類型中「地方」與「地方的意識」是生態文學的特徵之一，那麼阿特烈的「海」任何時候又可以是養人心之地同時又會是奪取生命之地。

　　在越南文壇上，阮玉思被稱為寫於「江水之地」的作家，是因為她從頭到尾書寫關於南方湄公河的農民生活，而其書寫的每一本書每一段文章都使得讀者感動得聯想到湄公河地區的生活習性。顯然，在阮玉思的作品中，「水」也扮演的雙重意義：「生」與「滅」，表現在「枯乾」及「肥沃」之意義。母親離開之前，小埌和阿田的生活充滿了愛護與快樂，但是當母親離去之後，生活剩下的完全是痛苦與枯乾，對他們姐弟而言此時的生活等於死亡，水等於乾涸。

　　不過，兩位作家書寫的差異是，吳明益的「水」書寫是很神靈、神秘的：「海的本身是神」〔註40〕，這兒的水是萬物的根源、超現實的顯示與一種神在的意義。瓦憂瓦憂島上的人們從早到晚一整天一開口都可以談及關於海的故事等等。因此，海的意義是非常神靈的、形而上的世界。可見，吳明益著筆是

〔註40〕吳明益：《複眼人》（新北：夏日出版公司，2011年），頁43。

想要建蓋一個烏托邦世界。此烏托邦世界與現實生活卻完全不相干，像阿特烈的瓦憂瓦憂島一般。然而，後來阿特烈的命運卻完全被改變，而此改變是來自一個龐大的垃圾漩渦，阿特烈便要在一個十分陌生，以及於之要學會尋找生存之法。小說的暗喻為將人類返回現實世界，即必須反省為面對自己所造成的後果——垃圾漩渦。

阮玉思，本身原為江水之地的女作家，她並沒有建構任何形而上的世界，然而她使用人物的話語與行為說起「水」在人類生活的意義。在《無盡稻田》裡，小垾和阿田所經過的任何地方（稻田、田野、靠江岸的市集等）水都或者被弄得污染或者被濫用得無盡。小垾看得到：「在我們和小群瘦鴨停留的地方，水不僅變黃而還滿污垢。但是我們也無處可去了。這個乾枯的季節，所有水灣與小河的水都用來澆樹林，以防火災。」〔註41〕在這裡，環境的問題是直接影響人類的生活。水和水源都在被人類所弄污染。更特別的是，阮玉思給自己的人物取名為「垾」（即山上的垾，此「垾」字在越南喃字中表現耕地的地方）和「田」（主要種植的地方）是同意義。於此用意是垾與田是用來耕作水稻的地方，需要充分的水量；阿雨和小霜的名字都是水的替代體，而這些是屬於無源之水，天上的雨水、早晨的冰霜，應該都是要有涼快、純潔、乾淨的特點。

然而，人物之心理與故事的背景卻充滿了乾涸、旱季、污垢、仇恨〔即不涼快的意思〕等色彩，甚至他們所經過的地方，水的顏色變成了土黃色而並不是水應該原有的顏色。這兒的水不再是神靈或者是神秘，而水是在漸滅亡人類的生存。也許，在寫作風格，吳明益想要表達的島嶼是較宏壯的形象，像海一樣的偉大；而阮玉思所描寫的江河是平凡接近人類的。倘若，我們從藝術角度看來，吳明益認為：「光沒有顏色，但它啟示顏色、點亮世界。」〔註42〕；而阮玉思認出：「人們以為斷水不會（給水）留下傷疤。因為用眼睛看不到的，但它（傷疤）依然在那兒，破爛，要很久很久以後纔能復原。」〔註43〕

在現今的全球化背景中，在不同的領土中的不同民族的生態意識將近同

〔註41〕越文原文："Chỗ chúng tôi cắm lều vịt, nước đã sắc lại thẫm một màu vàng u ám. Nhưng chúng tôi chẳng có chỗ nào để đi nữa (…). Mùa nầy, người ta lấy nước từ tất cả các dòng sông nhỏ, các con kinh để bơm vào rừng, chống cháy." (*Cánh đồng bát tận*, p.163)

〔註42〕吳明益：《蝶道》（臺北：二魚文化出版，2010 年），頁 35。

〔註43〕原文："Người ta cẩn tưởng chém vào nước thì không để lại sẹo. Chẳng nhìn thấy bằng mắt thường, nhưng chúng vẫn ở đó, rách bươm, còn lâu mới lành." (*Hành lý hư vô – Sẹo của nước*, p.130)

歸於一體的，是對於荒野—文明、天然—人類之關係的思考。從此，在不同的書寫環境中，吳明益和阮玉思用書寫的努力嚮往不朽的問題：在大自然之心裡，人類的生命或許同等於其他生命。然而，若人類不回頭思考對自然的所作所為，那麼祂任何時候都可以反過來奪取原本屬於自己的權利—「荒野」。只是，荒野此概念是如此定義還是等待人類或時代來決定。

第四節　小結

　　本章從臺灣文學在越南的再認識論點來陳述整個轉變過程。雖然，2010 年後，臺灣通俗文學仍佔越南市場一席之位，但是這時候的通俗文學類型變豐富多姿，出現其他當代作者如九把刀、蔡志恆、幾米、左萱等等。這裡的意思是臺灣輕文學一直隨著社會轉變進入越南市場。不過，從 2017 年至今，出現臺灣純文學作品，在臺—越各院校之間的合作，以及臺灣文化部和越南出版社之間的合作與推動這兩條路，促使一些臺灣文學史書與臺灣作品向讀者翻譯與介紹，其中值得註意的是白先勇、王定國、吳明益、陳思宏等作家。這樣的轉變過程引領讀者的再認識臺灣文化。另外，在臺灣的越南文學譯作，或是在越南的臺灣文學譯作逐漸建立餘地，雖然仍需要互相瞭解的時間卻目前的所有出版品說明臺灣文學即將在越南能成為越南的文化重點。

　　為此，吳明益和阮玉思的作品比較作為臺—越自然書寫之間的比較研究之開端，展開新的研究餘地，供給雙方學界的參考與討論。今日，在全球化的發展中，在觀念的變化和生活方式的斷裂正不停地導致人類的「文化失根」與「認識失衡」，想要如何尋回生態平衡、自然平衡也許是全世界的大問題。然而，文學創作、自然書寫更應該成為此急迫問題的一種推力，建造環境效益。

第五章　結　論

　　本論文根據臺灣文學和越南文學的概括歷史之後發現，探討臺灣文學和越南文學走向現代化演進過程，兩者都產生了相同與相異之處。臺灣、越南同於受中國文化與文學的深刻影響，而此特徵一直表現在兩者的社會、文化與民族意識中的觀念與看法。然而，由於歷史背景、地理位置、文化空間、民族性形成有所不同，導致兩者之間會有異別的特點。其中，臺灣曾經發生過白話文改革運動而越南卻沒有發生過語言革新風潮。這是因為越南始終都是接受外來者的語言使用，因此為了脫離與革新便不難的放棄此外來的強迫而尋找其他路線。

　　本文以臺灣翻譯文學在越南的存在歷史為框架，概述了越南 1955～1975 年這階段學界與讀者如何接受臺灣的翻譯文學，其中最受歡迎的仍是臺灣通俗文學。

　　在 20 世紀於越南的臺灣文學，最明確的是在兩個方面上的表現：第一是「文類」：20 世紀初至 1975 年前，越南的臺灣文學主要是通俗小說，代表作家有瓊瑤、古龍，同時還有香港的金庸、依達、徐速等等。第二是「出版量」：1955～1975 年這階段，瓊瑤的翻譯作品在越南南方的出版量最多，甚至佔東南亞區域內首席之位。此現象反映了 20 世紀初越南學界和讀者對臺灣與臺灣文學的認識是比較有限的，就以文學作品中的翻譯語言為主要認識臺灣的工具，儘管中華民國和南越共和制度早在 1950 年代已設立外交關係，但這僅僅只是政治上接觸而已。

　　然而，自從 2016 年以來臺灣政府發動的「新南向」政策之後，具有更多

的臺灣純文學著作被翻譯與介紹到越南境內，此轉變過程標記了越南已從「被動」接受轉至「主動」選擇，從「數量」認識改變成「質量」的意識形態。當今，越南市場上接納臺灣的通俗文學和純文學，並共生存在與譯介。本論文不主張否認通俗文學的存在意義，也不是要提高純文學的價值，就在現代化的全球環境下，兩者均為平行發展。只不過，選讀何種文類乃是讀者群的決定，以及譯者的公心。為此，非重要的關鍵問題莫過於作家本身及文學的價值與職能。雖然要實話說明，在大眾閱讀市場上而言，通俗文學類型總是會比較受歡迎，也會速度暢銷。純文學作品是較挑戰讀者，而此類型適合於研究學界的讀者，因此會需要時間與空間認識纔更能發揮在越南的臺灣文學研究活動。

本研究最大的突破是：第一、藉由文學史文獻資料結合實踐觀察經驗與薰陶，在 20 世紀初以來，明確的陳述在越南的臺灣文學的出現與其演變歷史。不管是臺灣的通俗文學還是純文學，不管是通過官方或商業之路條，越南讀者對臺灣文學都表現歡迎與接受的態度。第二、向臺灣學界概述了臺灣大眾著名作家瓊瑤、古龍曾在越南的風靡一時現象，而越南學界的前行學者因為語言隔閡，難免與臺灣學界建造學術交流經驗。第三、首次進行比較臺灣與越南文學的現代化進程，以及將賴和與阮仲管作為現代化文學的實行先鋒者相提並論。又，第一次通過原著作品，以瓊瑤和阮氏黃的作品比較，並且提出臺、越對此二作家與其作品的反應，以臺灣作家吳明益和越南作家阮玉思相提並論，成就於初步比較研究，展開臺灣生態文學和越南自然書寫之間的開端。雖然，該研究意義是起發點，仍是存在著瑕疵、新奇與限制，但是如當今的全球化背景下的西風速進、民風速開，一定可成為未來臺、越文學學術研究的有益焦點。

在文獻搜集與取得當中，越南 1975 年前的很多文件資料已佚失或者都被燒毀。雖然，越南境內各圖書機構及國家級館藏仍保留一些重要資料，但是在進行搜尋、分析、釐清過程當中難免遇到困難。此是因為這階段是越南史上發生過境內分割、外敵抗戰、土地改革及文化政治上的各事件。另外，越南境外的儲藏館各處如美國、法國、新加坡等的圖書館，以及館藏目錄，而要從這些地方取來與越南有關的書面資料並非一件容易之事，特別的是屬於越戰時期的相關資料。不僅於歷史與文學方面的文件，而連電影與其有關的人物更是艱難的一件事。因此，筆者使用各實體文件、網絡資料等參考來源大部分是依賴越南境內國家圖書館、社會科學院圖書館藏（河內、胡志明市均有），以及網絡上的個人所藏的原著書籍、報紙、印品等文件；除此之外是藏在法國巴黎的

圖書館的資料等等。在長期觀察與搜尋，雖然對於本論文的主題而言，資料上可能不是很齊全，就限於資料內容如何反映當時的社會情況，書籍與報紙的銷售，出版市場的正式出版數量等等。實際上，這些資料在越南也確實耗費不少時日與精力方能找到。本論文是以文獻回顧進行分析、處理，呈現臺灣文學在越南的性質，從數量走到質量，從微不足道的文類成為多種多樣的文類，從感性認識到理性認識。只不過到目前而言，越南的臺灣文學研究工作仍是受限制的。這個問題希望在將來會有更多的研究餘地，讓臺灣和越南的文學能發揮其意義。

越南從改革開放以來，社會人力的骨幹完全是由貧困的農村而來。因此，這階段的國內文學創作著作並不多，再次，從外國來的翻譯文學便數不勝數，但是少見臺灣與越南同時期的文學創作雷同作品，因此造成難得擴大的比較研究。本論文中以臺灣當代作家吳明益與越南當代作家阮玉思的一些相關作品來進行閱讀與比較研究，是使得臺灣和越南的文學交流啟發一個初步的漸進式。儘管這兩位作者於自己的家鄉深受矚目卻仍是臺、越之間的讀者彼此陌生，此亦乃是本研究的限制。

在當今的全球化背景下，閱讀任何國家的文學並不很難，網絡發展速度，以及電子書的誕生促使文化印刷書品也快速成為大家共有的精神財產，處處可見、處處可尋。與此同行，臺灣的「新南向」政策更需要徹底的將此精神財產視為社會生活上務必迫切的需求。而越南政府也應當正面對待並推行重要計畫，向臺灣推廣越南文藝方面，如此纔真正的呈現文藝的意義，廣泛接觸人生根本意義的社會動力。

參考文獻

一、越文部分

（一）專書（依作者姓名筆畫排列）

1. 丁嘉慶（Đinh Gia Khánh）主編：《越南民間文學》（*Văn học Dân gian Việt Nam*），河內：教育出版社，2005 年。

2. 楊廣涵（Dương Quảng Hàm）：《越南文學史要》（*Việt Nam Văn học Sử yếu*），河內：年輕出版社，2005 年。

3. 葉石濤著（Diệp Thạch Đào），范秀珠、裴天台等譯者：《臺灣文學史綱》（*Sử cương văn học Đài Loan*）越南文版本，河內：河內師範大學出版社，2019 年。

4. 裴清傳（Bùi Thanh Truyền）主編：《南部文學與生態批評》（*Phê bình sinh thái với văn xuôi Nam Bộ*），胡志明市：文化—文藝出版社，2018 年。

5. 潘巨棣（Phan Cự Đệ）主編：《二十世紀越南文學》（*Văn học Việt Nam Thế kỷ XX*），河內：教育出版社，2005 年。

6. 潘巨棣（Phan Cự Đệ）主編：《越南文學（1900～1945）》（*Văn học Việt Nam -1900～1945*），河內：教育出版社，2010 年。

7. 蔣為文（Tưởng Vi Văn）：《海洋臺灣：歷史與語言》（*Lịch sử và Ngôn ngữ Đài Loan*），臺南：國立成功大學，2004 年。

（二）學位論文（依作者姓名筆畫排列）

1. 阮氏瓊玲（Nguyễn Thị Quỳnh Linh）：《阮玉思短篇小說的人物寫作藝術》（*Nghệ thuật xây dựng nhân vật trong truyện ngắn của Nguyễn Ngọc Tư*），

全國研究生科學研究項目所屬尤里卡獎項，胡志明市，2008 年。

2. 阮平康（Nguyễn Bình Khang）:《阮玉思寫作中的南部方言》(*Phương ngữ Nam Bộ trong các sáng tác của Nguyễn Ngọc Tư*)，胡志明市國家大學人文與社會科學大學文學系碩士論文，2009 年。

3. 陳氏美香（Trần Thị Mỹ Hương）:《阮玉思作品中的西南部婦女性格》(*Tính cách người phụ nữ Tây Nam Bộ trong tác phẩm của Nguyễn Ngọc Tư*)，胡志明市國家大學人文與社會科學大學文學系碩士論文，2014 年。

4. 楊氏金釵（Dương Thị Kim Thoa）:《阮玉思與杜碧翠作品中的文學—文化價值方面》(*Tiếp cận sáng tác của Nguyễn Ngọc Tư và Đỗ Bích Thuý từ phương diện giá trị văn học-văn hoá*)，河內國家大學所屬人文與社會科學大學碩士論文，2008 年。

5. 黎氏鴻鸞（Lê Thị Hồng Loan）:《瓊瑤在越南》(*Quỳnh Dao ở Việt Nam*)，胡志明市國家大學所屬人文與社會科學大學文學系碩士論文，2011 年。

（三）期刊、雜誌與論文集論文（依作者姓名筆畫排列）

1. 阮獻黎（Nguyễn Hiến Lê）:〈臺灣文學情形——從 1949 年至 1958 年〉(*Tình hình văn học Đài Loan từ 1949 đến 1958*)《百科》月刊 265～266 號，西貢：1968 年。

2. 何文儷（Hà Văn Lưỡng），〈越南對臺灣文學接受的幾個問題〉(*Một số vấn đề về tiếp nhận văn học Đài Loan ở Việt Nam*)《東北亞研究》雜誌，第 6（124）號， 2011 年。

3. 武文仁（Võ Văn Nhơn）:〈南部先鋒二位作家的現代小說之路〉(*Con đường đến với tiểu thuyết hiện đại của hai nhà văn tiên phong Nam Bộ*)《文學研究》雜誌，第 3 號，2000 年。

4. 陶長福（Đào Trường Phúc）:《瓊瑤現象》(*Hiện tượng Quỳnh Dao*)，西貢：開化出版社，1973 年。

5. 楊清平（Dương Thanh Bình）:〈探究阮玉思短篇小說的語言〉(*Tìm hiểu ngôn ngữ truyện ngắn của Nguyễn Ngọc Tư*)《生活與語言》雜誌，第 4 期 162 號，2009 年。

6. 鄭芳秋（Trịnh Phương Thu）:〈阮玉思——幻覺感的寫作風格〉(*Nguyễn Ngọc Tư – Chất văn gây ảo giác*)《文化藝術》雜誌，第 375 號，2015 年 9 月。

7. 黎庭墾（Lê Đinh Khẩn）：〈臺灣文學與越南讀者〉（*Văn học Đài Loan với độc giả Việt Nam*）《東方學系——建立與發展之十年（1994～2004）》，胡志明市：綜合出版社，2004 年。

8. 潘秋賢（Phan Thu Hiền）：〈現代臺灣奇女〉（*Bậc kỳ nữ hiện đại Đài Loan*）《文藝》雜誌，第 17 號，胡志明市：2010 年。

9. 黎輝簫（Lê Huy Tiêu）：〈臺灣的『鄉愁』文學〉（*Dòng văn học "Hương sầu" của Đài Loan*）《中國研究》雜誌第一號（65），河內：2006 年。

（四）著作原著（依作者姓名筆畫排列）：

1. 阮玉思（Nguyễn Ngọc Tư）：《燈未熄》（*Ngọn đèn không tắt*），胡志明市：年輕出版社，2000 年。

2. 阮玉思（Nguyễn Ngọc Tư）：《無盡稻田》（*Cánh đồng bất tận*），胡志明市，年輕出版社，2005 年。

3. 阮玉思（Nguyễn Ngọc Tư）：《河》（*Sông*），胡志明市：年輕出版社，2012 年。

4. 阮玉思（Nguyễn Ngọc Tư）：《水的編年史》（*Biên sử nước*），河內：婦女出版社，2020 年。

5. 阮氏黃（Nguyễn Thị Hoàng）：《花樣之戀》（*Vòng tay học trò*），河內：作家協會出版社，2021 年。

6. 阮氏黃（Nguyễn Thị Hoàng）：《獄中愛情》（*Cuộc tình trong ngục thất*），河內：作家協會出版社，2021 年。

7. 阮氏黃（Nguyễn Thị Hoàng）：《呼籲情人的鐘聲》（*Tiếng chuông gọi người tình trở về*），河內：作家協會出版社，2021 年。

（五）越文翻譯的中文作品（依作者姓名筆畫排列）

1. 尹玲（Doãn Linh）、竹絲譯：《當夜綻放如花》（*Khi đêm nở rộ như hoa*），河內：文學出版社，2019 年。

2. 吳晟（Ngô Thịnh）、阮清延等譯：《甜蜜的負荷——吳晟詩文雙重奏》（*Gánh vác ngọt ngào-Song tấu Thơ-Tản văn*），河內：文學出版社，2018 年。

3. 陳長慶（Trần Trường Khánh）、黎光長等譯：《陳長慶短篇小說集》（*Tuyển tập truyện ngắn Trần Trường Khánh*），胡志明市：文化—文藝出版社，2019 年。

4. 葉石濤（Diệp Thạch Đào）、阮清延等譯：《葫蘆巷春夢》（*Giấc mộng xuân trong ngõ Hồ Lô*），河內：文學出版社，2017 年。

（六）瓊瑤譯作在 1970 年代

1. 瓊瑤（Quỳnh Dao）、廖國遍譯：《窗外》（Song ngoại），西貢：開化出版社，1970 年。

2. 瓊瑤（Quỳnh Dao）、廖國遍譯：《煙雨濛濛》（Dòng sông ly biệt），西貢：開化出版社，1972 年。

3. 瓊瑤（Quỳnh Dao）、廖國遍譯：《菟絲花》（Cánh hoa chùm gửi），西貢：開化出版社，1972 年。

4. 瓊瑤（Quỳnh Dao）、廖國遍譯：《幾度夕陽紅》（Tình buồn），黃金出版社，1972 年。

5. 瓊瑤（Quỳnh Dao）、廖國遍譯：《月滿西樓》（Vườn thuý），智燈出版社，1972 年。

6. 瓊瑤（Quỳnh Dao）、彭勇孫、弘風譯：《船》（Trôi theo dòng đời），開化出版社，1972 年。

7. 瓊瑤（Quỳnh Dao）、廖國遍譯：《船》（Thuyền），開化出版社，1972 年。

8. 瓊瑤（Quỳnh Dao）、芳桂譯：《翦翦風》（Cơn gió thoảng），開化出版社，1972 年。

9. 瓊瑤（Quỳnh Dao）、黃艷卿譯：《星河》（Khói lam cuộc tình），開化出版社，1972 年。

10. 瓊瑤（Quỳnh Dao）、廖國遍譯：《寒煙翠》（bên bờ quạnh hiu），開化出版社，1972 年。

11. 瓊瑤（Quỳnh Dao）、廖國遍譯：《紫貝殼》（Buổi sáng bóng tối cô đơn），開化出版社，1972 年。

12. 瓊瑤（Quỳnh Dao）、廖國遍譯：《庭院深深》（Một sáng mùa hè），地靈出版社，1972 年。

13. 瓊瑤（Quỳnh Dao）、廖國遍譯：《彩雲飛》（Mùa thu lá bay），開化出版社，1972 年。

14. 瓊瑤（Quỳnh Dao）、彭勇孫、弘風譯：《海鷗飛處》（Hải âu phi xứ），開化出版社，1972 年。

（七）瓊瑤譯作在 2000 年後至今

1. 瓊瑤（Quỳnh Dao）、明奎譯：《我是一片雲》（Tôi là một áng mây），河內，文學出版社，2001 年。

2. 瓊瑤（Quỳnh Dao）、愛琴譯：《雪珂》（Tuyết Kha），胡志明市，文藝出版社，2001 年。

3. 瓊瑤（Quỳnh Dao）、廖國適譯：《在水一方》（Bên dòng nước），河內，作家協會出版社，2003 年。

4. 瓊瑤（Quỳnh Dao）、廖國適譯：《夢的衣裳》（Chiếc áo mộng mơ），河內，作家協會出版社，2003 年。

5. 瓊瑤（Quỳnh Dao）、廖國適譯：《金盞花》（Hãy hiểu tình em），河內，作家協會出版社，2003 年。

6. 瓊瑤（Quỳnh Dao）、廖國適譯：《燃燒吧！火鳥？》（Đêm hoa chúc buồn!），河內，作家協會出版社，2003 年。

7. 瓊瑤（Quỳnh Dao）、廖國適譯：《聚散兩依依》（Điệp khúc tình yêu），河內，婦女出版社，2004 年。

8. 瓊瑤（Quỳnh Dao）、廖國適譯：《梅花烙》（Hoa mai bạc mệnh），河內，婦女出版社，2004 年。

9. 瓊瑤（Quỳnh Dao）、春攸譯：《庭院深深》（Vườn rộng sân sâu），河內，文學出版社，2004 年。

10. 瓊瑤（Quỳnh Dao）、廖國適譯：《月朦朧鳥朦朧》（Cánh chim trong giông bão），河內，作家協會出版社，2006 年。

11. 瓊瑤（Quỳnh Dao）、廖國適譯：《青青河邊草》（Cánh nhạn cô đơn），河內，作家協會出版社，2006 年。

12. 瓊瑤（Quỳnh Dao）、廖國適譯：《新月格格》（Quận chúa Tân Nguyệt），河內，作家協會出版社，2006 年。

13. 瓊瑤（Quỳnh Dao）、廖國適譯：《碧雲天》（Tình như bọt biển），河內，作家協會出版社，2006 年。

14. 瓊瑤（Quỳnh Dao）、廖國適譯：《失火的天堂》（Chớp bể mưa nguồn），河內，作家協會出版社，2006 年。

（八）越文翻譯的臺語作品

1. 陳建成（Trần Kiến Thành）、呂越雄譯：《臺灣英雄傳之決戰西拉雅》

（*Truyện các anh hùng Đài Loan: Quyết chiến Siraya*），河內：世界出版社，2018 年。

二、中文部分

（一）專書、工具書（依作者姓名筆畫排列）

1. 于在照：《越南文學史》，廣州：世界圖書出版，2014 年。

2. 史明著：《簡明臺灣人四百年史》，臺北：前衛出版公司，2017 年。

3. 巴蘇亞・博伊哲努（浦忠成）：《臺灣原住民族文學史綱》（上），臺北：里仁書局，2009 年。

4. 巴蘇亞・博伊哲努（浦忠成）：《臺灣原住民族文學史綱》（下），臺北：里仁書局，2009 年。

5. 方明：《越南華文現代詩的發展——兼談越華戰爭詩作（1960 年～1975 年）》，臺北：唐山出版社，2004 年。

6. 何金蘭：《文學社會學》，臺北：桂冠出版社，1989 年。

7. 吳逸驊：《圖解社會學》，臺北：城邦文化出版公司，2011 年。

8. 杜國清：《臺灣文學與世華文學》，臺北：臺灣大學出版中心，2015 年。

9. 林瑞明：《臺灣文學與時代精神：賴和研究論集》，臺北：允晨文化，2017 年。

10. 范銘如：《文學地理：臺灣小說的空間閱讀》，臺北：麥田出版，2008 年。

11. 張錦忠、黃錦樹編：《重寫・臺灣・文學史》，臺北：麥田出版社，2007 年。

12. 陳建忠、應鳳凰等合著：《臺灣小說史論》，臺北：麥田出版社，2007 年。

13. 陳建忠編：《賴和》，臺南：國立臺灣文學館出版，2011 年。

14. 陳芳明：《臺灣新文學史》（上冊），新北：聯經出版，2011 年。

15. 陳芳明：《臺灣新文學史》（下冊），新北：聯經出版，2011 年。

16. 陳國偉、林大根主編：《臺灣文學研究在韓國——歷史情感與東亞連帶》，臺北：書林出版社，2018 年。

17. 馮愛羣：《華僑報業史》，臺灣：學生書局，1967 年。

18. 彭瑞金編：《葉石濤》，臺南：國立臺灣文學館出版，2011 年。

19. 黃美娥著：《重層現代性鏡像：日治時代臺灣傳統文人的文化視域與文學想象》，初版，臺北：麥田出版社，2004 年。

20. 黃儀冠著：《從文字書寫到影像傳播——臺灣「文學電影」之跨媒介改變》，

臺北：臺灣學生書局，2012 年。

21. 葉石濤：《臺灣文學史綱》，高雄：春暉出版社，1987 年。

22. 漫漫：《西貢僑報的滄桑劫難》，臺北：新稅文創，2012 年。

23. 蔡振念編選：《臺灣現當代作家研究資料彙編・三毛》，臺南：國立臺灣文學館出版，2016 年。

24. 賴慈芸主編：《臺灣翻譯史：殖民、國語與認同》，臺北：聯經出版社，2019 年。

（二）中文翻譯專書（依作者姓名筆畫排列）

1. 〔日〕下村作次郎著、邱振瑞譯：《從文學讀臺灣》（文学から台湾を読む），臺北：前衛出版，1997 年。

2. 〔英〕卡勒（Jonathan Culler）、李平譯：《文學理論》（Literature Theory: A Very Short Introduction），臺北：臺灣商務印書館代理，2016 年。

3. 〔法〕侯伯・埃斯卡皮（Robert Escarpit）、葉淑燕譯：《文學社會學》（Siciologie de la littérature），臺北：遠流出版，1991 年。

4. 〔英〕夏志清原著、劉紹銘等譯：《中國現代小說史》（A History of Modern Chinese Fiction），香港：友聯出版社，1979 年。

5. 〔英〕提姆・克雷斯維爾（Tim Cresswell）、王志弘等譯：《地方：記憶、想象與認同》（Place: A short introduction），臺北：群學出版，2006 年。

6. 〔英〕葉蓁（June Yip）著、黃宛瑜譯：《想望臺灣：文化想像中的小說、電影和國家》（Envisioning Taiwan: Fiction, Cinema, and the Nation inthe Cultural Imaginary），臺北：書林出版，2010 年。

7. 〔英〕邁克・克郎（Mike Crang）著、王志弘等譯：《文化地理學》（Cultural Geography），臺北：巨流圖書，2004 年。

8. 〔英〕愛德華・摩根・佛斯特（Edward Morgan Forster）著、蘇希亞譯，初版：《小說面面觀》（Aspects of the Novel），臺北：商周出版，2009 年。

（三）學位論文（依作者姓名筆畫排列）

1. 甘知平：《瓊瑤七〇年代長篇小說之美學研究》，桃園：銘傳大學碩士論文，2012 年。

2. 李炫蒼：《現當代臺灣「自然書寫」研究》，臺北：國立臺灣師範大學碩士論文，1999 年。

3. 李照翔：《吳明益〈迷蝶誌〉研究》，高雄：國立高雄師範大學碩士論文，2014 年。

4. 李開平：《瓊瑤〈還珠格格〉系列小說文本與中國民間文學運辭之探源》，花蓮：國立東華大學碩士論文，2014 年。

5. 吳婷婷：《臺灣言情小說研究——以瓊瑤小說為中心》，臺北：淡江大學碩士論文，2020 年。

6. 周雅鈴：《當代臺灣文學中關於女性空間之研究——以女作家之小說為例》，臺北：中原大學碩士論文，1998 年。

7. 林柳君：《吳明益作品中的文化轉譯、美學實踐與隱喻政治》，新竹：國立清華大學碩士論文，2011 年。

8. 林洋毅：《吳明益小說研究》，臺南：國立成功大學碩士論文，2013 年。

9. 林宗翰：《吳明益小說中的幻夢與戰爭——以〈睡眠的航線〉和〈單車失竊記〉為例》，臺東：國立臺東大學碩士論文，2016 年。

10. 邱圭麗：《吳明益小說中的記憶與空間書寫——以〈睡眠的航線〉、〈天橋上的魔術師〉和〈複眼人〉為例》，臺中：國立中興大學碩士論文，2019 年。

11. 林季穎：《瓊瑤七〇年代小說的空間書寫之研究》，高雄：國立高雄師範大學碩士論文，2020 年。

12. 侯德興：《吳明益的自然書寫研究》，臺中：國立中興大學碩士論文，2009 年。

13. 高湘茹：《吳明益作品研究》，臺北：國立臺灣師範大學碩士論文，2008 年。

14. 柴筠：《瓊瑤 1990 年後小說研究》，臺南：國立成功大學碩士論文 2013 年。

15. 翁長志：《吳明益〈複眼人〉中的科幻書寫與生態議題》，臺中：國立中興大學碩士論文，2020 年。

16. 許尤美：《臺灣當代自然寫作研究》，臺中：國立中興大學碩士論文，1998 年。

17. 張雅雯：《記憶的多重圖像：論吳明益自然書寫中的歷史記憶書寫與人文思考美學》，臺中：國立中興大學碩士論文，2011 年。

18. 陳婉容：《吳明益自然書寫的主題、結構與拓展：從散文到小說》，臺中：

國立中興大學碩士論文，2012 年。

19. 莊傳芬：《臺灣水域生態意識的文化再現——以吳明益、Mayaw Biho 與柯金源為例》，臺中：國立中興大學碩士論文，2013 年。

20. 黃千芳：《臺灣當代女性小說中的女性處境》，新竹：國立清華大學碩士論文，1996 年。

21. 黃薇蓉：《瓊瑤小說中的殘疾書寫研究——以六〇～八〇年代作品為論述中心》，臺中：國立中興大學碩士論文，2013 年。

22. 黃琦崴：《瓊瑤小說的敘述策略——以七〇年代作品為例》，臺北：淡江大學碩士論文，2015 年。

23. 馮郁庭：《吳明益小說〈睡眠的航線〉選譯與評介》，臺中：國立中興大學碩士論文，2018 年。

24. 黃玉慈：《記憶與魔幻：論吳明益〈天橋上的魔術師〉的主題思想與敘事美學》，高雄：國立高雄師範大學碩士論文，2019 年。

25. 黃依菁：《吳明益小說中的物事書寫研究（2007～2019）》，臺北：國立臺灣大學碩士論文，2019 年。

26. 楊斯淳：《1965 年至 1983 年的瓊瑤電影美術設計研究》，臺南：國立臺南藝術大學碩士論文，2012 年。

27. 趙修慧：《瓊瑤小說改變電視劇之研究》，臺北：淡江大學碩士論文，2017 年。

28. 廖偉翔：《吳明益〈單車失竊記〉中的動物書寫、戰爭傷痕與敘事研究》，高雄：國立高雄師範大學碩士論文，2018 年。

29. 鄭心慧：《瓊瑤 90 年代電視劇中的愛情敘事與性別研究——以〈還珠格格〉為例》，臺中：國立中興大學碩士論文，2013 年。

30. 鄭曉雯：《吳明益〈複眼人〉研究》，彰化：國立彰化師範大學碩士論文，2014 年。

31. 蕭雅文：《物種、水文與戰爭記憶：論吳明益作品中的歷史面向》，臺中：國立中興大學碩士論文，2012 年。

32. 謝靜宜：《瓊瑤文學接受現象研究》，臺北：國立臺北教育大學碩士論文，2010 年。

33. 簡義明：《臺灣「自然寫作」研究——以 1981～1997 為範圍》，臺北：國立政治大學碩士論文，1998 年。

34. 藍依萍：《從〈迷蝶誌〉到〈蝶道〉——吳明益的蝴蝶書寫》，臺東：國立臺東大學碩士論文，2015 年。

35. 簡毓恩：《創傷記憶——吳明益小說〈睡眠的航線〉與〈複眼人〉研究》，臺中：國立中興大學碩士論文，2019 年。

（四）期刊、專書與論文集論文（依作者姓名筆畫排列）

1. 尹玲：〈自《十二人詩輯》至今〉《創世紀詩雜誌》第 155 期，2008 年 6 月。

2. 王梅香：〈美援文藝體制下的「文學雜誌」與「現代文學」〉《臺灣文學學報》第 25 期，2014 年 12 月。

3. 文晞禎、金惠俊：〈韓國的臺灣文學作品翻譯情況〉《東華漢學》第 20 期，2014 年 12 月。

4. 申惠豐：〈論吳明益自然書寫中的美學思想〉《臺灣文學研究學報》第 10 期，2010 年 4 月。

5. 阮秋賢：〈臺灣文學在越南的譯介：從地方性文學到本土性文學〉《臺灣東亞文明研究學刊》第 17 卷第 2 期，2020 年 12 月。

6. 金惠俊：〈中國現當代文學的翻譯和研究在韓國——以 2000 年為主〉《韓中語言文化研究》第 22 輯，首爾：2010 年 2 月。

7. 徐瑞鴻：〈觀看與實踐——視覺文化與吳明益小說中的觀看思維〉《中國文學研究》第 37 期，2014 年 1 月。

8. 莊傳芬：〈全球生態意識的在地展現：吳明益《家離水邊那麼近》中的水域生態與族群文化景觀〉《臺灣文學研究》第 4 期，2013 年 6 月。

9. 陳芳惠：〈翻譯作為方法：臺灣小說與世界文學〉《臺灣文學研究》第 11 期，2016 年 12 月。

10. 黃美娥：〈聲音·文體·國體——戰後初期國語運動與臺灣文學（1945～1949）〉《東亞觀念史集刊》第 3 期，2012 年 12 月。

11. 黃美娥：〈2016～2017 年臺灣文學研究回顧與展望——以出版現象和學科反思為討論中心〉《漢學研究通訊》第 38 卷第 2 期，2019 年 5 月。

12. 單德興：〈創傷·回憶·和解：析論林瓔的越戰將士紀念碑〉《思想》第 5 期，2007 年 6 月。

13. 鄭垂莊（Trịnh Thuỳ Trang）：〈二十世紀初臺灣文學與越南文學的現代化進程比較〉《國立彰化師範大學文學院學報》第 24 期，2021 年 11 月。

14. 鄭垂莊（Trịnh Thuỳ Trang）：〈二十世紀以來越南社會的臺灣大眾文學接受現象〉《臺灣東亞文明研究學刊》第 18 卷第 2 期，2021 年 12 月。

15. 藍建春：〈自然烏托邦中的隱形人——臺灣自然寫作中的人與自然〉《臺灣文學研究學報》第 6 期，2008 年 4 月。

16. 關首奇（Gwennaël Gaffric）：〈臺灣文學在法國的現況〉《文史臺灣學報》第 3 期，2011 年 12 月。

17. 關首奇（Gwennaël Gaffric）：〈多語書寫、翻譯與想象：王禎和手稿初探〉《中山人文學報》第 37 期，2014 年 6 月。

（五）著作原著（依作者姓名筆畫排列）

1. 吳明益：《迷蝶誌》，臺北：麥田出版社，2000 年。

2. 吳明益：《家離水邊那麼近》，臺北：二魚文化出版公司，2007 年。

3. 吳明益：《蝶道》，臺北：二魚文化出版公司，2010 年。

4. 吳明益：《複眼人》，臺北：新經典文化公司，2016 年。

5. 吳明益：《單車失竊記》，臺北：麥田出版社，2016 年。

6. 瓊瑤：《窗外》，臺北：皇冠出版社，1963 年。

7. 瓊瑤：《煙雨濛濛》，臺北：皇冠出版社，1963 年。

8. 瓊瑤：《菟絲花》，臺北：皇冠出版社，1966 年。

9. 瓊瑤：《船》，臺北：皇冠出版社，1966 年。

三、西文部分

（一）專書（依作者姓名順序排列）

1. ──── ： *Bibliographical Synopses of Translated Taiwan Literature*, National Museum of Taiwan Literature, Tainan, 2017.

2. Santa Barbara: *Taiwan Literature: English translation series*, Furum for the Study of World Literatures in Chinese, University of California, 1996.

3. Sandra Lee Bartky: *Femininity And Domination: Studies in the Phenomenology of Oppression*, USA: Routledge, 1990.

（二）學位論文

1. 林譽如（Lin Yu-Ru）：*Romance in Motion: The Narrative and Individualism in Qiong Yao Cinema*，臺北：國立中央大學英美語文學研究所碩士論文，

2010 年（英文書寫）。

（三）期刊論文（依作者姓名順序排列）

1. Angelina C. Yee, "Constructing a Native Consciousness: Taiwan Literature in the 20th Century", *Cambridge University Press on behalf of the School of Oriental and African Studies*, Mar.,No.165(2001), pp.83～101.

2. Darryl Sterk, "Compromises in Translating Wu Ming-Yi's Uncompromising Localism",*Ex-position, National Taiwan University*, No.41(2019), pp.155～165.

3. Darryl Sterk, "What I learn translating Wu Ming-yi's "The Man with the Compound Eyes"",*編譯論叢*, No.2(6)(2013), p.253～261.

4. Dingru Huang, "Compound Eyes and Limited Visions: Wu ming-Yi's "Weak Anthropoantric" Gaze for World Literature"", *Ex-position,National Taiwan University*, No.41(2019), pp.53～70.

5. Gwennaël Gaffric, "Creolization, Translation, and the Poetics ofWorldness: On Wu Ming-Yi's French Translation", *Ex-position,National Taiwan University*, No.41(2019), pp.71～92.

6. Lin-Chin Tsai, "Ecological Redistribution and Historical Sustainability in Wu ming-Yi's Two Novels", *Tam Kang Review*, Dec.2019, p.25～51.

7. Mok, Mei Feng, "Chinese Newspapers in Chợ Lớn, 1930～1975", *Journal of Social Issues in Southeast Asia, November*, Vol.32, No.3(2017),pp.766～782.

8. Miriam, Lang: "San Mao and Qiong Yao, a "Popular"Pair", *Modern Chinese Literature and Culture*.

9. Inge Nielse, "Caught in the web of love: Incercepting the young adult reception of Qiongyao's romances on-line", *Acta Orientalia Academiae Scientiarum Hungaricae*.

10. Pei-Yun Chen, "Lanscape in Motion: Wu Ming-Yi's Novels and Translation", *Ex-position, National Taiwan University*, No.41(2019), pp.155～165.

11. Trinh-Thuy Trang,"An analysis of Taiwan spirits in Yeh Shih-Tao's fiction-A case of "Spring dream in Hu-Lu alley" Fiction", *The 5th International Conference Language, Society, and Culture in Asian Contexts, Vietnam 2018*. Proceedings ISBN: 978-602-462-248-0, Jakarta, Indonesia, 2019, May. Page:

596-607.

12. You-Ting Chen, "From the Impersonal to the Ecological: Critque of Neoliberalism and Vision of Ecocosmopolitanism in Wu Ming-Yi's The Stolen Bicycle",*Ex-position, National Taiwan University*, No.41(2019), pp.33～52.

13. Xiaobing Tang, "On the Concept of Taiwan Literature", *Modern China, October,* Vol.25, No.4(1999),pp.379～422.

四、相關網路部分（依搜尋日期排列）

1. https://indomemoires.hypotheses.org/24195，搜尋日期：2017/10/24。《文》雜誌（1964～1975）（Tạp chí Văn）。

2. https://indomemoires.hypotheses.org/24079，搜尋日期：2017/10/24。《文學》雜誌(1962～1975) (Tạp chí Văn Học)。

3. https://www.fengticlub.com/untitled-c1inq，搜尋日期：2017/1/1。《風笛詩社》（fengdiclub）。

4. http://vannghiep.vn/wp-content/uploads/2016/12/Đôi-nét-về-50-năm-văn-h%E1%BB%8Dc-Đài-Loan.htm

《文業》（臺灣文學 50 年概略），搜尋日期：2017/11/27。

《文藝軍隊》雜誌（Tạp chí Van nghe quan doi）

《光線》雜誌（Tạp chí Tia sáng）

《勞動者》報（Báo Nguoi Lao dong）

附錄一　遊子黎與「譯者廖國邁的對談」[註1]（Một giờ nói chuyện với dịch giả Liêu Quốc Nhĩ）

第一期（Kỳ 1）

LNĐ: Trong khoảng thời gian 5 năm cuối cùng của 20 năm sinh hoạt văn học miền Nam, sách dịch các loại là hiện tượng nổi bật, mạnh mẽ nhất. Nó lấn lướt tất cả mọi loại sáng tác ở miền Nam. Tới mức độ, nhiều nhà xuất bản danh tiếng, vốn chỉ chú trọng tới những sáng tác mang tính văn học, nghệ thuật cao, cũng quay sang khai thác thị trường sách dịch.

在南部文學的 20 年歷史的最後 5 年間，各類譯作是最豐富、最充足的，它強占其他在南部本地創作的各種各樣，甚至傾多有名出版社原只注重於高標準

<hr/>

〔註 1〕此論文內的附錄一和後面的附錄二的原文越南文原刊載在《文佳品》（Giai phẩm Văn）上，主題「譯作現象」（Hiện tượng sách dịch），1973 年 6 月 8 日刊出，西貢。目前紙本越南文藏在 Bibliothèque universitaire des langues et civilisations（縮稱：BULAC）圖書館（法國巴黎），編號：Biulo-Per.20917.Bis(1973,06)，網頁：https://catalogue.bulac.fr/cgi-bin/koha/opac-detail.pl?biblionumber=440219&shelfbrowse_itemnumber=581540#holdings。後由作家遊子黎（Du Tử Lê）校對於美國加州，2012 年 1 月。以上內容全文引自詩人遊子黎的官網：https://dutule.com/a3843/mot-gio-noi-chuyen-voi-dich-gia-lieu-quoc-nhi-ky-2-；以及在美國的越人（文學藝術）官網：https://www.nguoi-viet.com/van-hoc-nghe-thuat/mot-gio-noi-chuyen-voi-dich-gia-lieu-quoc-nhi-ky-1-1707/；https://www.nguoi-viet.com/van-hoc-nghe-thuat/mot-gio-noi-chuyen-voi-dich-gia-lieu-quoc-nhi-ky-2-3903/，搜尋日期：2017 年 10 月 20 日。

的文學與藝術創作，而也要轉向開拓翻譯書的市場。

Một bất ngờ, nằm ngoài mọi dự tính, tiên liệu của các nhà xuất bản là sự nổi lên cuồn cuộn như sóng trào của cái gọi là "Hiện tượng truyện Quỳnh Dao." Vì thế, tạp chí Văn ở Saigon thời đó, đã có một bài phỏng vấn người vô tình tạo nên "cơn bão" truyện Quỳnh Dao, dịch giả Liêu Quốc Nhĩ.

一個意外，出乎意料，出版社的徵象乃所謂洶湧澎湃的「瓊瑤小說現象」。正因為如此，當時西貢的《文》雜誌已有邀請訪問那位無意中興起瓊瑤小說的「暴風」──譯者廖國邇先生。

Nhờ công sưu tầm của nhà thơ Thành Tôn, hiện cư ngụ tại miền Nam California, chúng tôi trân trọng kính mời bạn đọc theo dõi cuộc phỏng vấn kể trên, thực hiện bởi nhà thơ Du Tử Lê, theo yêu cầu của tạp chí Văn, cách đây cũng đã trên, dưới bốn mươi năm.

託詩人成尊（Thành Tôn）的搜集，現定居於美國加州南部，請讀者來閱讀離這四十多年的訪談，訪問者：詩人遊子黎（Du Tử Lê，此縮寫 DTL）、受訪問者：譯者廖國邇（Liêu Quốc Nhĩ，此縮寫 LQN）。

Du Tử Lê (DTL): *Thưa ông, xin ông cho biết nguyên động lực nào, hãy tạm nói như vậy, đưa ông tới việc chọn sách Quỳnh Dao để dịch, mà không phải là một tác giả Trung Hoa khác?*

您好，請問您是從哪兒個動力，假設是這樣，引起您選譯瓊瑤的書，而並不是其他中國作家？

Liêu Quốc Nhĩ (LQN): *Quả thực, tôi không dự liệu việc dịch sách. Càng không là dịch sách Quỳnh Dao. Với tôi, việc đó thật là tình cờ. Như một trò chơi. Hồi năm 1958, Đại Học Khoa Học quyết định ra một đặc san Xuân, và anh em bảo tôi viết cái gì cho vui. Tôi nhớ trước đây không lâu, tôi có đọc một số báo Văn, đặc biệt về Quỳnh Dao. Và sẵn có nguyên bản một số truyện Quỳnh Dao trong tay, tôi bèn dịch một truyện và đưa cho họ. Sau đấy, một anh bạn làm tờ Võ Thuật, muốn làm thêm xuất bản lại bảo tôi chọn một truyện của Quỳnh Dao dịch ra, để cho anh ta in. Thế là tôi dịch trọn vẹn cuốn "Song Ngoại." "Song Ngoại" là cuốn truyện đầu tiên của Quỳnh Dao được in và phát hành tại đây (Saigon), với nhãn của nhà xuất bản Hàn Thuyên. Đó là năm 1970.*

其實，我一開始沒料到會翻譯書的，更沒想到是瓊瑤的書。對我來說，這只是出乎意料。像個遊戲。1958 那年，科學大學決定出版「春」特刊，大家也鼓勵我寫點東西。記得以前我曾看過一些《文》雜誌，特別刊登瓊瑤。我當時手裡也擁有一些瓊瑤小說原著，我方便翻譯了一個故事，然後交給他們。然後，我的一個朋友原本是負責《武術》刊，今又想要做出版業，他便叫我選擇瓊瑤的一個故事做翻譯，就給他印出來出版。我便是將《窗外》（Song ngoại）全翻譯了。小說《窗外》是瓊瑤第一本被翻譯與在此（西貢）發行，出版社翰荃（Hàn Thuyên）。那是 1970 年。

DTL: *Và sau đấy, thưa ông?*
然後呢？

LQN: *Cũng vẫn là tình cờ thôi ông ạ. Tôi không nhớ khoảng thời gian nào của năm 70, khi tôi đang làm giảng viên cho trường Khoa Học, tôi được gặp anh Đỗ Quí Toàn. Khi ấy, anh Toàn mới thay anh Uyên Thao trong chức vụ Thư Ký Tòa Soạn của báo Đời. Anh Toàn bảo tôi dịch cho anh một truyện gì đó. Tôi chọn "Cánh Hoa Chùm Gởi." Tôi dịch trọn vẹn, xong đưa cho anh Toàn xem. Và anh Toàn đã cho đăng từng kỳ, trên báo Đời.*
也是出乎意料。我已記不清在 1970 年代的哪兒一年，那時我正是科學大學的講師，我遇見杜貴全先生，是《人生》（Đời）報的秘書。杜先生請我給他翻譯什麼故事都行。我擇了《菟絲花》。我將整本書都翻譯好了，交給杜先生鑒賞，杜先生便在《人生》報上分期刊出。

Tưởng cũng nên nói thêm với ông rằng cho tới lúc đó, tôi vẫn còn nhìn chuyện dịch sách như một cách để kiếm thêm tiền cho cái lương công chức của tôi mà thôi. Cũng xin được nói thêm nữa là cuốn sách dịch đầu tiên tôi chọn dịch không phải là sách của Quỳnh Dao. Mà của Y Đạt ông ạ. Đó là cuốn "Tình Yêu Bóng Tối." Cuốn này mãi tới bây giờ mới được nhà Vàng Son in ra thành sách.
我也得多跟你說就到那個時候，我還是把翻譯工作當做賺錢混飯吃來彌補我的公職薪資。再說，我本來選擇翻譯的第一本書不是瓊瑤的書，而是依達的書，那是《昨夜淚痕》（Tình yêu bóng tối）。此本一直到現在才被 Vàng Son 出版社把譯稿印成書本。

Trở lại với "Cánh Hoa Chùm Gửi," khi cuốn truyện đăng dứt, anh Nguyễn Văn Thành ở nhà Hiện Đại bảo anh Vũ Dzũng liên lạc với tôi để điều đình in. Thoạt đầu anh Vũ Dzũng cũng chỉ định in thử một cuốn của Quỳnh Dao, xem sao... Đó là cuốn "Cơn Gió Thoảng," cũng do tôi dịch. Không ngờ "Cơn Gió Thoảng"... ăn khách. Thế là anh Vũ Dzũng in tiếp ngay "Cánh Hoa Chùm Gửi."

回過頭來，當《菟絲花》在《人生》報上全都刊完了，一位阮文成（Nguyễn Văn Thành）先生在現代出版社派武勇（Vũ Dzũng）先生跟我聯絡以便協調印刷工作。當初，武勇先生只打算試印瓊瑤的一本《翦翦風》以觀察看看，這一本也是由我翻譯的。沒想到《翦翦風》⋯⋯太受歡迎。於是乎，武勇先生馬上出版《菟絲花》。

DTL: *Ông được bao nhiêu thù lao cho cuốn đầu tiên đó?*
您譯這第一本（《翦翦風》）是收到多少酬勞的？

LQN: *Thưa, bốn mươi ngàn đồng.*
是四十塊錢。

DTL: *Còn "Cánh Hoa Chùm Gửi"?*
那《菟絲花》？

LQN: *Năm mươi ngàn. Nhưng như ông biết đó, sách Quỳnh Dao không ngờ bán quá chạy. Cho nên không đầy một năm, "Song Ngoại" được tái bản.*
五十塊錢。但是如你所知，瓊瑤的小說沒想到賣的那麼好，因此未到一年，《窗外》被再版。

DTL: *Vâng tôi biết. Nhưng nếu tôi không lầm thì "Song Ngoại" của nhà Hàn Thuyên nào đó đã phải bán "son." Và ông Thành Nhà H.Đ. đã "móc" nó lên từ hè phố?*
是，我知道。不過若我沒有記錯的話，是某家什麼翰荃出版社的《窗外》要被「賣斷」。然後，是阮文成先生在現代出版社將它從街鋪「挖」（即意思是撿取回來，此有強調的用意）上來的。

LQN: *Quả có điều đó thực.*
確實是這樣的。

DTL: *Cho tới hôm nay, ông đã dịch được tất cả bao nhiêu cuốn sách của riêng Quỳnh Dao?*

直到今天，您已翻譯瓊瑤的總共多少本書？

LQN: *Mười cuốn. Cuốn mới nhất là cuốn "Hải Âu Phi Xứ."*
十本。最新翻譯的是《海鷗飛處》。

DTL: *Trong số tất cả mười cuốn đã dịch, ông ưng ý với cuốn nào nhất? Tôi muốn nói tới những cái như văn chương, bố cục... đại khái như thế.*
在全部您已經翻譯的那十本，您最喜歡的是哪本？我想要說的類似文章、佈局等這樣的細節。

LQN: *Tôi nghĩ đó là cuốn "Bên Bờ Hiu Quạnh" tức "Hàn Yên Thúy." Nhưng cuốn này hình như lại bán "yếu" nhất ông à. Có lẽ tại vì nó không hợp với độc giả đa số độc giả (?).*
我想是《寒煙翠》（Bên bờ hiu quạnh）。但是好像這本又賣的最不好你知道嘛。也許它不適合大多數讀者們（？）。

DTL: *Vậy thì theo ghi nhận của ông, cuốn nào được kể là bán chạy nhất?*
那麼依您的看法，哪一本算是賣的最好？

LQN: *Đó là cuốn "Cơn Gió Thoảng." Ông có thể tin là chỉ với 25 ngày thôi, kể từ ngày phát hành, 5.000 cuốn đã được bán sạch.*
那是《翦翦風》。您可以相信從發行日到 25 天之內，5000 本已售罄。

DTL: *Bây giờ, bước vào phần nghề nghiệp và cũng thực tế một chút thì, trung bình ông bỏ bao nhiêu thời gian cho việc hoàn tất bản dịch một cuốn truyện.*
現在，談起業務也是比較實際一點，您平均要花多少時間纔完成一本小說的翻譯。

LQN: *Từ nửa tháng tới bốn mươi lăm ngày. Kể luôn thời gian đọc lại và sửa chữa.*
從半個月到四十五天。包括重讀與潤飾。

DTL: *Chúng ta đang ở giữa những giây "phút nói thật" ông có thể cho độc giả Văn biết ông có dịch một cuốn nào không phải của Quỳnh Dao, tức Quỳnh Dao... giả hay không?*
咱們此刻是在說「實話」，您可不可以讓《文》雜誌的讀者們知道您有沒有翻譯過不是瓊瑤的小說，即「假瓊瑤」的書？

LQN: *Không. Dứt khoát không. Sách của tôi dịch, hoàn toàn là sách của Quỳnh Dao… thật. Tôi có thể nói rõ hơn: Riêng về truyện dài, Quỳnh Dao, đến nay, chỉ có mười ba cuốn. Và chính tôi đã dịch mười cuốn như đã kể.*

不。絕對沒有。我翻譯的書完全是瓊瑤的作品，真的瓊瑤作品。我可以說清楚一點：長篇小說，至今瓊瑤只有 13 本。是我已翻譯了如前所說的 10 本。

DTL: *Tôi nghĩ, có lẽ ông biết rõ hơn ai hết, về số sách Quỳnh Dao… giả đang được bày bán ở đây. Tôi không có ý muốn ông nhắc tới những tiểu thuyết mượn tên Quỳnh Dao mà, chỉ muốn nghe ông nói, hiện có khoảng bao nhiêu cuốn truyện Quỳnh Dao… giả, nếu ông thấy có thể?*

我想，也許您是最清楚的，關於「假」的瓊瑤書量還是在這裡販賣。我不是刻意要您提出「借用」瓊瑤本名的書，而只想聽您說現在大概有多少本「假瓊瑤」的作品，您是否可以說？

LQN: *Vâng. Nhiều lắm. Hàng chục. Hoặc hơn thế ông ạ. Trong đó có những cuốn do nhà xuất bản thuê một vài nhà văn nào đó viết cho họ. Nhưng lúc in ra thì họ lại đề là dịch từ của Quỳnh Dao. Ông cho tôi miễn phải kể ra một số tên sách loại đó.*

是。很多。數十。或許還更多。其中也有一些書是由出版社僱用某一些作者來給他們寫的。但當印刷出版時，出版社掛名瓊瑤的作品。請您見諒我免提出這樣的書類。

DTL: *Vâng. Tôi hiểu. và tôi cũng đã nói với ông là tôi không chờ đợi việc ấy. Tuy nhiên, tôi nghĩ đây là điều ông có thể trả lời được. Đó là, nếu phải so sánh mãi lực giữa truyện Quỳnh Dao thật và giả, thì loại nào được độc giả đón nhận nhiều hơn?*

是。我明白。依我方才跟您說過我也沒有期待這件事。話雖如此，我想這個是您可以回答的，那是，若是要將「真瓊瑤」和「假瓊瑤」來比較暢銷，那麼那一種是會更受到讀者的接受？

LQN: *Đương nhiên là loại truyện Quỳnh Dao… giả có mãi lực kém hẳn rồi!*

當然是「假瓊瑤」作品的暢銷會確實很差的了！

DTL: *Gần đây, dưới xuất bản kháo nhau về một cuốn truyện Quỳnh Dao, cũng do ông dịch, đã có số bán đạt mức… kỷ lục. Nghĩa là từ trước tới nay chưa có cuốn nào có được mức tiêu thụ cao đến như vậy. Thưa ông, đó là sự thật hay chỉ là tin đồn?*

最近，出版界傳聞您翻譯瓊瑤的一本書的賣出數量創紀錄，也就是說從以前到現在沒有哪一本能達到如此高的銷售。請問，這是真實或只是假訊息？

LQN: *Sự thực như vậy đó ông. Không phải tin đồn đâu. Đó là cuốn "Mùa Thu Lá Bay," của Quỳnh Dao. Tôi dịch xong, giao cho nhà xuất bản Lá Bối của thầy Từ Mẫn. Sách in ra, chỉ trong vòng 1 tuần thôi, thị trường đã "hút" 7,000 ngàn cuốn. Tôi lập lại, bảy ngàn cuốn bán hết vèo trong vòng một tuần. Chính thầy Từ Mẫn của nhà Lá Bối cũng phải kinh ngạc!*

是，真實是這樣，而不是假的。那是瓊瑤的《彩雲飛》（Mùa thu lá bay）。我翻譯完了，交給慈敏師（thầy Từ Mẫn）的貝葉（Lá Bối）出版社。書出版以後，在一個禮拜內，市場賣掉 7000 本。我重複一次，7000 本在一個禮拜內售罄。連貝葉出版社的慈敏師也吃驚！

DTL: *Tuy nhiên, thưa ông, nếu tính tổng số, nghĩa là cộng chung tất cả những lần tái bản của một cuốn truyện Quỳnh Dao do ông dịch thì, cuốn nào của ông là cuốn có số lượng in cao nhất?*

雖然如此，請問若總共來算，包括您翻譯的以及每一本被再版的瓊瑤小說，哪一本是有最多的印出數量？

LQN: *Dạ, đó là cuốn "Cánh Hoa Chùm Gửi." Chỉ nội một năm, năm 1971, nhà xuất bản đã phải tái bản tới 3 lần. Như nhà xuất bản cho tôi biết thì lần đầu, họ in 7,000. Hai lần sau, mỗi lần tái bản, họ in đúng 10,000 cuốn.*

是，那是《菟絲花》。只在一年，1971 年，出版社要再版了 3 次，如出版社告訴我，首次他們印出 7000 本，接下來兩次，每一次再版，他們給印出 10,000 本。

DTL: *Mặc dù ông đã cho biết rằng, truyện Quỳnh Dao giả có số bán rất kém. Nhưng tôi nghe nói, có thể là tôi nghe sai... Rằng, trong số hàng chục cuốn truyện Quỳnh Dao... giả, cũng có một vào cuốn bán chạy. Ông có biết điều này?*

雖然您有說過，假瓊瑤的作品賣的很差。但是依我得知，也許是我聽錯……說在假瓊瑤的數十本小說也有一些賣的不錯。您可知道這件事？

LQN: *Thưa tôi biết. Nhưng chỉ có một cuốn duy nhất mà thôi. Và cuốn truyện đó cũng chỉ được tái bản một lần rồi bị "chai' thị trường.*

是，我知道。但只不過只有唯一一本而已。那一本也再版一次，然後死在市場上。

DTL: *Là người đầu tiên dịch truyện Quỳnh Dao qua tiếng Việt, dù chỉ là tình cờ... Nhưng sau 10 cuốn tiểu thuyết nổi tiếng nhất của tác giả này, một cách chủ quan, ông có những nhận xét gì về bút pháp, bố cục, về giá trị văn chương... của Quỳnh Dao?*

您是第一位翻譯瓊瑤小說成越南語，雖說只是料不到的……但當翻譯了此著名作家的十本小說，依您的最客觀的看法，您對於瓊瑤的筆法、佈局或文學的技巧……？

LQN: *Thưa ông, như tôi biết, ở Trung Hoa, Quỳnh Dao không phải là nhà một văn lớn. Theo tôi, cô ta có lối viết "mềm," dễ gây xúc động cho người đọc. Cô luôn cho tràn ngập trong truyện của cô tình thương giữa người với người... Tôi thấy cần phải nói ngay rằng, chúng ta không đòi hỏi hay chờ đợi giá trị văn chương cao trong truyện Quỳnh Dao. Là một dịch giả dịch nhiều nhất truyện Quỳnh Dao qua tiếng Việt, tôi có thể khẳng định, tiểu thuyết của cô, không có điều đó.*

是，據我瞭解，在中華，瓊瑤不是一名大作家。依我看，她有較「柔」的寫作風，容易摸到讀者群的感觸。她在自己的小說總是充滿的人與人之間的愛情……我看要說的是，咱們不能要求或強求瓊瑤小說裡面的文學技巧。是一個翻譯最多瓊瑤小說成越南文的翻譯者，我可以肯定，她的小說並沒有這個（即文學技巧）。

DTL: *Cám ơn ông. Để thay đổi một chút, tôi muốn hỏi ông rằng, ông có một liên tưởng nào giữa Quỳnh Dao và những nhà văn nữ ở đây chăng?*

謝謝您。換一下氣氛，我想要問您的是，您對瓊瑤和這裡（西貢）的各女作家有沒有任何什麼聯想？

LQN: *Có thưa ông. Cá nhân tôi, tôi thấy có một nhà văn nữ rất gần gũi với Quỳnh Dao. Đó là nhà văn Lệ Hằng. Truyện của Lệ Hằng cũng rườm rà, éo le, gay cấn...*

是有的。我個人認為，有一位女作家很像瓊瑤的。那是女作家麗恆（Lệ Hằng）。麗恆的小說也纏繞、痛苦、戲劇性……。

DTL: *Giữa lúc phong trào đọc truyện Quỳnh Dao lên cao nhất, như chỗ tôi biết, thì đã có một vài nhà xuất bản tìm đến và thương lượng với ông, với mục đích giành giựt bản dịch của ông... Việc đó có chăng? Và nếu có thì nó ra sao? Thế nào? Thưa ông?*

在閱讀瓊瑤最火紅的時候，依我知道，就有幾家出版社來找您，目的是要搶回您的翻譯稿……有這件事嗎？倘若有會是怎麼樣的？

LQN: *Vâng. Đúng là chuyện ấy có xảy ra cho tôi. Rất nhiều nhà xuất bản ở đây, trong số ấy, cũng có đôi ba nhà xuất bản có uy tín... đã tìm gặp tôi để yêu cầu tôi trao sách cho họ. Họ sẵn sàng trả thù lao gấp đôi tiền thù lao mà nhà Khai Hóa của anh Vũ Dzũng đã trả cho tôi. Nhưng tôi từ chối. Tôi nghĩ đến cái tình của buổi đầu. Mặc dù tiền thù lao nhà Khai Hóa trả cho tôi phải nói là quá thấp.*

是。這件事真的是有的。很多這裡的出版社，其中也有幾家很有名的來找我商量要我交給他們我的翻譯稿。他們樂意付出比開化出版社多一倍的酬勞。但是我拒絕了。我想到的是當初的感情。雖開化出版社付給我要說是太低。

DTL: *Nhân ông đề cập tới giao tình của ông với nhà Khai Hóa, nếu được, xin ông cho nghe sơ qua việc ông và nhà Khai Hóa chấm dứt sự hợp tác với nhau?*

趁您提到您和開化出版社的交情，若可以，請您稍微談一下您和開化出版社結束合作？

LQN: *Thưa, như đã nói, tôi là người trọng cái tình lắm. Nhưng ông nghĩ coi, cuốn sách nào in ra cũng mười ngàn cuốn! Trong khi tác quyền (bản dịch) không tới một trăm ngàn đồng. Ai cũng vậy thôi... Tôi nghĩ vài lần đầu, mình còn có thể bỏ qua được. Nhưng sau, bạn bè, anh em nói quá, chẳng đặng đừng, tôi phải lên tiếng với nhà xuất bản...*

是，如我說過，我很重感情。但是你想想，每一本印出都是一萬本！而著作權（譯稿）的酬勞不到一百塊錢。大家都一樣，我想開頭幾次，我還能同意，但是後來朋友、兄弟們都來說我，不得已，我要跟出版社說一聲……。

DTL: *Kết quả ra sao thưa ông?*

那麼請問結果是怎麼樣的？

LQN: *Thưa ông, kết quả là cuối cùng, tôi phải quyết định chấm dứt sự hợp tác. Tôi đành phải tự tách ra! Tôi muốn tránh vết xe của Trịnh Công Sơn trước đây... Là chúng tôi chỉ làm giầu cho người khác! Trong khi chính mình thì lại chỉ được mỗi cái quyền lợi là quyền lợi về tinh thần mà thôi!*

是，最後的結果，我要結束合作。我不得已要自己作！我要避免以前鄭功山曾

踏過的……即是我們都是為別人賺錢！而自己唯獲得的權利的是精神方面而已！

第二期（Kỳ 2）：繼續……

DTL: *Xin ông kể cuốn truyện dịch đầu tiên mà ông tự xuất bản?*
請問您說明您第一本要自己出版的書？

LQN: *Đó là cuốn "Hải Âu Phi Xứ."*
那是《海鷗飛處》。

DTL: *Muốn hay không thì việc đọc Quỳnh Dao cũng đã từng thành hiện tượng ở đây. Với tổng số sách in ra không dưới con số mấy trăm ngàn bản, và như ông đã nhận định truyện của Quỳnh Dao không có giá trị văn chương... Nên câu hỏi của tôi là, có bao giờ ông nghĩ, ông có trách nhiệm tinh thần ít hay nhiều, trong việc tạo thành hiện tượng đó? Tôi muốn nói rõ hơn, ông có thể hiểu chữ "trách nhiệm" theo nghĩa nào cũng được?*
不管怎麼說，閱讀瓊瑤小說也曾經是這裡的一個現象。印量總共不少於數十萬本，也是您曾認定瓊瑤的小說沒有什麼文學技巧……那麼，我的問題是，您是否曾想過，在興起這個現象的過程當中您是不是也有精神上的責任性？我要問的更清楚是，對於此「責任」二字您怎麼想都可以？

LQN: *Thưa ông, thiệt tình tôi chưa hề đặt thành vấn đề "trách nhiệm" trước hiện tượng sách Quỳnh Dao... Tôi chỉ biết dịch. Và sau này tôi bị quay chạy theo món hàng mà người ta muốn. Tuy nhiên, tôi có cảm thấy thích thú trong công việc đó. Câu hỏi của ông bất ngờ quá với tôi...*
是，說實話我對瓊瑤的作品都沒有想過什麼「責任」的……我只知道做翻譯。之後呢，我就坐順水船便跟著人家要的東西而供應。不過，我自己又覺得對這件事是很興致的。您的問題對我真的是太驚奇了。

DTL: *Vâng, hiện ông có đang dịch dở một cuốn nào khác?*
是，您現在有未翻譯完的書在翻嗎？

LQN: *Có thưa ông. Đó là cuốn "Băng Điểm," của nhà văn Nhật, Ayako Miura. Tôi sẽ tự in lấy cuốn này.*

是，有的。那是日本作家三浦綾子的《冰點》。我會自己出版這本書的。

DTL: *Công việc dịch thuật ở đây, mấy lúc sau này, thường bị những "đòn" cạnh tranh không đẹp! Cá nhân ông có bị?*

這裡的翻譯工作，最近往後，常會遇到不好的競爭「shot」！您個人會遇到麼？

LQN: *Có chứ ông! Tôi bị rất nhiều cuốn. Tuy nhiên, tôi có độc giả riêng của tôi. Cho nên tôi không sợ lắm, dù cho họ có ra trước hay sau cuốn đó. Tôi nghĩ hành động phi văn nghệ này, chỉ có loại nhà xuất bản con buôn mới làm mà thôi. Như tôi mới bị hai cuốn "đụng" là cuốn "Trôi Theo Giòng Đời" của Quỳnh Dao và "Những Tháng Ngày Có Em" của Từ Tốc. Tôi đã quảng cáo trước ở trong sách in ra trước đấy của mình. Nhưng họ cứ làm...*

當然有的！而且很多本。然而，我有我自己的讀者。所以，我不太恐懼，就算他們先出版還是後出版也一樣。我想，此非文藝行動只有那些下流出版社才這麼做的。我剛被「碰」了兩本，是瓊瑤的《船》和徐速的《星星、月亮、太陽》。我已經在自己的書裡面先說明了，但是他們還是照做……

DTL: *Thay mặt độc giả Văn, chúng tôi xin gửi lời cám ơn ông. Một câu sau cùng: Ông có thấy còn điều gì cần phải nói thêm chăng?*

我代替《文》雜誌的讀者們表示非常感謝您。最後一句：您還有什麼要說的嗎？

LQN: *Thưa không. Tôi nghĩ, thế cũng đủ rồi.*

我想，這樣也夠了。

附錄二　廖國邇自述「趁談及瓊瑤
（Nhân nói về Quỳnh Dao）」

"Nghề dịch sách đến với tôi một cách khá bất ngờ. Năm 1965, khi vừa xong tú tài II, tôi đã hăm hở bước chân vào Khoa Học với một ý tưởng thật lớn. Làm một khoa học gia lừng danh. Lúc bấy giờ tôi đã chê Văn và Luật. Vì với tôi đấy là chỗ dành cho con gái (xin lỗi quí vị ở Văn và Luật Khoa nhé). Thời gian miệt mài ở Khoa Học thật là suôn sẻ. Môn tôi chọn ở năm thứ II là Hóa Học. Những phản ứng Walden, Soerensen, Rosenmund... vây chặt lấy tôi không một phút rảnh rỗi. Do đó chẳng có chuyện vẩn vơ văn nghệ gì cả. Đầu năm 1968, tình cờ ban đại diện trường có ý nhờ tôi viết một truyện ngắn. Bấy giờ là lúc sắp Tết. Tháng của cái lạnh phớt nhẹ, đủ để khơi dậy những cái mà Xuân Diệu bảo là 'Tôi buồn không hiểu vì sao tôi buồn.' Cũng là lúc mới tựu trường, chưa phải chạy đua nước rút với phản ứng hóa học, tôi đã tập tành làm văn chương, viết một truyện ngắn và dịch một truyện ngắn khác cho tờ báo Xuân Khoa Học. Chuyện làm của tôi chỉ có tính cách vui chơi văn nghệ, chứ chẳng có một chủ đích nào. (Thú thật với quý vị độc giả là trước đó ít lâu, khi còn ở trung học tôi cũng có thời viết lách lai rai nhưng chẳng có báo nào chịu đăng cả! Và mộng văn sĩ của tôi cũng tàn lụi từ đó). Chuyện chơi chơi không ngờ lại lọt vào mắt xanh của một nhà xuất bản tài tử, đó là nhà xuất bản Hàn Thuyên do anh Lạc Hà, người chủ trương tờ Võ Thuật phụ trách, Tờ Võ Thuật lúc bấy giờ bán hơi yếu, nên anh muốn chuyển nghề bằng cách lập thêm một nhà xuất bản chuyên về văn chương dịch thuật. Quỳnh Dao là tác giả nữ đầu tiên *được anh chú ý đến, và anh đã nhờ tôi dịch cho một truyện của Quỳnh Dao. Tôi chọn 'Song Ngoại.' Tôi cần cù làm việc trên hai tháng. (Sự thật mà nói, lúc bấy giờ vì biến cố Mậu Thân, đời sống tôi khá vất vả. Nên tôi phải vừa đi học vừa đi làm. Quốc lộ số 4 cứ bị cắt tới cắt lui, làm nguồn tiếp tế từ gia đình ở Cần Thơ lên cứ gián đoạn). Sách dịch xong trao cho nhà xuất bản cứ bị bỏ xó một chỗ! Vì họ chưa có tiền in. Và do đấy, dĩ nhiên tiền bản quyền của tôi cũng chưa có. Tôi chán nản nghĩ rằng có lẽ quyển truyện dịch rồi đã bị xếp bỏ trong đống giấy lộn! Tôi trở lại việc học, và tiếp tục kèm trẻ. Đến lúc gần như tôi đã quên thì quyển sách được tung ra. Đó là năm bảy mươi. Cầm quyển sách đầu tiên mà mình đã có công dịch ra trên tay, tôi hạnh phúc muốn khóc!"*

翻譯工作對我來說是很意外的。1965 年，剛修完高中秀才二年級，我踴躍踏上科學大學而心裡懷著龐大的理想，成為著名的科學家。那時候，我很嫌棄文科和法律。因為對我來說，這是屬於女性的地盤（很抱歉學文科與法律的人哦！）。我讀科學大學真很順利，二年級我選的是化學，我整天埋頭試驗化學反應……我根本沒有絲毫時間想到文藝的。1968 年初，沒想到學校的總幹事有意要我寫一個短篇故事。那時當快要過年了，天氣涼卻不是寒冷，能夠使人想到詩人春曜（Xuân Diệu）〔註1〕的那句詩「我悶不瞭為何我悶」。也是剛開學，還沒忙碌著功課，因此我便學些寫文章、寫一個故事也翻譯了一個故事，交給學校的《春・科學》學刊。我對此完全只是玩意兒而已。（跟讀者們說實話，之前我讀高中也試寫文章，但沒有什麼報紙給刊出，從此我的作家夢也滅絕了。）沒想到，當時的翰荃出版社，由雒河先生負責《武術》專刊，當時此《武術》專刊賣的不太好，雒河先生（Lạc Hà）便想個辦法成立一家出版社專為出版文學翻譯書。瓊瑤是被選的第一個女作家，他叫我選譯一本瓊瑤的作品。我擇《窗外》。我在兩個月孜孜不倦的工作（實際上，那時國家剛經過「戊申節事件」〔註2〕，我的生活相當困難，我得一邊讀書一邊工作，從家鄉寄來的接濟物件也被限制。）書我翻譯好了交給出版社，但稿子一直被放在角落！

〔註1〕 春曜（Xuân Diệu，1916～1985）：越南 1930 年代新詩運動最著名詩人之一，曾被收入於懷青、懷禎（Hoài Thanh, Hoài Chân）編《越南詩人》(*Thi Nhân Việt Nam*) 1942 年。春曜馳名寫情詩，並可說其情詩廣泛與普遍於全越南境內。

〔註2〕 所謂「戊申節事件」（也稱：「戊申順化屠殺」；越文：Biến cố Mậu Thân）：是越南戰爭時期中 1968 年 1 月 30 日開始的「春節攻勢」期間，越南南方民族解放陣線和越南北方軍隊在順化戰役對平民的大規模屠殺。依據事後發現，被殺的平民包括男女老少共 2,810 具屍體，死亡人數估計 2,800～6,000 人。

是因為出版社也沒錢印刷。由此，翻譯費也還沒有收到。我毫無希望想著那份稿子可能被放在垃圾堆了！我專心讀書，也兼家教。當我幾乎忘記了，書被印出來，那是 1970 年。手拿著自己翻譯的第一本書出版了，我幸福得要哭！

"Nhưng có lẽ vì bất phùng thời, dù Quỳnh Dao bấy giờ đã là một tên khá quen thuộc với độc giả trẻ, nhất là những người đọc báo 'Văn.' Vì 'Văn' đã giới thiệu một lần trong tuyển tập Quỳnh Dao (trước tuyển tập về Quách Lương Huệ). Sách in ra chỉ có ba ngàn cuốn. Kỹ thuật khá mà bán không chạy. Anh Lạc Hà phải xách xe hai bánh chạy tới chạy lui mấy quán sách... Nhưng họ vẫn không chịu mua. Rốt cuộc anh đành phải đem bán 'sôn' để gỡ vốn, và dĩ nhiên tôi chẳng có một đồng bản quyền nào. Chuyện dịch sách của tôi tưởng đã vào quá khứ. Tôi ra trường và bắt đầu công việc dạy học. Mỗi tuần dạy có hai ngày, quanh quẩn mãi trong phòng thí nghiệm và những giờ giảng bài tập, đôi lúc tôi cũng thấy chán. Tôi định kiếm thêm vài giờ ở các trung học tư thì tình cờ quen với anh Đỗ Quí Toàn. Lúc bấy giờ anh Toàn đang thay chân cho anh Uyên Thao trong chức Thư Ký Tòa Soạn tuần báo 'Đời'. Anh bảo tôi, thử dịch một truyện Tàu xem sao. Nếu được, anh ấy sẽ cho đăng trên báo Đời. Tôi thấy công việc mình hiện có khá nhàn, nên nhận lời ngay, và về nhà hì hục dịch 'Thố Ty Hoa' tức 'Cánh Hoa Chùm Gửi.' Ông Chu Tử thấy hay nên cho đăng ngay trên Đời lúc đó. Đồng thời, tôi cũng bắt đầu bước chân vào làng báo với những bài ký sự, phóng sự ngắn... Việc làm chỉ có tính cách tài tử. Mỗi tháng tôi kiếm thêm được mươi ngàn dư dả."

但可能是不逢時，雖瓊瑤當時已經不陌生於年輕讀者，特別有看《文》雜誌的讀者，因為《文》雜誌曾刊登介紹瓊瑤（之後還介紹郭良蕙作家），書印出來只有 3000 本。技術好卻賣量不好。翰荃出版社的雛河先生要騎摩托車往來幾家書店⋯⋯而他們還是不肯買。最後，雛河先生不得已將那些剩下的書「賣斷」，而我當然一塊作權錢也沒有。這樣我的翻譯工作可能也成為以往了。我畢業，開始從事教學工作。每週上了兩天課，一直泡在試驗室做試驗也很無聊。當我在打算多找兼任來混飯吃時就遇見了杜貴全先生（Đỗ Quý Toàn），《人生》（Đời）報的秘書。杜先生跟我說，來試翻譯體〔註3〕看看。若可以，他刊登在

〔註3〕 黃靜果：《大南國音字彙》（Đại Nam Quốc Âm Tự Vị）（II）註：「體 Tàu或 Tầu：泛指船、中國，安南人視漕運來很多客人便以之稱作體人、體國。」，（嘉定城：文友印刷廠，1896 年），頁：348～349。

《人生》報上。我看現有的工作比較閒暇便同意了，回家孜孜翻譯《菟絲花》。周子先生（ông Chu Tử）覺得好看，立刻刊登在《人》報，而我也開始寫一些短篇的報告或記錄……完全為了喜歡而已。每個月我能多賺了十塊錢有餘。

"Cuốn 'Song Ngoại' tuy tung bán 'sole' nhưng lại được nhà Hiện Đại để ý. Chủ nhân, anh Thành, thấy quyển sách hay mà sao lại bán 'sole,' nên thu mua tất cả những quyển còn lại, và cho người liên lạc với tôi ở tòa soạn Đời nhờ dịch tiếp Quỳnh Dao. Người đến nhà tiếp xúc với tôi là Vũ Dzũng. Chủ nhà Khai Hóa lúc bấy giờ. Anh Vũ Dzũng khi đó mới tách khỏi nhóm Quảng Hóa, và cuốn đầu tiên tôi làm với nhà xuất bản mới này là 'Tiển Tiển Phong' tức là 'Cơn Gió Thoảng.' Lúc đầu theo tôi biết nhà xuất bản hình như chẳng có ý làm nguyên lô sách về Quỳnh Dao đâu. Nhưng có lẽ vì nhờ báo Đời (phải thành nhìn thật nhận như vậy. Vì lúc đó chẳng có nhà xuất bản cũng như phát hành nào chịu bỏ tiền quảng cáo lăng xê Quỳnh Dao tí nào cả). Cũng có thể vì lúc bấy giờ mọi người đều mệt mỏi vì chiến tranh, thích một cái gì nhẹ nhàng dễ đọc, nên Quỳnh Dao đột ngột trở thành hiện tượng. Và tôi, tôi trở thành một bánh xe lăn theo nhu cầu độc giả. Nói như vậy không có nghĩa là tôi đã nhắm mắt dịch, mà tôi rất chọn lựa. Bằng chứng là mười ba cuốn sách thật của Quỳnh Dao tôi chỉ chọn có mười cuốn (những cuốn còn lại có cuốn là sách phóng tác nên tôi không dịch). Trong lúc dịch, có lẽ tôi bị ảnh hưởng giọng văn nhẹ nhàng của Quỳnh Dao... nên tôi đâm ra mê luôn sách của nhà văn đầy nữ tính này. Tôi dịch rất say mê. Tôi thích nhất là cuốn 'Bên Bờ Hiu Quạnh.' Nhưng cuốn này lại bán không chạy lắm. Có lẽ vì độc giả của Quỳnh Dao không thích lối văn tự truyện này! Nhờ sách bán chạy nên tôi cũng có chút tiếng tăm, và cũng vì thế chung quanh tôi mọc lên rất nhiều kẻ thù. Nói kẻ thù không đúng lắm, mà phải nói là những kẻ ganh ghét mình. Có một điều mà tôi rất buồn, đấy là có người đã hiểu lầm tôi, tưởng tôi là một cột trụ trong chiến dịch gây nên hiện tượng Quỳnh Dao để giết chết một số nhà xuất bản và anh em văn nghệ trẻ. Xin thưa thật, tôi chẳng bao giờ có tham vọng, tôi cũng không nghĩ đến nó, cho đến khi có người đưa ra nhận xét như vậy."

《窗外》被拿去「賣斷」後，卻受到現代出版社的注意，總編輯啊成哥覺得這本好看，怎麼被「賣斷」了，所以他收買全部剩下的數十本，然後派人來找我繼續翻譯瓊瑤的。來找我的人是武勇（Vũ Dzũng）先生，當時開化出版社的老闆（武勇先生本來在廣化出版社，後離開自己立自己的出版社）。如

此，我對開化出版社合作的第一本是《翦翦風》。依我瞭解，開化出版社當初也沒想會出版瓊瑤的全部作品（可能，說實話是由《人生》報的廣告，因為當時並沒有什麼出版社願意廣告瓊瑤的）。或許，當時人們都疲累於戰爭，偏向找一些簡單、輕鬆而讀，促使瓊瑤突然成了現象。而我，坐船順水而已。不過話說回來，我也沒有因此而隨便翻譯，我很仔細的選擇，證據的是瓊瑤的 13 本我只選翻譯 10 本（真的瓊瑤作品），剩下了是模仿的作品，所以我沒有翻譯。翻譯的過程中，也許我受瓊瑤的平和寫作風……我便更迷此女作家的作品。我沉迷於翻譯。我最喜歡《寒煙翠》，但這本卻賣的不好。興許瓊瑤的讀者不喜歡此自述風格！託書的買量好，我也有點名聲，我週邊也崛起了很多敵人。說敵人也許太嚴重，應該是妒忌的。有一件事使我很難過，是有一些人誤會，他們認為瓊瑤熱潮的興起的先鋒者之一就是我，促使一些出版社和一些年輕作者走到死胡同。說實話，我從來沒有過這個抱負，我也沒想到它，一直到有人這麼說。

"Chuyện Quỳnh Dao trở thành một hiện tượng theo tôi là một chuyện tự nhiên xảy ra theo chu kỳ nhu cầu của độc giả. Nhiều lúc đọc loại sách bắt trí óc làm việc nhiều quá như loại tư tưởng hay triết học cũng mệt mỏi. Do đó cũng cần có sách nhẹ nhàng để đọc. Hầu hết truyện của Quỳnh Dao là chuyện tình bối cảnh xã hội là bối cảnh của phương Đông. Trong đó tư tưởng Đông và Tây đang xung đột, rất gần gụi với cái không khí của xã hội ta. Đọc một cuốn sách, người ta khó đứng ở vị trí khách quan của người đọc để xét đoán, nhất là loại tiểu thuyết, mà độc giả thường hòa mình vào đời sống của nhân vật. Họ vui với cái vui, cũng như buồn với cái buồn của nhân vật. Bối cảnh của sách Quỳnh Dao là bối cảnh phương Đông thì làm sao chẳng được độc giả đón nhận nồng nhiệt."

瓊瑤小說成為現象，依我看來，是讀者群很自然的週期而已。常常，要看那些頭腦要想很多的思想或哲學類的書真的很累，因此也得有一些解悶的書來看。瓊瑤大部分寫的故事是發生在東方社會背景的愛情故事，那裡面西方和東方思想正在有衝突，對咱們社會（即當時的西貢社會）是很熟悉的。讀了一本書，人們難得站在讀者的客觀位置來評審，格外是小說類的，為讀者常將自己活在人物的生活。人物快樂、讀者快樂，人物痛苦、讀者也痛苦。瓊瑤的故事背景是這樣的屬於東方社會那怎麼不受讀者的熱愛。

"Sách Quỳnh Dao được đón nhận nồng nhiệt đến độ trở thành hiện tượng, đó hoàn toàn là do độc giả và tác giả, người dịch là tôi, chỉ giữ vai trò chuyển ngữ thế thôi. Còn vấn đề những nhà xuất bản hay tác phẩm của nhà văn trong nước bị ảnh hưởng thì đó hoàn toàn là ngoài ý muốn của tôi. Mong quí vị có thiên ý như vậy cũng nên xét lại."

瓊瑤小說那麼受到熱愛成了現象完全是從讀者和作者的，我是翻譯者，我只是扮演轉語的工作而已。若國內的出版社或作者受影響那並不是我的主意。希望曾有這樣的偏見的人請再考慮。

廖國遒　Liêu Quốc Nhĩ

附錄三　黃艷卿「訪談瓊瑤 (Phỏng vấn Quỳnh Dao)」

Đây là một bài phỏng vấn theo lối thư tín mà chúng tôi đã nhờ cô Hoàng Diễm Khanh viết gửi cho Nữ sĩ Quỳnh Dao và đã được cô trả lời. Nguyên văn bài phỏng vấn của chúng tôi và thư trả lời của Quỳnh Dao đều viết bằng Hoa ngữ, bản dịch dưới đây là của cô Hoàng Diễm Khanh, một dịch giả người Trung Hoa sống tại Việt Nam, đã từng là tác giả của những bản dịch sách Quỳnh Dao do nhà Trí Đăng xuất bản.

此為我們(《佳品文》雜誌編輯)委託黃艷卿小姐選寫並寄給女士瓊瑤的書信，以及瓊瑤的答覆。我們全部的問答內容是以華語寫的，以下翻譯稿是黃艷卿小姐翻譯的，她是一位居住在越南的華人譯者，曾經翻譯瓊瑤小說，智燈出版社出版。

HỎI: *Thưa chị, gần đây ở Việt Nam rất thịnh hành việc dịch sách của chị và số độc giả người Việt đã hôm mộ chị không kém gì người Trung Hoa. Vậy, xin chị cho biết cảm tưởng của chị về hiện tượng trên đây.*

問：請問妳，最近越南很盛行您的翻譯作品，以及越南讀者們不亞於中國人一樣很羨慕您。那麼，請問您對此現象的感想？

ĐÁP: *Tôi hết sức vui mừng và cảm tạ sự ái mộ mà quí vị độc giả Việt Nam đã dành cho tôi. Tôi mong sẽ được đọc những bản dịch mà độc giả việt Nam đã phê bình hay chỉ giáo về những khuyết điểm trong tác phẩm của tôi, vì đối với tôi, những lời phê* bình rất đáng được lưu ý để tự kiểm thảo lấy những khuyết điểm của mình.

答：我非常開心，以及感謝諸位越南讀者給我的愛慕。我希望能讀到越南讀者批評的譯版或者對我的作品的缺點有所指教。對我而言，批評言論很值得留意，使我可以自我檢討自己的缺點。

HỎI: *Được biết chị từng đi du lịch nhiều nơi ở Âu Châu và Á Châu, vậy xin chị cho biết, khi trở về, chị có viết loại du ký nào không? Nếu có xin chị vui lòng cho biết tên truyện và số lượng đã viết.*

問：得知您曾去過很多國家亞洲和歐洲旅遊，那麼，請問您回來時有沒有寫過什麼遊記類的？若有的話，請問您書名和寫作數量。

ĐÁP: *Vâng, tôi quả có đi nhiều nơi ở Âu Châu cũng như Á Châu thật đấy, nhưng vì, thì giờ eo hẹp, cấp bách, nên mỗi khi đến một Quốc Gia nào, tôi chỉ lưu ngụ một thời gian rất ngắn. Ở mỗi một nơi, tôi đều có ấn tượng mơ hồ, ví như một người ngồi trên lưng ngựa đang chạy mà ngắm cảnh vậy, vì thế nên tôi không thể viết gì được. Tôi hy vọng sẽ được cơ hội đi du lịch trong thời gian dài hơn.*

答：是的，我曾去過很多亞洲和歐洲各地方，但是，因為時間太短、有限，所以每次去一個國家我只能短暫停留。每個地方，我均有模糊的印象，只是走馬看花而已，因此我什麼也寫不出來。我希望有機會去比較長的旅程。

HỎI: *Xin chị vui lòng cho biết, Công Ty Điện Ảnh "Hoả Điểu" mà chị đã hợp tác với thân hữu, thành lập, hiện nay có còn hoạt động không?*

問：請問您，「火鳥」電影公司原是您和親友合作而成立，現在還有活動嗎？

ĐÁP: *Công Ty Điện Ảnh "Hoả Điểu" chỉ thực hiện được hai phim "Nguyệt Mãn Tây Lâu" và "Hạnh Vân Thảo". Hiện, chưa có dự định quay thêm phim nào khác.*

答：「火鳥」電影公司只拍了兩部電影，是《月滿西樓》和《幸運草》。目前沒有計劃拍其他的。

HỎI: *Xin chị cho biết, Tạp chí "Hoàng Quan" ở Đài Bắc có phải do chị chủ trương thành lập hay chỉ hợp tác dưới hình thức chủ biên mà thôi?*

問：請問您，在臺北的《皇冠》雜誌是否由您主張成立，還是您只是合作當主編而已？

ĐÁP: *Tạp chí Hoàng Quan do ông Bình Hâm Đào chủ trương, còn tôi chỉ hợp tác* dưới hình thức chủ biên.

答：《皇冠》雜誌由平鑫濤先生主持，而我只是合作當主編而已。

HỎI: *Xin chị vui lòng cho biết, hiện có bao nhiêu quốc gia đã dịch sách của chị, và quốc gia nào dịch nhiều nhất?*

問：請問您，現有多少個國家已經翻譯您的書，然後翻譯最多的又是哪個國家？

ĐÁP: *Theo tôi được biết, hiện tại có những quốc gia như: Việt Nam, Indonesia và Thái Lan v.v, ngoài ra, còn có những bản dịch bằng Anh ngữ và Nhật ngữ. Ngoài trừ Việt Nam đã có những bản dịch truyện dài ra, có thể là còn có những quốc gia khác đã dịch sách của tôi, nhưng tôi không được biết.*

答：依我所知，目前有越南、印度尼西亞和泰國。除此之外，還有英文和日文的翻譯版本。除了越南已經翻譯長篇小說以外，也許還有其他國家翻譯我的書，但是我不知道。

HỎI: *Trong tương lai, nếu chị tiếp tục đi du lịch thì chị có dự định đến Việt Nam không?*

問：未來若您繼續去旅遊，那麼您有計劃到越南來的嗎？

ĐÁP: *Nếu có cơ hội, tôi rất ước mong đến Việt Nam, đến chừng ấy sẽ gặp mặt quí vị độc giả ở Việt Nam, đó là một điều mà tôi rất lấy làm mừng rỡ và sung sướng.*

答：若有計劃，我很期望能去越南，到時候會跟越南的讀者見面，那是一個我覺得非常幸福與快樂的事。

HỎI: *Nghe nói trong những chuyện gần đây của chị như "Thuỷ Linh", "Bạch Hồ" và "Hải Âu Phi Xứ" đã thay đổi phần nào về phương diện "bút pháp", như vậy xin chị cho biết điều này có đúng không và trong tương lai, có còn sự thay đổi nữa hay không?*

問：聽說在您最近的一些小說，如：《水靈》、《白狐》、《海鷗飛處》在「筆法」上有某一部分改變的，那麼，請問您這件事是對的嗎？以及在將來還會有什麼改變的嗎？

ĐÁP: *Tôi không công nhận là có sự thay đổi về bút pháp trong những truyện gần đây của tôi. Nếu độc giả xét thấy có những điểm thay đổi thì tôi nghĩ chỉ thay đổi trong phạm vi chiều hướng và đề tài mà thôi. Phàm thì mỗi một tác giả đều có một bút pháp riêng của mình, rất khó có thể thay đổi được.*

答：我不覺得在我最近的一些小說是有什麼筆法的改變。如果讀者讀到有改變的，那我想只是在某個面向的範圍與題材有一點改變而已。凡是每一個作家都有自己的筆法，很難說可以改變的。

HỎI: *Hiện chị vẫn sống cô độc?*
問：您現在還是一個人的嗎？

ĐÁP: *Vâng.*
答：是的。

HỎI: *Xin chị cho biết, chị đã có một đời sống thế nào về hôn nhân?*
問：請問您，您已經有了怎麼樣的婚姻生活？

ĐÁP: *Tôi kết hôn vào năm 21 tuổi, và 25 tuổi thì ly dị. Đến nay tôi đã 34 tuổi và đã được một cháu trai 11 tuổi, hiện cháu chung sống với tôi.*
答：我二十一歲結婚，到二十五歲我已離婚。至今，我三十四歲了，我有一個十一歲的兒子。目前，他跟我住在一起。

HỎI: *Nếu vẫn sống độc thân, chị có nghĩ đến việc sẽ tái lập một đời sống hôn nhân khác không?*
問：若還是單身的，請問您有沒有想過會再嫁？

ĐÁP: *Hiện tôi chưa nghĩ đến việc tái kết hôn một lần nữa, vì tôi nhận thấy, "tình yêu" là nền tảng của hôn nhân. Chỉ có tình yêu sâu đậm mới có thể hiểu nhau cũng như nhẫn nhường và vị tha cho nhau. Có được một tình yêu như thế mới có đủ điều kiện để kiến tạo một đời sống hôn nhân.*
答：現在我還沒想到會再嫁。因為我認為「愛情」是婚姻的基本。只有很深刻的愛情纔能互相瞭解、忍讓與彼此諒解。若能找到如此的愛情纔能夠建立一個完美的婚姻生活的條件。

HỎI: *Sau hết, xin chị vui lòng cho biết ý kiến của chị về dư luận cho rằng: "Vì chị là một phụ nữ xuất chúng nên đối với một đời sống hôn nhân lý tưởng, chị đã có những đòi hỏi quá cao nên đã bị thất bại trong đời sống lứa đôi, chị nghĩ thế nào?"*
問：最終，請問您，社會輿論認為：「因為您是一個出眾的女性，所以對於一

個理想的婚姻，您可對它有太高的要求，導致您在兩人之間的生活是失敗的。」請問您有怎麼想法？

ĐÁP: *Tôi chỉ là một phụ nữ rất tầm thường, đối với cuộc hôn nhân đổ vỡ của tôi, tôi tự nghĩ phần lớn là do nơi tôi không thể làm tròn bổn phận một người vợ và một người mẹ gương mẫu, vì trong đời sống viết văn của tôi, thường bắt buộc tôi vùi mài ngày đêm trong việc viết lách nên không thể làm tròn trách nhiệm của một người vợ hiền. Ngoài ra, tôi nghĩ có lẽ tại vì chúng tôi không hợp tính với nhau. Dù sao, cuộc hôn nhân gãy đổ của tôi là một tấn bi kịch, ở trên phương diện này, tôi không thể nói gì nhiều hơn, xin quý vị độc giả tha lỗi cho.*

答：我只是一個尋常的婦女。對於我自己失敗的婚姻，我自己認為主要是由我不能做好妻子和好母親。因為，在我寫作生涯常使我日夜埋沒在於此工作，無法做好一個賢妻良母的角色。另外，我想是我倆彼此個性不同的關係。不管怎樣，我的婚姻失敗是個悲劇，在這方面，請原諒我不願意作更多的解釋。

黃艷卿　Hoàng Diễm Khanh

附錄四　越南出版之臺灣文學作品[註1] （依數量的多少與出版年鑒 前後排列）

表 6-1：通俗文學作品

越文作品名	中文作品名	作　家	譯　者	出版年	出版社
瓊　瑤					
Song ngoại	《窗外》	瓊瑤	廖國爾	1970	開化＆韓栓
Dòng sông ly biệt	《煙雨濛濛》	瓊瑤		1972	開化
Cánh hoa chùm gửi	《菟絲花》	瓊瑤	廖國邇	1972	開化
Tình buồn	《幾度夕陽紅》	瓊瑤	廖國邇	1972	黃金
Vườn thuý	《月滿西樓》	瓊瑤		1972	智燈
Trôi theo dòng đời	《船》	瓊瑤	彭勇孫、弘風	1972	開化

〔註1〕瓊瑤作品依臺灣皇冠文化出版的瓊瑤目錄 http://www.crown.com.tw，越南陶長福統計表與越南書籍發行官網瓊瑤作家作品目錄來對照 https://www.vinabook.com/tac-gia/quynh-dao。古龍作品依臺灣古龍紀念官網 http://www.gulong.com.tw；越南書籍發行官網古龍作家目錄來比照 https://www.vinabook.com/tac-gia/co-long。其他作品按越南金童出版社、婦女出版社、文學出版社各官網，以及順化綜合圖書館官網：http://117.3.46.131/ilsearch.aspx 等資料來統計。表上的問號（？）是代表中文與越南文翻譯之間的差異，若未能確定先作為參考待考究。翻譯者按出版社和越南官網的資訊而有或無羅列出來。搜尋日期：自 2017 年至今。（此表格依後產生新的資料而會有更改）。

Thuyền	《船》	瓊瑤	廖國邇	1972	開化
Cơn gió thoảng	《翦翦風》	瓊瑤	芳桂	1972	開化
Khói lam cuộc tình	《星河》	瓊瑤	黃艷卿	1972	開化
Bên bờ quạnh hiu	《寒煙翠》	瓊瑤	廖國邇	1972	開化
Buổi sáng bóng tối cô đơn	《紫貝殼》	瓊瑤	廖國邇	1972	開化
Một sáng mùa hè	《庭院深深》	瓊瑤	廖國邇	1972	地靈
Mùa thu lá bay	《彩雲飛》	瓊瑤	廖國邇	1972	開化
Hải âu phi xứ	《海鷗飛處》	瓊瑤	彭勇孫、弘風	1972	開化
Đừng đùa với ái tình	《海鷗飛處》	瓊瑤	鄧稟張、徐珮玉	1972	文學
Đường về chim biển	《海鷗飛處》	瓊瑤	崔蕭然	1972	紅鸞
Hòn vọng phu	《望夫崖》	瓊瑤	懷英	1997	文學
Hải âu phi xứ	《海鷗飛處》	瓊瑤	阮原平	1999	文學
Dây tơ hồng	？	瓊瑤	阮氏玉花	2000	作家協會
Tình không phai	？	瓊瑤	懷英	2001	文學
Tôi là một áng mây	《我是一片雲》	瓊瑤	明奎	2001	文學
Tuyết Kha	《雪珂》	瓊瑤		2001	胡志明市文藝
Khói lam cuộc tình	《星河》	瓊瑤	廖國邇	2003 再版	作家協會
Bên dòng nước	《在水一方》	瓊瑤	廖國邇	2003	作家協會
Chiếc áo mộng mơ	《夢的衣裳》	瓊瑤	廖國邇	2003	作家協會
Đường tình đôi ngả	？	瓊瑤	廖國邇	2003	作家協會
Giã từ kiếp long đong	？	瓊瑤	廖國邇	2003	作家協會
Giai điệu tình yêu	？	瓊瑤	廖國邇	2003	作家協會
Hoa hồng khóc trong đêm	？	瓊瑤	廖國邇	2003	作家協會
Khói lam cuộc tình	《星河》	瓊瑤		2003 再版	文學
Mãi mãi yêu thương	《聚散兩依依》	瓊瑤	廖國邇	2003 再版	作家協會
Mùa xuân cho em	？	瓊瑤	廖國邇	2003	作家協會
Như cánh bèo trôi	《人在天涯》？	瓊瑤	廖國邇	2003	作家協會
Song ngoại	《窗外》	瓊瑤	廖國邇	2003 再版	作家協會

Tình buồn	《幾度夕陽紅》	瓊瑤	廖國邇	2003 再版	作家協會
Tình vẫn đẹp sao	？	瓊瑤	廖國邇	2003 再版	作家協會
Vòng tay kỉ niệm	《庭院深深》	瓊瑤	廖國邇	2003	作家協會
Hãy hiểu tình em	《金盞花》	瓊瑤	廖國邇	2003	作家協會
Mây trời vẫn xanh	？	瓊瑤	廖國邇	2003	作家協會
Đêm hoa chúc-buồn!	《燃燒吧！火鳥》？	瓊瑤	廖國邇	2003	作家協會
Bên bờ quạnh hiu	《寒煙翠》	瓊瑤	廖國邇	2003 再版	作家協會
Điệp khúc tình yêu (Mãi mãi yêu thương)	《聚散兩依依》	瓊瑤	廖國邇	2004	婦女
Hoa mai bạc mệnh	《梅花烙》	瓊瑤	廖國邇	2004	婦女
Vườn rộng sân sâu	《庭院深深》	瓊瑤	春攸	2004	文學
Đằng đẵng sầu quê	？	瓊瑤	黎寶	2005	作家協會
Buổi sáng bóng tối cô đơn	《紫貝殼》	瓊瑤	廖國邇	2006 再版	作家協會
Cánh chim trong giông bão	《月朦朧鳥朦朧》	瓊瑤	廖國邇	2006	作家協會
Cánh nhạn cô đơn	《青青河邊草》	瓊瑤	廖國邇	2006	作家協會
Lao xao trong nắng	《心有千千結》	瓊瑤	廖國邇	2006 再版	作家協會
Quận chúa Tân Nguyệt	《新月格格》	瓊瑤		2006	作家協會
Tình buồn	《幾度夕陽紅》	瓊瑤	廖國邇	2006 再版	作家協會
Tình như bọt biển	《碧雲天》	瓊瑤		2006	作家協會
Trôi theo dòng đời	《船》	瓊瑤	廖國邇	2006 再版	作家協會
Đoạn cuối cuộc tình	《我是一片雲》	瓊瑤	廖國邇	2006 再版	作家協會
Chớp bể mưa nguồn	《失火的天堂》	瓊瑤	廖國邇	2006	作家協會
Dòng sông ly biệt	《煙雨濛濛》	瓊瑤	廖國邇	2010 再版	作家協會
Em là cánh hoa rơi	《燃燒吧！火鳥》	瓊瑤	廖國邇	2010	作家協會
Mùa thu lá bay	《彩雲飛》	瓊瑤	廖國邇	2010 再版	作家協會
Dòng sông sao	《星河》	瓊瑤	何玲	？	勞動
Thuỷ Linh	《水靈》	瓊瑤		？	胡志明市文藝
Hãy ngủ yên tình yêu	《一簾幽夢》	瓊瑤		？	作家協會
Dòng sông ly biệt	《煙雨濛濛》	瓊瑤	周青鵝、譚興	2020 再版	作家協會

羅　蘭					
Yêu thương ơi	《喬紅》	羅蘭	苗可卿	1973	昭陽
Chuyện tình màu hoa trắng		羅蘭	苗可卿	1973	昭陽
Gửi hương cho gió		羅蘭	苗可卿	1973	昭陽
Huyền thoại một chuyện tình		羅蘭	苗可卿	1973	昭陽
Nhịp cầu tình hận		羅蘭	秀卿	1973	皇冠
Như tình trong mộng		羅蘭	苗可卿	1973	昭陽
Người nhớ người thương		羅蘭	苗可卿	1973	昭陽
Như một khúc nhạc buồn		羅蘭	苗可卿	1973	昭陽
Trong vùng sáng mơ hồ	《恩天怨海》	羅蘭	苗可卿	1974	昭陽
Lưới tình	《網情》	羅蘭	嚴俊	1974	金星
Thần tượng tình yêu	《耀天堂》	羅蘭	苗可卿	1974	昭陽
Một ngày bên nhau	《綠色的小屋》	羅蘭	廖國邇	1974	東方
Tình anh theo gió	《永遠相思》	羅蘭	苗可卿	1974	昭陽
Tình sử Vương Chiêu Quân	《王昭君情史》	羅蘭	苗可卿	1974	昭陽
Hoa yêu nở muộn		羅蘭	苗可卿	1974	昭陽
Thảm kịch mùa lá		羅蘭	苗可卿	1974	昭陽
郭良蕙					
Lấy chồng	《嫁》	郭良蕙	蘋懷	1973	樂活
凌　煙					
Hoạ mi tắt tiếng	《失聲畫眉》	凌煙		1999	作家協會
劉墉					
Khẳng định bản thân	《肯定自己》	劉墉	文明	2000	青年
Sống đẹp	?	劉墉	文明	2000	婦女
Sáng tạo bản thân	《創造自己》	劉墉	一梧	2002	年輕
Nhân sinh phiêu bạt	《人生的真相》／《冷眼看人生》？	劉墉	劉軒、一梧	2007	綜合

古　龍					
Cô nhi tuyết hận (6 tập)	《孤兒血恨》（六集）	古龍		2006	清化
Cửu nguyệt ưng phi (2 tập)	《九月鷹飛》（二集）	古龍		2006	作家協會
Tiêu hồn lệnh (6 tập)	《消魂令》（六集）	古龍		2006	清化
Võ lâm tam nguyệt (Võ hiệp kỳ tình)(7 tập)	《武林三月》（七集）	古龍		2006	社會勞動
Anh hùng vô lệ (2 tập)	《英雄無淚》（二集）	古龍		2007	胡志明市文藝
Bạch vân kiếm khách (6 tập)	《白雲劍客》（六集）	古龍		2007	清化
Cô lâu quái kiệt-Bảo lục bí (6 tập)	？	古龍		2007	清化
Đao kiếm đa tình (6 tập)	《刀劍多情》（六集）	古龍		2007	清化
Đoạt hồn kỳ (6 tập)	《奪魂奇》（六集）	古龍		2007	清化
Đa tình kiếm khách vô tình kiếm (5 tập)	《多情劍客無情劍》（五集）	古龍		2007	作家協會
Đạt ma thập tam thức (8 tập)	《達魔十三式》（八集）	古龍		2007	清化
Đạo soái lưu hương (3 tập)	《留香道帥》？（三集）	古龍		2007	清化
Huyết ma vô ảnh(6 tập)	《血魔無影》（六集）	古龍		2007	清化
Hắc bạch long kiếm (6 tập)	《黑白龍劍》（六集）	古龍		2007	清化
Hộ hoa kiếm khách (2 tập)	《護花劍客》（二集）	古龍		2007	清化
Huyết kiếm lưu ngân (6 tập)	《血劍流銀》？（六集）	古龍		2007	清化
Long hổ tương tranh (6 tập)	《龍虎相爭》（六集）	古龍		2007	清化

Long thành kiếm (2 tập)	《龍城劍》（二集）	古龍		2007	清化
Lãng tử tâm lang (4 tập)	《邊城浪子》？（四集）	古龍		2007	清化
Ma đao truyền kỳ (8 tập)	《魔刀傳奇》（八集）	古龍		2007	清化
Nhất ảnh song hùng (4 tập)	《一影雙雄》（四集）	古龍		2007	清化
Nghĩa hiệp tình trường (8 tập)	？	古龍		2007	清化
Phong Vân đệ nhất đao (4 tập)	《風雲第一刀》（四集）	古龍		2007	清化
Sát thủ giang hồ (4 tập)	《江湖殺手》（四集）	古龍		2007	清化
Song hùng kỳ huyết (6 tập)	《雙雄奇血》（六集）	古龍		2007	清化
Sát long hổ bang (6 tập)	《殺龍虎幫》（六集）	古龍		2007	清化
Tà kiếm thất tinh (6 tập)	《邪劍七精》（六集）	古龍		2007	清化
Tử thành (6 tập)	《死城》（六集）	古龍		2007	清化
Tiêu thập nhất lang (2 tập)	《蕭十一郎》（二集）	古龍	黃玉戰	2007	胡志明市文藝
Tiêu thập nhất lang (6 tập)	《蕭十一郎》（六集）	古龍		2007	體育運動
Bạch ngọc lão hổ (4 tập)	《白玉老虎》（四集）	古龍		2008	文學
Cửu u quỷ trảo (8 tập)	《九幽鬼爪》（八集）	古龍		2008	清化
Cát bụi giang hồ (4 tập)	？	古龍		2008	清化
Du long kiếm phổ (6 tập)	《遊龍劍譜》（六集）	古龍		2008	音樂
Đao sát thần (6 tập)	《殺神刀》（六集）	古龍		2008	清化
Hắc tâm bạch thủ (6 tập)	《黑心白手》（六集）	古龍		2008	清化

Huyết kiếm công tử (6 tập)	《血劍公子》（六集）	古龍		2008	清化
Huyết hải ma đăng (6 tập)	《血海魔登》（六集）	古龍		2008	清化
Huyết kiếm thù (6 tập)	《血劍仇》（六集）	古龍		2008	清化
Ma kiếm thư sinh (6 tập)	《魔劍書生》（六集）	古龍		2008	清化
Ma thần (6 tập)	《魔神》（六集）	古龍		2008	清化
Ma đao sát tinh (10 tập)	《魔刀殺精》（十集）	古龍		2008	清化
Nhất kiếm cái thế (6 tập)	《一劍蓋世》（六集）	古龍		2008	清化
Nhiếp hồn ma công (6 tập)	？	古龍		2008	清化
Phụng tiêu long kiếm (6 tập)	《鳳蕭龍劍》？（六集）	古龍		2008	清化
Quỷ kiếm lão nhân (8 tập)	《鬼劍老人》（八集）	古龍		2008	清化
Song hiệp sát ma (8 tập)	《雙俠殺魔》（八集）	古龍		2008	清化
Sở lưu hương tân truyện-Mượn xác gửi hồn	《楚留香新傳》	古龍		2008	胡志明市文藝
Tà công phật chưởng (4 tập)	《邪功佛掌》（四集）	古龍		2008	清化
Truy sát quần ma (6 tập)	《追殺群魔》（六集）	古龍		2008	清化
Tiểu tà thần (8 tập)	《小邪神》（八集）	古龍		2008	清化
Xà hình lệnh chúa (6 tập)	《蛇形令主》（六集）	古龍		2008	清化
Xích lôi thần chưởng (6 tập)	《赤雷神掌》（六集）	古龍		2008	清化
Huyết tâm lệnh (Hậu Tiểu lý phi đao) (1 tập)	《血心令》（小李飛刀後傳）	古龍	貴龍	2010	清化
Sở Lưu Hương truyền kỳ	《楚留香傳奇》	古龍		2010	青年

Thất chủng vũ khí (7 tập)	《七種武器》（七集）	古龍	黎克想	2011	文學
Ai cùng tôi cạn chén	《誰來跟我乾杯》	古龍	西風	2014	文學
其他作者〔漫畫〕					
Ô Long Viện (12 tập)	《烏龍院》（十二集）	敖幼祥		2010	金童
Tiểu hoà thượng (28 tập)	《小和尚》（二十八集）	賴有賢		至 2018	金童
Cá voi và Hồ nước	《鯨魚女孩·池塘男孩》	蔡志恆	六香	2012	時代
Chỉ gọi tên em	《暖暖》	蔡志恆	阮秀淵	2012	時代
Chờ đợi thiên sứ	《等待天使》	陳盈、劉清彥		2019	金童
Thỏ Bunny tai ngắn (3 tập)	《短耳兔》（三集）	唐壽、劉思原		2019	金童
Thần chi hương (2 tập)	《神之鄉》（二集）	左萱	常青	2019	Amak
九把刀					
Cô gái năm ấy chúng ta cùng theo đuổi	《那些年，我們一起追的女孩》	九把刀	六香	2013	婦女
Cà phê đợi một người	《等一個人的咖啡》	九把刀	六香	2016	作家協會
Hắt xì	《打噴嚏》	九把刀	阮春日	2017	作家協會
Mẹ, thơm một cái	《媽，親一個》	九把刀	阮春日	2018	雅南
Lên lớp không được đọc tiểu thuyết	《上課不要看小說》	九把刀	攘黎	2019	作家協會
Những năm qua, anh hai rất nhớ em	《這些年，二哥哥很想你》	九把刀	攘黎	2019	婦女
Tình yêu hai tốt ba xấu	《愛情，兩好三懷》	九把刀	陳日忠	2019	婦女
Lên lớp không được nướng xúc xích	《上課不要烤香腸》	九把刀	攘黎	2020	作家協會

幾米〔Jimmy Liao〕					
Âm thanh của sắc màu	《地下鐵》	幾米	阮麗芝	2016	金童
Hòn đá xanh	《藍石頭》	幾米	阮麗芝	2016	金童
Nàng rẽ trái, chàng rẽ phải	《向左走・向右走》	幾米	阮麗芝	2016	金童
Nụ hôn từ biệt	《忘記親一下》	幾米	譯者群	2016	金童
Ôi tình yêu	《幸運兒》	幾米	黃芳翠	2016	金童
Đêm thẳm trời sao	《星空》	幾米	黃芳翠	2018	金童
Vầng trăng quên lãng	《月亮忘記了》	幾米	漂	2018	金童

表 6-2 純文學作品

越文作品名	原　著	作　家	譯　者	出版年份	出版社
Giấc mộng xuân trong ngõ Hồ Lô	《葫蘆巷春夢》（短篇集）	葉石濤	譯者群	2017	文學
Lược sử văn học Đài Loan	《臺灣文學史綱》	葉石濤	譯者群	2018	河內師範大學
Gánh vác ngọt ngào	《甜蜜的負荷（吳晟詩文雙重奏）》	吳晟	譯者群	2018	文學
Nghiệt tử	《孽子》	白先勇	周青娥	2019	婦女
Cây hoa anh đào của kẻ thù	《敵人的櫻花樹》	王定國	阮榮芝	2019	河內
Ngọn lửa hoang dã	《野火集》	龍應台	胡如意	2019	作家協會
Chiếc xe đạp mất cắp	《單車失竊記》	吳明益	阮秀淵	2020	作家協會
Người mắt kép	《複眼人》	吳明益	阮福安	2021	作家協會
Sổ tay cá sấu	《鱷魚手記》	邱妙津	素馨	2022	婦女
Vùng đất quỷ tha ma bắt	《鬼地方》	陳思宏	阮榮芝	2023	雅南
Câu chuyện Sahara	《撒哈拉的故事》	三毛		2023	雅南
Nhà ảo thuật trên cây cầu bộ hành	《天橋上的魔術師》	吳明益		2023	雅南